세계의 수도
베이징

세계의 수도   글·사진 조관희

베이징

창비

프롤로그

보천지하 막비왕토(普天之下 莫非王土)

장이머우(張藝謀) 감독의 영화 「영웅(英雄)」을 보면 진시황(秦始皇)을 죽이러 간 자객 무명(리롄제李連杰 분)은 막상 진시황을 죽일 수 있었음에도 결국 그를 죽이지 못하고 대신 자신이 죽는다. 그것은 무명이 진시황을 대면하기 전에 만난 또다른 협객 파검(량차오웨이梁朝偉 분)에게 설복당했기 때문이다. 파검은 무명에게 천하의 대의를 위해서는 사소한 은원(恩怨)을 버려야 한다고 말한다. 진시황을 죽이는 것이 개인의 원한을 갚고 명성도 드높이는 일이 될 터이나, 이미 천하의 대세가 진시황을 중심으로 움직여 가고 있을진대, 그의 목숨을 빼앗는다면 하늘의 뜻을 거스르고 필연적인 역사 발전의 법칙을 어기는 것이 된다. 그러므로 무명이 진시황을 향한 칼을 거둔 것은 개인적인 은원에 얽힌 소아(小我)를 버림으로써 천하의 대의를 실현하는 대아(大我)를 얻은 격이 되는 것이다. 그런 까닭에 무명은 애초의 목적을 이루지 못하나, 그럼에도 기꺼이 자신의 죽음을 받아들일 수 있었다.

베이징(北京) 중심부에는 구궁(故宮)이 있고, 중국의 전통적인 도성 건축 원리 가운데 하나인 좌묘우사(左廟右社)의 원칙에 따라 구궁의 오른쪽에는 토지신과 오곡신에게 제사드리는 사직단(社稷壇)이 있다. 사직단에는 다섯가지 색깔의 흙이 뿌려져 있으니, 여기에서 오색은 청(동), 백(서), 홍(남), 흑(북)과 황(중앙)을 상징하며, 산지사방의 흙이 모두 이곳에 있다는 것을 의미한다.

하늘 아래 모든 것은 왕의 땅이 아닌 게 없다(普天之下 莫非王土).

하늘 아래 모든 것은 하나의 세계이며, 그 세계를 다스리는 것은 오직 한 사람, 곧 '하늘의 아들'(天子)이다. 그는 '하늘의 명'(天命)을 타고나 하늘의 뜻을 대신하는 유일한 사람이므로, 모든 백성은 그의 뜻에 따라야 한다. 그리고 이 세상에는 오직 한 나라만 존재하니 그것이 곧 중국이다. 중국을 제외한 이민족이나 다른 나라들은 모두 인간 이하의 존재인 오랑캐일 뿐이다.

인간의 언어에는 소수의 부류에 별도의 표지 또는 딱지(Markedness)를 붙여 구별해 부르려는 속성이 있다. 가령 다수인 남자 고등학교는 그냥 "○○고등학교"라고 부르지만, 수가 적은 여자 고등학교는 "여자"라는 딱지를 붙여 "○○여고" 식으로 구별하는 것이다. 이런 속성을 언어학에서는 유표성(有標性) 이론(markedness theory)이라고 하는데, 이 이론을 빌려 중국인의 내면을 들여다보면, 그들에게 '하늘 아래'(天下) 있지 아니한 것은 사실상 존재하지 않는 것과 다를 바 없으므로 '오

사직단의 오색토

랑캐'라는 딱지를 붙여 구분한다고 볼 수 있다. 이렇듯 안팎을 구분해 안에 속하는 것을 '중화(中華)'라 칭하고 그 이외의 것은 '오랑캐〔夷〕'라는 딱지를 붙여 안중에도 두지 않는 사고방식을 화이(華夷)관념이라 부른다. 보통 사람들의 일상적 차원에서는 문구(門口)관념이라고도 하는데, 문의 안과 밖을 구분하고 자기 문 안에 들어온 것은 끔찍하게 여기면서, 문 밖에 있는 것은 치지도외(置之度外)하는 이중적인 태도를 가리킨다. 화이관념이든 문구관념이든 이런 식의 생각이야말로 세계의 모든 것을 하나의 '하늘 아래' 통섭하려는 중국인의 '천하관'을 여실히 보여주는 것이라 할 수 있다.

'하늘 아래 유일한 수도'(天下之都)

1792년 9월 영국 정부의 전권대사 매카트니(E. Macartney)가 이끄는 사절단은 런던을 떠나 꼬박 일년이 걸려 당시 청(淸)나라 황제 건륭(乾隆, 재위 1735~95)이 머물고 있던 러허(熱河, 지금의 청더承德)에 도착한다. 서로의 상이한 외교적 프로토콜을 둘러싸고 약간의 소동을 겪은 뒤(청의 조정에서는 황제에 대해 아홉번 머리를 조아릴 것을 요구했으나 매카트니는 그렇게 할 수 없다고 완강하게 버텼다), 매카트니는 건륭제를 대면하게 된다. 황제는 성대한 연회를 베풀어 먼 곳에서 온 손님들을 환대했다. 연회가 베풀어진 완수위안(萬樹園)은 호수와 산기슭 사이에 펼쳐진 24만평 넓이의 광대한 벌판이다. 이곳에 햇불을 환하게 밝히고 대규모 가무단이 노래하고 춤을 추었다. 매카트니는 이 자리를 빌려 자신이 중국에 온 목적에 따라 여러가지 외교적 제안을 황제에게 고한다. 영국 사신이 베이징에 상주하게 해줄 것과 세 항구를 무역항으로 개방할 것, 그리고 일부 토지를 영국인 거주지로 내주고, 영국 화물에 대해 감세 혜택을 줄 것 등이었다. 당시 황제의 자리에 오른 지 이미 58년이 되어 가는 83세의 늙은 황제는 영국 국왕에게 보내는 칙서를 통해 이 모든 요구들을 일언지하에 거절했다.

> 우리는 결코 이상한 물건에 가치를 둔 적이 없을 뿐 아니라 너희 나라의 물건이 조금도 필요치 않다. 그러니 왕이여, 수도에 사람을 상주할 수 있게 해달라는 너의 요청은 천조(天朝)의 법률에 맞지 않을 뿐더러 나라에도 득이 되지 못할 것이다.[1]

건륭은 총 재위기간이 60년에 이르는, 세계 역사에서도 보기 드물게 장기집권을 한 황제였다. 그가 옥좌에서 물러나 태상제(太上帝)가 된 것도 조부 강희제(康熙帝)의 재위기간 61년(1661~1722)을 넘는 것을 꺼렸기 때문으로, 이 태상제의 3년을 합하면 중국 역대 황제 중 재위기간이 가장 길다. 뿐만 아니라 강희제 이래 가장 강력한 치세를 이루었다. 내치뿐 아니라 열차례에 걸친 대원정을 모두 성공적으로 이끌어 자신이 세운 무공을 '십전무공(十全武功)'이라 일컫고, 스스로를 십전무공을 이룬 거인이라는 뜻에서 '십전노인(十全老人)'이라 불렀다. 건륭이 보기에 매카트니의 제안은 한낱 변방의 오랑캐가 와서 무언가를 당당하게 요구한 것으로 실로 어이없는 만용에 가까운 행위였을 것이다. 결국 매카트니는 아무것도 얻지 못하고 빈손으로 귀국길에 올라야만 했다.

'천명을 대신한 왕조'(天朝)는 무엇도 아쉬울 게 없는, 모든 것이 구비되어 있는 자기충족적인 세계이므로 외부세계와 굳이 대등한 위치에서 무역 관계를 맺을 필요가 없다는 건륭의 말은 곧 그때까지 중국이 견지해온 중화적인 세계관을 웅변적으로 보여주고 있다. 우리는 지금 '중국'이라는 말을 당연한 듯 한 국가의 이름으로 생각하지만, 실제로 그것이 특정 국가를 지칭하는 고유명사로 쓰인 것은 그리 오래된 일이 아니다. 1911년 쑨원(孫文)이 주도한 신해혁명으로 청이라는 봉건왕조가 멸망하고 새롭게 '중화민국'이 세워진 뒤에야 중국은 미국이나 일본, 한국과 같이 보통의 국명이 되었다. 그전에는 청이나 명(明), 원(元), 송(宋) 등과 같이 왕조의 이름이 정식 국명이었으며, 각각의 왕조 당대에는 아예 그런 식의 국명조차 필요 없었다. 단순히 '천하'라는 말로 자신들이 살고 있는 세계를 지칭하면 그뿐이었다. 베이징 역시 명실 공히

'하늘 아래 유일한 수도'(天下之都)로서, 천하의 중심이고 세계의 수도였다.

그러다 1840년 아편전쟁 이후 서구 열강의 파죽지세에 밀리면서 바로 그 천하가 철저하게 유린당하게 되자, 이 세계에 자신밖에 없다는 중화적 세계관은 심각한 도전에 직면하게 되었다. 이에 하늘 아래 유일무이한 존재임을 표방했던 '천하'라는 명칭은 빛을 잃고, 세계에 존재하는 여러 나라들 가운데 한 국가로서 인정받고 현상을 유지하기에도 급급한 처지로까지 내몰리게 된다. 혹자는 이렇듯 중화사상으로 대표되는 자기중심적이고 자기규정적인 즉자적 인식으로부터 상대를 인정하는 대자적 인식으로 넘어간 것이야말로 중국 근대의 시작이라고 주장하기도 한다.

> 중국의 근대사는 한마디로 이러한 중화주의가 민족국가들에 의하여 계속 도전을 받으며 그 환상이 깨어짐과 동시에 강력한 민족국가의 하나로 탈바꿈해가는 과정이었다.[2]

흔히 역사는 돌고 도는 것이라 말한다. 근대의 시작과 함께 중국은 중화라고 하는 자기중심적인 세계관을 버릴 것을 강요당하고 한낱 종이호랑이를 넘어서 동네북으로 전락해 갖은 수모를 겪게 되었다. 하지만 그로부터 백년 뒤, 상황은 다시 일변해 우리는 또다른 중국의 변신을 목도하고 있다. 그것은 새롭게 세계의 중심으로 떠오르고 있는 중국의 부상이다. 21세기에 그들은 전지구적으로 무소불위의 힘을 휘두르는 유일의 강대국 '팍스 아메리카나'의 세력에 맞설 대안으로 여겨지고 있으며, 그들 스스로도 천하를 추구하고 천하를 자신의 손아귀에 넣으려는 야심을 공공연하게 드러내고 있다. 이제 사람들의 시선이 다시 중국으로 몰리고 있으며, 그 심장부인 베이징에서 벌어지는 중국인의 일거수일투족에 촉각을 세우고 있다. 오랜 세월 중국의 수도였던 베이징이 새롭게 부각되고 관심을 끌고 있는 것이다. 베이징은 또다시 세계의 수도를 꿈꾸고 있는가?

차례

프롤로그 5

봄

바람의 도시　19

베이하이北海의 봄　24
금단의 땅, 타이예츠(太液池)　'츙다오의 봄 경치'(瓊島春陰)
튄청(團城)의 정이품송　권력의 핵심부, 중난하이(中南海)

마르꼬 뽈로의 다리　41
융딩허(永定河)와 루거우챠오(盧溝橋)　루거우챠오의 사자
루거우챠오의 새벽달　루거우챠오 사건과 중일전쟁

세계 지도(Mappa Mundi)　52
'머리 세개와 팔 여섯개'(三頭六臂)의 도시
계획도시, 베이징　베이징의 종축선

톈안먼天安門광장에 서서　61
베이징의 배꼽, 톈안먼　톈안먼광장 재편의 함의

여름

안개비 속의 지먼薊門煙樹　73
봄날은 간다　베이징의 쎈트럴 파크
옌징(燕京)과 베이징대학

베이징의 실핏줄, 후퉁胡同　90
베이징에서의 에드거 스노우　베이징사람들의 삶의 공간, 후퉁
베이징의 피맛골　'장소'와 '공간'으로서의 후퉁

인딩챠오銀錠橋 위에서　108
텍스트로서의 베이징　거지 선완싼(沈萬三)과 스차하이(什剎海)
베이징의 북청 물장수　'위취안의 무지개'(玉泉垂虹)

징항운하京杭運河의 종점　121
베이징으로 가는 길　연행 길의 마지막 관문, 바리챠오(八里橋)
대운하의 물길을 따라

가을

베이징의 가을 풍경 137
샹산(香山)의 단풍　비윈쓰(碧雲寺)와 쑨원
성현의 거리에서　연행사가 본 가톨릭 성당

베이징 주변의 장성長城들 164
누구를 위한 장성인가?　15인치 등우량선과 장성
베이징의 전략적 가치　장성의 축조
장성이 사라지고 있다　장성과 개혁 개방

황금 기와의 물결 183
징산(景山)에서 바라본 구궁(故宮)　구궁(故宮)의 기본 얼개
톈안먼(天安門)에서 우먼(午門)까지　전조(前朝)의 핵심, 삼대전(三大殿)
원위안거(文淵閣)와『사고전서(四庫全書)』　후침(後寢)의 삼궁(三宮)

겨울

쿠빌라이의 도시, 칸발릭 209
베이징의 겨울　저우커우뎬(周口店)의 베이징원인(北京猿人)
원나라 이전의 베이징　베이징성의 아키타입(Archetype), 다두

모자帽子의 성 229
연왕(燕王) 주디(朱棣)와 베이징　베이징성의 건설
명 마지막 황제의 최후　청병(淸兵)의 입성

제국의 영화와 몰락 242
위안밍위안(圓明園)에 가보았는가?
시타이허우(西太后)와 이허위안(頤和園)　홍루의 꿈

베이징사람들 260
베이징의 성문들　다스라(大柵欄)에 가다
베이징의 명동, 왕푸징(王府井)　판쟈위안(潘家園)은 없다

에필로그 278
주 285

허베이성
허베이성
구베이커우장성
바다링장성
명십삼릉
톈진
절
산
대학
공원
성문
고궁
묘. 사당
베이징원인
유지박물관
허베이성

베이징 지도

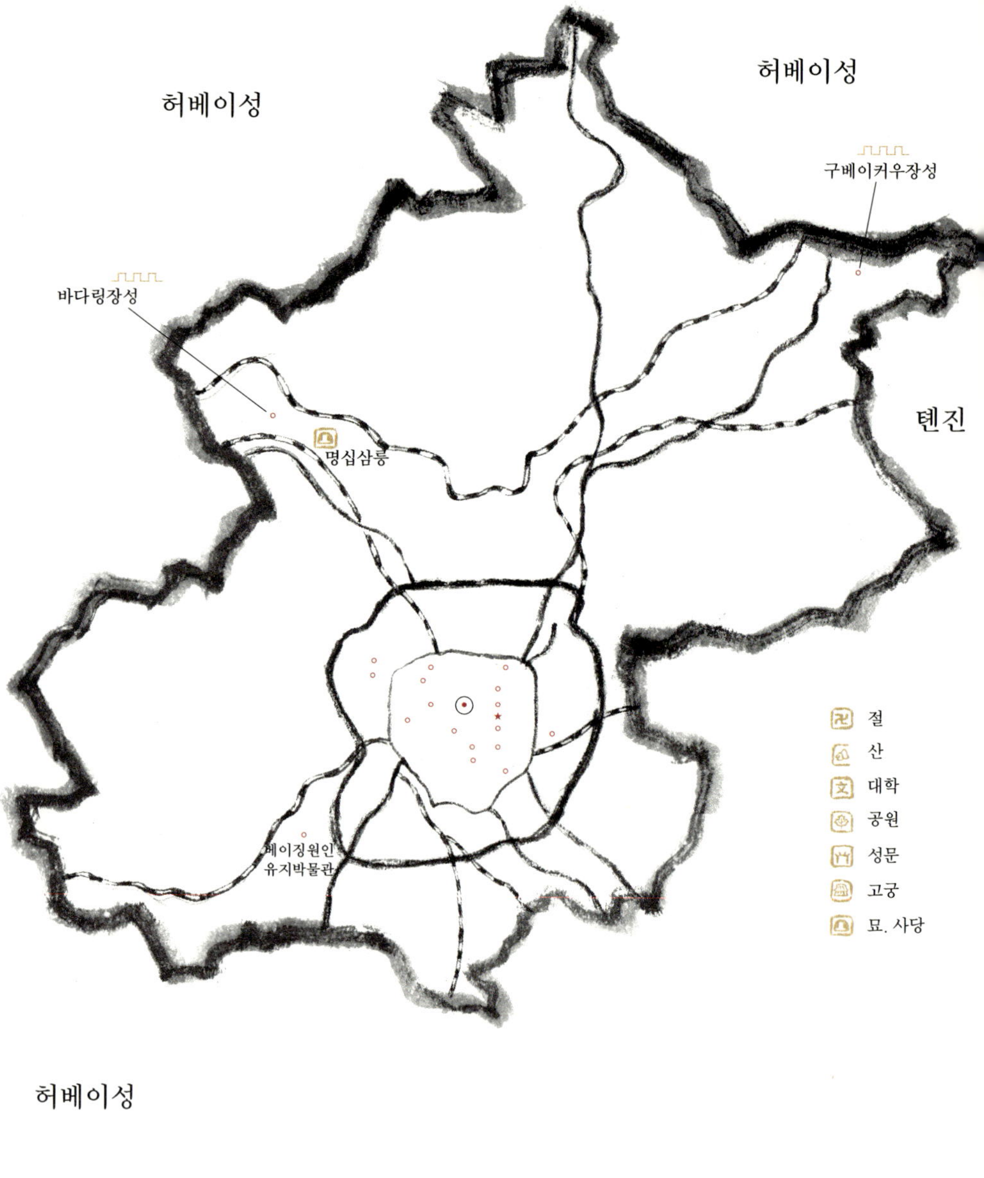

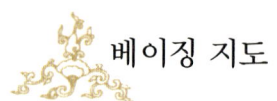

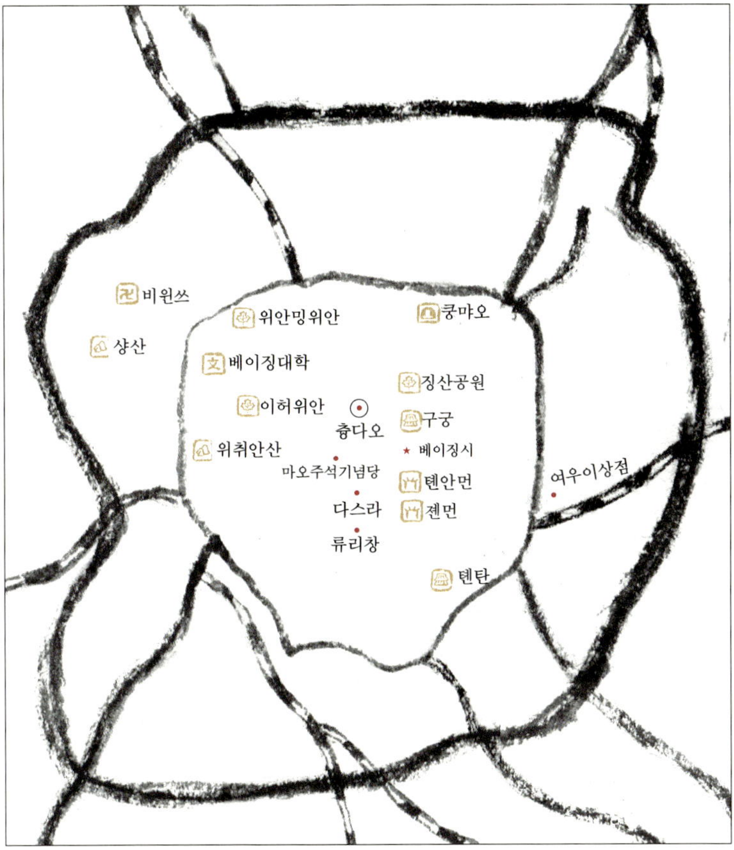
비윈쓰
위안밍위안
쿵먀오
샹산
베이징대학
징산공원
이허위안
춍다오
구궁
위취안산
베이징시
마오주석기념당
톈안먼
여우이상점
다스라
젠먼
류리창
톈탄

베이징시 중심부

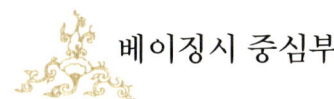

바람이 불지 않으면 먼지는 세치나 쌓이고,
비가 내리면 거리는 온통 진흙투성이다.
無風三寸土
雨天滿地泥

바람의 도시

베이징은 평원 위에 자리잡은 도시다. 서북쪽으로는 산지가 이어져 있고, 동남쪽으로는 바다와 맞닿아 있다. 이른바 "산에 임하고 물이 에워싸고 있으며, 범이 웅크리고 용이 똬리를 튼"(山朝水拱 虎踞龍盤) 형국인 것이다. 지질학자들의 연구에 의하면 베이징평원은 바닷물의 충적 작용에 의해 이루어진 것이라 한다. 곧 약 200만년 전에는 이곳이 파도가 넘실대는 바다였다는 것이다. 그리고 40, 50만년 전 바닷물이 빠져나가자 온난 다습한 기후 때문에 많은 동식물들이 번성하게 되었고, 베이징원인(北京猿人) 역시 이곳에 터를 잡고 삶을 영위했다.

우리는 터를 잡을 때 배산임수(背山臨水)라 하여, 북반구의 특성상 북에서 불어오는 칼바람을 막아주는 산을 등지고, 주주민의 용수를 공급하는 강을 앞에 두는 형국을 선호하는데, 주변에 변변한 산이나 하천 하나 제대로 없는 베이징의 풍수는 우리 관점으로 볼 때는 한 나라의 수도라 하기에는 조금 부족한 듯 보이는 게 사실이다. 물론 베이징 인근에 산지가 없는 것은 아니다. 북쪽으로 조금만 올라가면 옌산(燕山) 산맥의 끝없는 산봉우리가 연이어 있지만, 베이징과의 거리가 제법 되기에 북에서 불어오는 찬바람을 직접 막아주지는 못한다.

이렇듯 평야지대에 자리잡고 있기 때문에 베이징에는 사시사철 바람이 끊이지 않고 불어댄다. 이런 바람을 두고 베이징사람들은 이렇게 이야기한다. "베이징에는 바람이 딱 두번 분다. 한번은 봄에 불어서 가을에 끝나고, 또 한번은 가을에 불어서 이듬해 봄에 끝난다." 결국 일년 내내 바람이 분다는 얘기다. 그 가운데서도 특히 봄바람은 서북쪽 사막지역에서 다량의 모래를 싣고 불어오기에 특히 유명하다. 이른바 황사다.

워낙 바람이 많이 부는 베이징인지라 이곳의 일기예보에는 우리와 달리 항목이 하나 더 추가되는데, 그것은 그날그날 바람의 세기다. 등급에 따라 1급이 담배연기가 움직일 정도, 5급 정도 되면 작은 나무가 움직이고 저수지같이 고인 물에 파도가 일며, 9급이 넘어가면 태풍 수준이다.

20세기 중국을 대표하는 문필가 린위탕(林語堂) 역시 『베이징 이야기』(*Imperial Peking: Seven Centuries of China*)라는 책에서 "베이징사람들은 매년 한차례 정도는 몽골에서 불어오는 사막의 거센 모래폭풍을 대비해야 한다"[3]고 베이징의 바람을 언급한 바 있다. 린위탕은 베이징 출신은 아니지만(그는 타이완사람들의 뿌리인 푸젠성福建省에서 태어났다), 누구 못지않게 베이징을 사랑해서 이 책을 썼다. 그는 "베이징의 아름다운 여인들은 바람이 불면 멋진 씰크스카프로 얼굴을 가린다"고 했는데, 사실 여기에는 약간의 과장이 섞여 있다. 물론 씰크스카프로 얼굴을 가린 아름다운 여인이 없는 것은 아니겠지만, 보통은 그저 평범한

베이징에 불어온 황사

마스크를 하거나, 때론 양파를 담는 붉은 망사주머니를 둘러쓰고 다니는 아주머니도 눈에 띈다. 양파주머니는 보기에는 좀 그래도 먼지를 막아주면서 시야를 확보한다는 실용적인 측면에서는 아주 훌륭한 실크 스카프 대용품이다.

린위탕의 이 책은 베이징에 대한 훌륭한 소개서이지만, 우리의 관점에서 보자면 때로 거슬리고 마음을 불편하게 하는 구석도 있다. 흔히 말하는 오리엔탈리즘이라고 할까? 가끔 천카이거(陳凱歌)나 장이머우의 몇몇 영화들이 중국을 지나치게 미화하는 것을 넘어서, 터무니없다는 생각이 들 정도로 자신들의 모습을, 자신들의 역사를 신비롭게 분식(粉飾)하는 것과 비슷한 대목이 눈에 밟힌다는 것이다. 아마도 린위탕이 미국에 살면서 구미의 독자들을 의식하며 영어로 책을 썼기 때문일 텐데, 그런 저간의 사정을 십분 이해한다 하더라도 그의 책을 읽다보면 간혹 나도 모르게 쓴웃음을 짓게 된다.

아무튼 역사적으로나 문화적으로, 무엇보다 지리적으로 가깝다는 이유 때문에 베이징은 우리의 서울과 흡사한 면모가 많다. 위도상으로는 베이징이 조금 더 높은데, 도심의 중심이라 할 구궁을 기준으로 할 때 베이징의 위도는 39도로, 평양과 비슷하기에 날씨도 그에 버금간다. 겨울은 한랭 건조하고 여름은 고온 다습하며, 사계절의 구분이 비교적 뚜렷하게 구별되는 전형적인 대륙성 기후에 속하는 것이다. 그래서일까? 베이징의 봄은 유별난 데가 있다.

> 봄 내내 추위가 심하여 시즈먼(西直門) 밖의 버드나무에는 여전히 싹이 돋지 않았습니다. 화조절(花朝節, 2월 15일) 저녁에 달은 휘영청 밝지만 차가운 바람이 눈을 찌르는데, 아우와 함께 한가로이 둥즈먼(東直門) 길을 걷자니 흥겨움을 가눌 길 없기에 드디어 베이안먼(北安門)을 지나 약왕묘(藥王廟)에 이르러 위허수(御河水)를 구경하였습니다. (…) 나무 위의 추운 까마귀는 나무를 쳐도 놀라지 않고 돌멩이를 던졌으나 역시 꼼짝 않고 있어서 마치 얼어붙은 것 같았습니다. 그때 홀연히 큰바람이 쉬웅 소리를 내며 처마로 불어와 음침한 모래바람이 사방에서 모여들어 얼굴을 감싸고 빨리 뛰었으나 입안에 들어온 모래가 꺼끌꺼끌 소리를 내니 즐거움은 잠시일 뿐이고 고통이 이미 백배나 되었습니다. 수일 후에 다시 아우와 만징(滿井)을 한번 구경하였더니 말라죽은 가지들만 서너 줄기 붙어 있어 도무지 이른봄의 참신한 맛이 없었습니다.[4]

이 글은 명 만력(萬曆) 27년(1599)에 명대의 문장가이자 문예이론가인 위안훙다오(袁宏道)가 베이징에서 궈쯔젠(國子監) 조교로 있을 때 절친한 친구인 메이궈전(梅國楨)에게 쓴 서한으로 베이징의 이른봄 정취를 생생하게 그려내고 있다. 바람과 함께 비라도 한줄기 쏟아져 내리면 냉기는 한층 더한다. 하지만 어쩌랴. 차가운 냉기 속에 이미 봄의 훈기가 만져지면 베이징의 봄은 저만치 와 있는 것을…… 비 온 뒤의 베이징

공기는 말 그대로 청신(淸新)한데, 아직 남아 있는 선뜻한 기운이 어깨를 움츠리게 한다. 봄에 베이징에 가는 사람이라면 다음과 같은 이외수의 글 한대목이 실감나게 다가올지도 모른다.

> 봄이 되었다.
> 며칠 동안의 심한 바람. 봄은 언제나 며칠 동안의 바람을 먼저 이 땅에 보낸다. 가게 문짝들이 쓰러지고, 대야가 굴러 떨어지고, 빨래가 펄럭거리고, 하늘은 희뿌옇게 흐려 있었는데, 싸르락 싸르락 모래알을 뿌리며 바람은 도시를 휩쓸고 지나갔다. 이어 두어번의 비가 내렸다. 그리고 밝고 화사한 햇빛이 온천지에 가득한 날이 계속되었다. (이외수 『꿈꾸는 식물』에서)

베이징의 봄은, 바람과 함께 찾아온다.

베이하이北海의 봄

금단의 땅, 타이예츠(太液池)

아직 한기가 가시지 않은 찬바람 속에서도 영락없이 느껴지는 훈기는 봄이 그리 멀지 않았음을 예견케 한다. 멀리 베이징 서쪽 교외 시산(西山)에서 꽃향기가 날려오고, 퉁저우(通州)의 운하에서 얼음 풀리는 소리가 귓가를 간질이면 봄은 이미 저만큼 다가온 것이다. 건조한 베이징의 공기가 물을 머금는 것도 봄이다. 이곳의 건조한 공기는 악명이 높은데, 익숙지 않은 사람은 자고 나면 컬컬해지는 목을 풀기 위해 잠자리에서 일어나자마자 뜨거운 차를 찾게 된다. 공기가 건조하다 보니 먼지도 잘 일어, 살다보면 한바탕 먼지와의 전쟁을 치러야 한다. 종일 쓸고 닦아도 돌아보면 언제 그랬냐는 듯이 먼지가 뽀얗게 앉아 있다. 혹여 밖에서 먼지가 들어올 새라 아무리 창문을 꼭꼭 닫아걸어도 먼지는 소리 없이 쌓여만 간다. 아무래도 먼지는 틈새로 들어오는 게 아니라 유리창을 투과해 스며드는 게 아닌가 하는 착각을 일으킬 정도다. 봄비라도 한바탕 쓸고 지나가면 그제야 먼지가 숨을 죽이지만, 건조한 공기는 밝고 화사한 햇살 아래 여전히 탱탱한 긴장감을 품고 있어 손가락으로 톡 치면 쨍하고 금속성 소리를 낼 듯하다.

도시의 공기는 사람을 자유롭게 한다는 말이 있지만, 봄의 따사로운 공기는 사람의 마음을 달뜨게 한다. 서쪽 시산의 먀오펑산(妙峰山)에서 꽃소식이 들려올 때면, 겨우내 움츠린 어깨를 펴고 어디론가 훌쩍 떠나고 싶어진다. 베이징을 삭막한 도시라 하지만, 녹지율은 서울보다 높은 편이다. 도심에는 시민들이 찾아갈 만한 공원도 많고, 쉼터가 되어주는 호수도 제법 있다.

베이징사람들은 중심부에 있는 호수에 모두 바다라는 명칭을 붙였다. 이를테면, 현재 정부 요인들의 집단 주거지역인 중난하이(中南海)와 그 북쪽에 있는 베이하이(北海), 그리고 쳰하이(前海)와 허우하이(後海) 등이 그러하다. 예전에는 중난하이와 베이하이를 하나로 묶어서 '타이예츠(太液池)'라고 불렀고, 쳰하이와 허우하이는 '스차하이(什刹海)'라 불렀다.

타이예츠는 금(金)나라 때부터 역대 왕조 황궁의 중심지로 누대에 걸쳐 공들여 가꾸고 건물을 세워 베이징에 있는 여러 황실 공원들 가운데서도 가장 빼어난 아름다움을 자랑한다. 놀라운 것은 오랜 세월을 거쳐오면서 수많은 전란과 왕조의 부침을 겪었음에도 별다른 손상을 입지 않고 예전 모습을 그대로 간직하고 있다는 사실이다. 따라서 타이예츠는 명칭대뿐 아니라 그에 앞선 요(遼)나라와 금나라, 원나라 등 이곳을 근거지로 삼아 번성했던 여러 왕조의 유물과 건축양식을 한꺼번에 감상할 수 있는 거의 유일한 곳이다.

하지만 황궁에 속했기 때문에 예전에는 일반인들이 드나들 수 없는 통금구역이었다. 어찌 이곳뿐이었으랴. 지금은 누구라도 시내 곳곳을 돌아다닐 수 있지만, 사실 봉건왕조 시대에 베이징에 살았던 백성들은 마음대로 숨 쉬고 거닐 만한 곳이 그리 많지 않았다. 예전의 베이징은 황궁을 중심으로 동성(東城)과 서성(西城)으로 나뉘어 있었다. 양쪽 지역에 거주하는 사람들이 서로 왕래할 때는 황성을 돌아서 다니든가 그렇지 않으면 첸먼(前門) 주변이나 허우먼(後門, 곧 디안먼地安門)을 통과해야 했다. 양쪽 지역을 이어주는 둥창안다제(東長安大街)와 시창안다제(西長安大街) 및 그 사이에 있는 톈안먼(天安門) 일대는 통행이 금지된 곳이었다. 물론 베이하이공원 앞쪽의 다챠오(大橋) 일대도 지나다닐 수 없었다.

수도 베이징의 주인은 오직 한 사람이었고, 활개를 펴고 마음껏 도시의 공기를 자유롭게 호흡한 사람도 오직 하나, 황제뿐이었던 시절의 얘기다. 그렇다면 청대에 백성들이 갈 수 있는 곳은 어디였을까? 하나는 스차하이였고, 다른 하나는 베이징 서남쪽에 있는 타오란팅(陶然亭)이었다. 교외로 나가더라도 황실의 정원이던 이허위안(頤和園)은 물론이고 심지어 샹산(香山)까지도 접근할 수 없었다. 신해혁명이 성공하고 봉건왕조인 청이 멸망하자 금단의 구역도 모두 일반인에게 개방되어 공원이 되었다. 그래서 예전 같으면 백성들이 감히 범접할 수 없던 베이하이 역시 현재는 공원으로 개방되어 수많은 베이징시민의 사랑을 받고 있다. 하지만 중난하이는 신중국(1949년 국민당과 공산당의 내전이 끝나고 수립된 중화인민공화국을 중국사람들은 '신중국'이라 부른다) 수립 이후에도 계속 공산당 지도부의 집단 거주지로 사용되었기 때문에 1980년 이전에는 일반에 전혀 공개되지 않았다. 물론 현재도 이 지역에는 중국

베이하이의 백탑(白塔)에서 바라본 베이징 시가

의 핵심부 인사들이 살고 있지만, 일부 구역은 공개되어 관광객을 맞고 있다.

'츙다오의 봄 경치'(瓊島春陰)

베이징을 수도로 삼은 첫번째 왕조인 요나라는 지금의 베이하이 자리에 궁을 세웠고, 역시 베이징을 수도로 삼았던 금나라 조정은 이곳에 호수를 파고 인공섬을 만들어 츙화다오(瓊華島)라 부르고 그 위에 정자를 세웠다. 원나라 때에는 호수를 타이예츠라 부르고 츙화다오를 완서우산(萬壽山)이라 불렀다. 원나라의 쿠빌라이 칸은 츙화다오를 세차례나 확장하고 아예 그곳에 황궁을 짓고 그 중심으로 도시를 건설했다.

청나라 때는 산 정상에 백탑을 세운 뒤 바이타산(白塔山)이라 불렀고, 현재는 예전의 츙화다오라는 명칭을 줄여 그냥 츙다오(瓊島)라 부른다.

츙다오의 동쪽은 건물이 많지 않은 대신 수목이 무성하다. 봄이 되면 나무들에 물이 오르고 연두색 신록이 짙어가면서 그 푸름이 뚝뚝 듣는 듯하다. 사람의 발길이 별로 닿지 않는 고요한 호수 위에는 연잎이 떠 있는데, 바람이 일으키는 잔물결은 이곳이 속세가 아닌 양 시름을 잊게 한다. 그래서 사람들은 이곳의 아름다움을 '베이징의 유명한 여덟 가지 경치'(燕京八景) 가운데 하나로 손꼽았다. 현재 이곳에는 당년에 건륭 황제가 친필로 하사했다는 '츙다오의 봄 경치'(瓊島春陰) 비가 서 있다.

그 비에는 이곳의 경치를 읊은 시가 새겨져 있는데, 내용은 다음과 같다.

츙화다오의 무성한 그늘 높게 드리우고
봄날의 옅은 그늘 봄빛이 완연한데
구름은 봉루에 걸리고 소나무 그림자 가리우니
서기는 산속에 어리고 대나무는 흔들거리네.
금원을 낮게 굽어보니 이끼는 물이 올라
멀리 교외의 들판엔 파릇한 보리싹
다시금 구름 드리운 구중심처 바라보니
호시절 구소가 들려오네.

瓊華瑤島鬱嵯峨 春日輕陰景色多
雲護鳳樓松掩映 瑞凝山掌竹婆娑

츙다오에 있는 경도춘음비

低臨禁苑滋苔蘚 遠帶郊畿蔭麥禾
更向五雲最深處 好風時送九韶歌

츙다오를 비롯해 베이하이의 아름다운 봄 경치는 베이징사람들의 발길을 사로잡는다. 화사한 봄꽃에 뒤덮인 사이사이로 싱그러운 신록이 영롱하게 빛나는 츙다오는 진정 베이징의 봄을 대표하는 보석과 같다.

중국의 도시에는 어디라 할 것 없이 도심에 공원이 잘 조성되어 있어 공원 도시라 해도 지나친 말이 아니다. 베이징 역시 지도를 보면 곳곳에 산재해 있는 많은 공원과 녹지가 눈에 띈다. 베이징을 돌아다니다 보면 아침저녁으로 때를 가리지 않고 공원에서 음악에 맞춰 함께 춤을 추거나, 태극권이나 칼춤을 연습하는 사람들을 보게 된다. 재미있는 것은 함께 춤을 추는 사람들이 꼭 서로 잘 아는 사이가 아니라는 것이다.

베이하이의 츙다오

우리 같으면 모르는 남녀가 백주 대낮에 서로 손잡고 춤추다보면 가정 파탄 날 일이 많겠다 싶지만, 베이징에서는 그저 심상한 일상의 하나로 치부할 뿐이다.

금단의 땅에서 공원으로 새롭게 태어난 베이하이 역시 베이징시민의 발길이 끊이지 않는 명소로 이곳에 가면 느긋한 마음으로 그들의 평범한 일상을 같이 호흡할 수 있다.

퇀청(團城)의 정이품송

베이하이공원으로 들어가는 문은 몇개가 있는데, 그 가운데 정문에 해당되는 것이 남문이다. 남문 바로 옆에는 또하나의 문이 있으니, 이곳이 퇀청(團城)이다. 퇀청은 베이하이공원에 딸려 있는 부속건물인 셈인데, 높이 4.6미터의 성벽으로 이루어진 구역이다. 본래는 베이하이에 속해 있는 섬이었다고 하는데, 오늘날 섬의 면모는 찾아볼 길이 없다.

퇀청의 주요 건물은 청광뎬(承光殿)으로, 규모는 작지만 단아한 아름다움을 지니고 있다. 그런데 정작 청광뎬을 유명하게 만든 것은 건물 자체보다도 그 안에 보관되어 있는 옥불(玉佛)이다. 청나라 말엽에 밍콴(明寬)이라는 중이 미얀마에서 들여와 시타이허우(西太后, 1835~1908)에게 바친 것이라는 이 옥불은 영험하다는 소문이 나서 많은 사람들이 참배를 한다. 중국의 전통 불상과는 다른 분위기를 느낄 수 있는데, 린위탕은 "서양인들에게는 '모나리자의 미소를 짓는' 옥불"[5]이라고 했거니와, 실제로 입가에 어린 미소는 그런 찬사에 값한다 하겠다.

베이하이공원에서 길바닥에 커다란 붓으로 글씨 연습을 하는 사람

청광뎬 앞에는 작은 전각 안에 특이한 모습의 커다란 항아리가 놓여 있는데, 이것이 유명한 위웡(玉甕), 곧 옥 항아리다. 이 옥 항아리의 별명은 '독산대옥해(瀆山大玉海)'라 하는데, 무게가 3500여근에 달한다. 원래 원 세조 쿠빌라이에게 바친 것이었는데, 한 연회에서 아끼던 공신에게 하사한 뒤로 민간으로 흘러 들어갔다가 나중에 청대에 이르러 건륭 황제가 보고 천금을 들여 사들인 뒤, 이곳에 보관했다고 한다.

청광뎬 주위에는 몇그루의 나무가 심겨 있어 더운 여름날 땀을 식혀주는 그늘을 드리우고 있다. 이 가운데 한그루는 건륭 황제가 이곳에 왔을 때 시원한 그늘을 제공해주었다 하여 그 공로로 제후에 봉해졌다. 이름 하여 '차음후(遮陰侯)' 곧 '햇빛을 차단하는 그늘을 만들어준 제후'이다. 이것은 마치, 조선의 세조가 속리산 법주사로 행차할 때 가마가 아래로 늘어진 소나무 가지에 걸릴까 염려하여 "연(輦, 임금이 타는 수레)이 걸린다"고 말하자 소나무가 스스로 가지를 번쩍 들어 올려 가마가 무사히 통과하도록 해, 후에 세조가 이 소나무에 정2품 벼슬을 내렸다는 우리의 '정이품송(正二品松)' 고사와 비슷하다.

권력의 핵심부, 중난하이(中南海)

타이예츠는 '진아오위둥챠오(金鰲玉蝀橋)'를 사이에 두고, 북쪽의 베이하이와 남쪽의 중난하이로 나뉜다. 예전에는 모두 백성의 접근이 불가한 성역이었는데, 지금은 공원으로 개방된 베이하이와 달리 중난하이는 여전히 높은 담장으로 둘러싸인 채 사람들의 발걸음을 거부하고 있다.

여기에서부터 큰물이 보이되 넓이가 50~60보는 넘으니, 이는 곧 태액이라. 처주에 석축이 극히 정제하고, 물 가운데 큰 돌다리를 건너 놓았으되 옥같은 흰 돌로 온갖 만물의 형상을 새겨 좌우 난간에 베풀고, 다리 두 편에 패루를 세웠으니, 동쪽은 '옥동' 두 자를 새기고, 서쪽에는 '금오' 두 자를 새겼으니, 붉은 기둥과 푸른 기와가 물에 비추어 빛나더라. 수레를 몰아 다리에 머무르니, 보는 바가 황홀하여 비록 하늘이 지은 것이 아니요 사람의 재주로 사치를 극진히 하였으나, 또한 대국 역량을 볼 것이요, 천자의 기구를 짐작할러라. 물에 얼음이 풀렸는지라. 비록 물빛이 맑지 못하나, 바람에 희미한 물결이 비단 같고, 노는 오리들이 무리를 지어 쌍쌍이 출몰하니, 은밀히 비치는 자연의 경관이라. 성시진애 가운데 이 같은 승지가 있음을 짐작하지 못할러라.[6]

타이예츠의 남쪽 부분인 중난하이는 역대로 중국 최고 권력자들이 거주하는 지역으로 유명하다. 신중국 이후에는 중국공산당의 중앙위원회와 국무원 청사가 있었고, 현재도 중요한 정부기관과 주석 등 국가지도자급 인사들의 거처로 사용되고 있어 권력의 핵심부라 할 수 있다. 중난하이가 권력의 심장 역할을 한 것은 현재 베이징의 토대를 마련한 명의 영락제(永樂帝, 재위 1402~24) 때로 거슬러 올라간다.

원래 금나라의 행궁(行宮)이었고, 원나라 쿠빌라이 칸이 아름다운 경관을 즐기기 위해 내원(內苑)으로 삼았던 이곳을 아직 황제의 자리에 오르지 않았던 연왕(燕王) 주디(朱棣)가 자신의 관저로 삼았던 것이다. 그후로 중국의 권력자들이 수없이 거쳐갔다. 그중에는 비극적인 최후를 맞은 인물도, 개인적인 차원에서 영욕을 모두 맛본 사람도 있다.

18세기 건륭제 때 최극성기를 맞은 중국은 불과 40년 뒤에 벌어진 아편전쟁에서 굴욕적인 패전을 당하지만, 그럼에도 자신들이 세계의 중심이라는 인식을 버리지 못했다. 패전의 원인은 단지 군사상의 실패에 있을 뿐 중국은 여전히 대국이고 강력한 힘을 갖고 있다고 믿었던 것이다. 그러나 '태평천국의 난'(1851~64)을 비롯해 수없이 벌어진 내부의 반란 세력을 진압하지 못하고 영국이나 프랑스의 연합군 등의 힘을 빌려 격퇴시키자 서구열강의 군사적인 우위를 확실하게 인식하고 자강(自强)을 도모하게 된다. 하지만 부족한 것은 물질적인 데 있을 따름이지 자신들이 지키고 있는 정신적인 가치는 여전히 유효하다는 생각을 버리지 못했다. 그리하여 정신적인 면은 중국 것을 본으로 삼고 서양에서는 실용적인 면만 배워오면 된다는 식의 개혁운동을 벌이게 된다. 이러한 생각을 '중체서용(中體西用)'이라 하고 그 바탕에서 추진한 개혁을 '양무운동(洋務運動)'이라 부른다.

  양무운동은 두가지 차원에서 진행됐는데, 하나는 군사적으로 강한 힘을 추구하는 것이고, 다른 하나는 경제적 부강을 도모하는 것이었다. 결론적으로 말하자면 두가지 모두 실패로 돌아간다. 애당초 중국의 입장은 서양의 과학기술을 빌려 자국의 군사력을 키울 수 있기만 바랐을 뿐이었다. 수천년을 이어 내려온 봉건적 관료조직을 타파하거나 변화하려는 노력 없이 그저 무기를 만드는 병기창과 군함을 건조하는 조선소 몇개를 만드는 것으로 강대국이 되려는 기대는 지나치게 순진한 생각에 불과했던 것이다. 하지만 단순히 실패로 규정하기에는 당시 시대적 상황이나 환경이 우리의 판단을 유보하게 한다. 흔히 역사에서 말하는 '시대적 한계'란 바로 이런 것을 가리킨다. 개인이 자신의 잘못을 인지하고 그것을 고쳐나가는 데도 많은 시행착오와 긴 시간이 필요한데,

하물며 국가의 차원에서랴……

　서구의 헌법을 들여오고 입헌제에 대해 심각하게 고민하는 등의 제도적인 개혁은 양무운동이 시작된 지 약 30년이 지나서 시작되었다. 하지만 그러한 고민 역시 청일전쟁의 패전이라는 비싼 수업료를 치르고 나서 비로소 갖게 되었다는 데 중국 현대사의 비극이 숨어 있는지도 모른다. 아무튼 청일전쟁에서 패한 뒤 중국 지식인들은 서구 문물을 모방하는 식의 현대화로는 자신들이 처해 있는 어려움에서 벗어나기 힘들다는 사실을 깨닫게 되었다. 이에 대처하는 방안을 놓고 지식인들은 두 부류로 나뉘었다. 하나는 봉건왕조를 그대로 유지하면서 개혁을 추구하자는 '변법파(變法派)'로, 캉여우웨이(康有爲)와 량치차오(梁啓超) 등이 이끌었다. 다른 하나는 아예 만청(滿淸) 정부를 전복하고 공화국을

베이하이에서 바라본 중난하이. 중난하이는 권력의 핵심부로 일반에게 공개되지 않고 있다. 가운데 보이는 다리가 베이하이와 중난하이를 나누는 진아오위동챠오다.

수립하자는 '혁명파'로 쑨원 같은 인물이 대표적이었다.

우선 행동을 개시한 쪽은 변법파였다. 당시 나름대로 나라의 장래를 걱정하고 있던 광서제(光緒帝)는 변법파 편에 서서 이들의 주장을 실행에 옮기는 개혁을 단행한다. 이것이 '무술변법(戊戌變法)'이다. 하지만 이들의 개혁 시도를 불만스럽게 바라보고 있던 당시 실권자 시타이허우(西太后) 츠시(慈禧)는 광서제를 제거하려 하였다. 이에 위기감을 느낀 변법파 탄쓰퉁(譚嗣同)은 군대를 보유하고 있던 위안스카이(袁世凱)를 찾아가 상의한다. 이미 죽음을 각오한 탄쓰퉁은 위안스카이에게 광서제 편에 서서 그와 함께 신정(新政)을 펼 생각이 없다면 자신을 죽여 달라고 부탁한다. 위안스카이는 정색을 하며 말했다. "내가 룽루(榮祿, 츠시의 측근)를 죽이는 것은 개 한마리를 죽이는 것과 같은 일이니, 이 일은 다 내게 맡겨주시오. 내가 모두 책임을 지겠소. 그러면 황상께서도 마음을 놓으실 수 있을 것이오." 하지만 위안스카이는 다음날 톈진(天津)으로 가서 룽루에게 이 사실을 털어놓고 막바로 베이징에 가서 츠시에게 보고했다. 츠시는 즉시 광서제를 구금시킨 뒤 자신이 직접 정사를 돌봤다.

위안스카이의 배신으로 무술변법은 백일천하로 끝났다. 탄쓰퉁은 도망갈 수 있었음에도 의연히 자신의 죽음을 받아들였다. 그는 죽기 전에 유서에서 신구 양당이 많은 피를 흘리기 전에는 중국은 영원히 가망이 없을 것이라고 예언했다. 자신의 죽음 역시 중국이 치러야 할 과정으로 받아들였던 것이다. 캉여우웨이는 마침 베이징에 없었기 때문에 불운한 동생이 대신 희생되고, 자신은 일본을 거쳐 캐나다로 망명했다. 그의 제자였던 량치차오 역시 일본으로 떠났다. 이러한 일련의 사건 진행은 혁신 관료들이 주체가 되어 일어났고, 급진적인 개혁을 단행하다

난징의 태평천국기념관에 있는 태평천국의 지도자 홍슈취안(洪秀全) 동상

수구파의 반동에 의해 제거되었다는 점에서 우리의 갑신정변과 유사한 면이 있다.

한편 무술변법을 적극적으로 후원하고 개혁을 도모했던 광서제는 시타이허우에 의해 중난하이의 잉타이(瀛臺)에 유폐되어 죽을 때까지 나오지 못했다. 심지어 1900년 '의화단의 난'으로 시타이허우가 잠시 시안(西安)으로 쫓겨갈 때도 강제로 끌려갔다.

이때 츠시는 사세(事勢)가 급박하여 황제의 비빈들은 황궁에 두고가려고 했는데, 광서제가 가장 아끼고 사랑하던 전페이(珍妃)가 황제 곁을 떠날 수 없다며 같이 데려가달라고 울며 매달리자 그녀의 팔과 다리를 잘라 우물 속에 빠뜨려버렸다. 구궁에는 지금도 전페이를 빠뜨렸다는 우물인 전페이정(珍妃井)이 남아 있어 처참했던 그날의 참상을 떠올리게 한다. 혹자는 시타이허우가 전페이를 죽인 까닭이 광서제의 총애

구궁에 있는 전페이정

를 받고 있었기 때문이라기보다 전페이가 너무 똑똑했기 때문이라는 주장도 한다. "궁중에서 총명한 여자는 한사람으로 족했던 것이다."[7] 결국 광서제는 자신의 유일한 안식처였으며, 평생 유일하게 사랑했던 여인마저 잃고 모든 것을 포기한 채 술에 빠져 살았다. 광서제의 비참한 삶은 1908년 서른여덟의 젊은 나이로 끝을 맺는데, 그것은 공교롭게도 시타이허우가 죽기 하루 전이었다. 이것을 우연이라고 해야 할까? 후대 사람들은 시타이허우가 광서제를 독살한 것이라 굳게 믿고 있다. 어쨌든 시타이허우는 일흔여섯의 나이에 죽었으니 천수를 누렸다고 할 만하다. 아이러니한 것은 그녀가 죽기 전에 "앞으로는 절대 여자가 정사를 농락하는 일이 없어야 한다"는 유언을 남겼다는 사실이다.

중난하이에 살았던 또다른 비극적인 인물은 건륭제 때 위구르 지방에서 데려온 샹페이(香妃)다. 샹페이는 몸에서 좋은 냄새가 난다고 붙여진 이름으로 원래의 이름은 룽페이(容妃)였다. 타고난 미모 덕에 건

시타이허우가 시안(西安)으로 도피했을 때 사진 속의 가게에서 만든 만두를 맛보고는 대단히 흡족해했다고 한다. 지금도 이곳은 그것을 자랑으로 여기고 있다.

룽제의 총애를 받았지만, 정작 그녀는 물선 땅에 적응하지 못하고 무척 힘들어했다고 한다. 이에 건륭제는 샹페이의 고향인 위구르에서 사람들을 일부 베이징으로 이주시켜 살도록 하고 그곳 음식을 따로 만들고 옷도 위구르 전통복장을 입게 하는 등 각별히 신경을 썼다.

중난하이에 있는 바오웨러우(寶月樓)는 바로 샹페이가 살았던 누각으로, 북쪽으로 셴산(仙山)이 보이고 남쪽으로는 창안다다오(長安大道)의 번화한 시장 풍경이 바라다보인다. 곧 선계(仙界)와 인간 세계를 동시에 볼 수 있는 곳이었다. 이것은 샹페이를 위한 건륭제의 배려였을 것이다. 그녀가 살았던 위구르 지역에 닿으려면 지금도 한참 시간이 걸리는데, 하물며 교통이 불편한 당시였음에랴. 더구나 아무리 호의호식을 한다 한들 여자들은 궁중에 한번 들어가면 죽을 때까지 나올 수 없었다. 지금도 위구르의 카슈가르에 가면 샹페이묘를 볼 수 있다. 하지만 실제로 샹페이는 그의 무덤인 유릉(裕陵)의 일부이자 건륭제의 비빈들이 함께 묻혀 있는 유릉비원침(裕陵妃園寢)에 안장됐다.

마르꼬 뽈로의 다리

융딩허(永定河)와 루거우챠오(盧溝橋)

봄은 만물을 소생하게 하기도 하지만, 우리들 마음도 들뜨게 한다. 얼음이 풀린 작은 시내가 졸졸 소리를 내기 시작하면 숲에서는 가장 먼저 산수유가 노란 꽃을 피우고 계곡은 그 향기에 까무룩 잠긴다. 봄은 대학 신입생들의 계절이다. 그들을 맞이하는 모꼬지로 봄이 시작되는 것이다. 한때 서울 인근 대학생들의 모꼬지 장소로 가장 인기있던 곳은 북한강변의 몇몇 마을이었다. 대성리를 필두로 새터나 강촌은 모꼬지의 명소로 불릴 정도로 성시를 이뤘던 적이 있었다. 하지만 모꼬지 자체는 그리 추억할 만한 것은 못됐던 듯하다. 파음 뒤에 으레 이어지는 싸움들, 그리고 토악질, 다음날 아침의 숙취로 깨질 듯 아픈 머리와 쓰린 속은 늘 모꼬지 자체를 회의적으로 만들곤 했다. 그럼에도 불구하고 모꼬지가 평생 마음 한구석에 자리잡고 있는 것은 밤늦은 시간 강가에서 막걸리를 마시며, 흘러가는 강물처럼 끝도 없이 이어지는 이야기를 나누다 문득 바라본 밤하늘의 별빛 때문이었다. 칸트는 자신의 마음을 벅차오르도록 기쁘게 하는 것이 두가지 있으니, 하나는 별이 반짝이는 하늘이요 다른 하나는 마음속의 도덕률이라 했지만, 칸트처럼 그리 도덕적인 삶을 살아오지 않아서인지 지금도 잊히지 않는 것은 무슨 도덕률이 아니라 별빛이 쏟아져 내려 반짝이는 강물과 그 강물이 흘러가는 소리다.

베이징에는 그런 기억을 떠올리게 하는 강이 있을까? 지도를 보면 구불구불한 실금처럼 몇개의 하천이 표시되어 있다. 하지만 대부분은 용수를 공급하거나 운하로 연결되는 인공 하천이다. 기록을 보면 베이징은 아주 오래전 바다에 잠겨 있었다고 한다. 그리고 해수가 빠지고 나서도 한동안은 물이 넘치는 수향(水鄕)이었다. 그러나 지금은 물결이 넘실거리는 강이라고 할 만한 곳은 없다. 다만 베이징 서남쪽에 있는 융딩허(永定河)가 나름대로 유명했다. 현재는 말라붙었지만 예전에는 수량이 지금보다 많았는데, 물빛도 탁하고 물살이 화살처럼 빨랐다고 한다. 그래서 검다는 뜻으로 루거우허(盧溝河)나 헤이수이허(黑水河), 물살이 세차다는 뜻으로 퉈수이(沱水), 훈허(渾河)라는 명칭으로도 불렸다. 또 자주 범람해 물길이 자꾸 바뀌었으므로 우딩허(無定河)라 불리기도 했고, 쌍간허(桑乾河)라는 이름도 붙었다. 청의 강희제는 자주 범람하고 물길이 일정하지 않은 이 강을 제압하겠다는 의미로 강 이름을 '영원히 바로잡는다'는 뜻에서, '융딩(永定)'으로 바꿨다. 하지만 산시성(山西省) 마이현(馬邑縣)에서 발원해 흘러내려 수량이 풍부하던 강이 지금은 베이징 교외의 관팅(官廳) 저수지에 막혀 흐름이 끊어졌다.

루거우챠오(盧溝橋)가 처음 세워진 것은 금나라 대정(大定) 29년

마르꼬 뽈로가 '세계에서 가장 아름다운 다리'라 불렀던 루거우챠오

(1189)으로, 총 10개의 교각 위에 11개의 아치형 교공(橋孔)이 놓인 독특한 양식을 취하고 있다. 각각의 교각 안에는 삼각형의 철심이 박혀 있어 홍수 등으로 인한 급격한 유속의 변화나 해빙기에 떠내려 오는 얼음덩어리의 충격에도 끄떡없다. 마르꼬 뽈로(Marco Polo, 1254~1324)는 이 다리가 세워진 지 약 백년쯤 뒤에 와서 보고는 그 아름다움에 찬탄하며 '세계에서 가장 아름다운 다리'라고 했다. 그런 까닭에 루거우챠오는 서구에 '마르꼬 뽈로 다리'(Marco Polo Bridge)로 알려져 있다.

여러분에게 말하지만 그 길이는 거의 300보이고 폭은 8보이어서, 10명의 기사들이 나란히 서서 갈 수 있다. 그것은 잘 다듬어진 회색 대리석으로 기초가 잘 세워져 있다. 다리 양쪽에는 대리석으로 된 난간과 기둥 들이 다음과 같은 모양으로 늘어서 있다. 다리 시작 부분에 대리석 기둥이 서 있고, 그 기둥 위아래에는 대리석으로 된 사자 한마리가 있는데, 매우 아름답고 크며 아주 잘 만들어져 있다. 그리고 이 기둥에서 1.5보정도 떨어져서 마찬가지로 두마리 사자가 붙어 있는 또다른 기둥이 서 있다. 하나의 기둥에서 다른 기둥까지의 공간은 회색 대리석으로 된 돌판으로 막았는데, 그것은 사람들이 물에 빠지지 않게 하기 위해서이다.[8]

루거우챠오의 사자

마르꼬 뽈로도 강조했던 다리 난간의 수많은 사자 석상들은 루거우챠오의 명물이다. 양쪽 난간에 1.4미터 높이의 망주(望柱)가 281개 있는데, 그 위에는 커다란 사자가 한마리씩 조각되어 있고, 각각의 사자 석상에는 역시 각기 다른 모습의 작은 사자가 한마리씩 더 조각되어 있다. 모두 모습이 제각각으로 같은 게 하나도 없으며 워낙 작고 정교하게 조각되어 쉽게 찾을 수 없을 정도다. 그래서 옛날부터 루거우챠오에 새겨져 있는 사자가 몇마리인가를 두고 많은 사람들이 논란을 벌여왔다. 1961년 어느 고고학자가 다리 위의 사자를 일일이 세어 총 485마리라는 결론을 내렸는데, 그로부터 20여년 뒤에 다시 498마리라는 주장이 나오기도 했다.

중국어에는 말머리만 던져놓고 뒷부분은 관용적으로 많이 쓰이는 다른 이야기를 끌어다 결론으로 삼아버리는 '헐후어(歇後語)'라는 것이 있다. 이를테면, 어떤 사람이 '돌을 들어 자기 발을 찍는다'(搬起石頭打自己的脚)라는 말을 했다면, 이 말 속에 담긴 뜻은 '스스로 고생을 사서 한다'(自討苦吃)는 것이 된다. 이런 헐후어는 수없이 많은데, '오리가 길

루거우챠오의 사자

을 가다'(鴨子走路), 곧 '생각이나 입장이 오리가 걷듯이 왔다갔다 한다'(左右搖擺)처럼 일상적인 예를 끌어다 쓰기도 하고, '유비가 제갈공명을 만나다'(劉遇孔明), '물고기가 물을 만난 격이다'(如魚得)와 같이 잘 알려진 옛날이야기를 빌려오기도 한다. 마찬가지로 베이징사람들 사이에 유명한 헐후어 중에 '루거우챠오의 사자'(盧溝橋的獅子)라는 것이 있는데, '셀 수 없을 정도로 많다'(數不淸)는 뜻이다.

루거우챠오의 새벽달

앞서 말한 대로 마르꼬 뽈로도 이 다리를 거쳐 베이징으로 들어갔거니와 교통이 불편하던 시절에는 베이징으로 들어가는 일종의 관문이었다. 사람들은 도성으로부터 반나절 거리인 이곳에 도착해 하루를 묵고 다음날 새벽에 길을 떠났다. 아직 잠이 덜 깬 상태에서 길을 나선 나그네들이 새벽녘에 다리 위를 지날 때면 무심한 달빛이 쏟아져 내리고 대지가 온통 은색으로 빛났을 터이다. 여기서 '루거우챠오 위에 걸린 달이 서리와 같다'(盧溝橋上月如霜)는 말이 나왔으니, 베이징의 유명한 여덟가지 경치를 일컫는 옌징팔경(燕京八景) 가운데 하나인 '루거우챠오의 새벽달'(盧溝曉月)은 바로 여기서 유래한다. 현재 루거우챠오에는 건륭제가 직접 썼다는 '노구효월(盧溝曉月)'이라는 비문이 세워져 있다.

루거우챠오를 오갔던 많은 시인묵객들이 이 다리를 노래한 시를 많이 남겼는데, 이로써 당시의 모습을 더듬어볼 수 있다.

쯔진청의 새벽 햇살 아득하기만 한데

건륭제의 친필을 볼 수 있는 노구효월비

성근 수풀 사이 서리 내려 아직 남아 있네.

하늘은 아직 창허궁의 새벽을 덮고 있는데

밝은 달빛 망초를 비추니 수자리 누대만 썰렁하네.

어슷비슷 솟은 궁궐 안에는 황제와 황후가 잠들어 있고

비스듬한 루거우챠오 위로 필마가 지나며 쳐다보네.

마을의 닭 울음소리 초가는 차가운데

멀리 바라보매 북극은 구름 끝에 걸려 있네.

禁城曙色望漫漫 霜落疏林刻漏殘

天沒長河宮樹曉 月明芒草戍樓寒

參差廐角雙龍迫 迤邐盧溝匹馬看

萬戶鷄鳴茅舍冷 遙瞻北極在雲端

위의 시는 명대의 장위안팡(張元芳)이라는 시인이 지은 것으로 쓸쓸한 다리 인근의 풍경을 그림같이 잡아내고 있다.

루거우챠오 사건과 중일전쟁

루거우챠오가 베이징의 길목에 놓여 있다는 것은 다른 한편으로 이 다리가 갖고 있는 전략적 의미를 말해준다. 베이징성으로 출입하는 경로는 몇가지가 있다. 베이징 북쪽에는 옌산산맥이 병풍처럼 늘어서 있어 베이징의 방벽 구실을 하는데, 동북쪽의 구베이커우(古北口)와 서북쪽 바다링장성(八達嶺長城)의 쥐융관(居庸關)은 북쪽에서 베이징으로 들어가는 주요한 관문 노릇을 해왔다.

베이징성 남쪽에는 징항운하(京杭運河)를 통해 퉁저우(通州)를 거친 뒤 내성의 차오양먼(朝陽門)으로 강남지역의 물산이 드나들었고, 육로로 베이징성을 드나들던 사람과 재화는 루거우챠오를 거쳐 외성의 서쪽에 있는 광안먼(廣安門)을 통과했다. 곧 루거우챠오를 지나면 바로 광안먼으로 이어지는 길로 접어들게 되기에 루거우챠오는 베이징을 손에 넣으려는 세력들의 교두보 역할을 했던 것이다.

이러한 지정학적 위치 때문에 루거우챠오는 현대에 이르러 정치·군사적 격변의 현장이 되었다. 1930년대가 되면 아시아의 다른 나라보다 앞서 근대화를 이룬 일본 제국주의가 본격적으로 대륙 침략을 꾀한다. 일찍이 일본은 청일전쟁(1894~95)과 러일전쟁(1904~05)의 승리를 통해 동북아 지역에 대한 권익을 확보했으나, 본격적인 진격을 유보하며 때를 기다리고 있었다. 그러나 1930년대에 들어서면서 중국의 국권 회복 운동이 거세게 일고, 소련이 1928년부터 추진한 제1차 5개년 계획이 구체적으로 진척됨에 따라 당시 만주에 진출해 있던 일본 제국주의 세력

루거우챠오의 노면. 가운데 울퉁불퉁한 부분은 옛날 길이다.

의 첨병이었던 관동군은 만주 전역을 집어삼킬 계획을 모의하게 된다. 이들은 침략의 구실을 만들기 위해 1931년 9월 18일 펑톈(奉天, 지금의 선양沈陽) 외곽의 류탸오거우(柳條溝)에서 스스로 남만주 철도를 폭파하고 이를 중국 측 소행이라 트집 잡아 북만주 일대에서 군사행동을 개시했다. 이것이 만주사변, 또는 '9·18 사변'이다. 일본군은 1932년까지 만주 전역을 점령하고 같은 해 3월 1일에는 괴뢰국가인 만주국의 성립을 선포하여 대륙 침략을 위한 전초기지로 삼았다. 당연히도 중국은 강력히 항의하며 국제연맹에 제소했으나, 일본은 조사를 거부하고 국제연맹을 탈퇴했다. 이를 계기로 일본 정국 역시 급변하게 되는데, 그때까지 유지되었던 정당 내각을 해산하고 파씨즘 국가로 전환해 본격적인 전쟁체제로 접어들게 된다.

만주사변 이후 호시탐탐 중원 진출을 노리던 그 핑계거리를 만들기에 고심한다. 그러던 중 1937년 6월부터 베이징 남쪽의 펑타이(豊臺)에 주둔하면서 도발적인 군사훈련을 자주 실시했다. 같은해 7월 6일에도 훈련을 실시했는데, 이튿날 밤 일본군은 루거우챠오에서 사병 하나가 실종되었다는 이유로 밤 10시 40분 인근의 완핑성(宛平城)[9]에 들어와 수색할 것을 요구했다. 당시 당직을 서고 있던 중국 측 29군단 37사단 219연대장인 지싱원(吉星文)은 심야라는 이유로 이를 거절했다. 하지만 양측의 교섭은 계속되었는데, 새벽 4시가 되자 돌연 일본군이 완핑성에 포격을 가했다. 일본으로서는 성동격서(聲東擊西)의 양동작전으로 중국군의 태세를 느슨하게 만들어 놓은 뒤 전격적으로 기습을 벌진 것이다.

이 사건의 발단이 된 날이 7월 7일이라. 중국에서는 이 사건을 '칠칠사변'이라 부른다. 이로부터 중국과 일본의 전투가 가열차게 진행되고 일본은 베이징과 톈진 지역에 병력을 증파해 드디어 7월 29일 베이징을 함락하고 7월 30일에는 톈진을 점령했다. 이로써 1931년 '만주사변' 이후 동북 지역에서 군사력을 확장해가던 일본은 대륙 침략의 야욕을 만천하에 드러냈으며, 본격적인 '중일전쟁'이 시작되었다. 이런 역사적 배경 때문에 오늘날 루거우챠오에는 '중국인민 항일전쟁기념관'이 세워졌고, 대표적인 항일 유적지 가운데 하나로 꼽혀 많은 사람들이 찾아오는 기념비적인 장소가 되었다.

한편 개혁개방 이후인 1987년에 각계 인사와 해외 화교를 포함한 약 40만명이 베이징의 명소 가운데 '베이징 16경'(北京十六景)을 뽑은 적이 있는데, 이때 루거우챠오 역시 꼽혔다. 재미있는 사실은 근대 이전 옌징팔경의 '루거우챠오의 새벽달'이 아닌 '루거우챠오의 깨어난 사자'(盧溝橋的獅子)가 뽑혔다는 것이다. 이 조각상은 새로 지은 '중국인민 항일전쟁기념관' 앞에 세워져 있는데, 거대한 사자가 갈기를 휘날리며

루거우챠오의 깨어난 사자

포효하는 모습은 불행했던 과거를 잊고 새롭게 일떠서는 중국의 현재를 형상화한 것이라 할 수 있다.

세계 지도 (Mappa Mundi)

'머리 세개와 팔 여섯개'(三頭六臂)의 도시

현재의 베이징성 추형(雛形)은 원대에 이루어졌지만, 기본적인 틀은 명대에 완성되었다. 잘 알려진 대로 명대 초기에는 수도가 지금의 난징(南京)이었다. 베이징이 명나라의 수도가 된 것은 명 태조 주위안장(朱元璋)의 넷째 아들인 영락제 때부터였다. 자신의 조카를 권좌에서 끌어내리고 스스로 황제에 오른 영락제는 곧 자신의 근거지인 베이징으로 천도를 결정하고, 새로운 수도의 건설을 자신의 군사(軍師)인 류보원(劉伯溫)과 야오광샤오(姚廣孝)에게 맡겼다.

황제의 명령을 받은 두 사람은 일단 베이징 중심부로 가서 동서로 5리, 남북으로 7리 정도 되는 선을 그어 도성의 경계로 삼았다. 나머지 구체적인 부분은 각자 안을 내기로 하고 숙고에 들어갔다. 그들은 서로 일등 공을 세우기 위해 각별히 애를 써서 밑그림을 그렸는데, 아무리 생각해도 묘안이 떠오르지 않았다. 약속한 기일 하루 전날, 류보원은 집을 나서 산책을 하다가 갑자기 '붉은색 옷을 입은 아이'(紅孩子) 하나가 앞에 걸어가는 게 보였다. 류보원이 빨리 가면 그 아이도 빨리 가고, 그가 천천히 가면 아이도 천천히 걸었다. 류보원은 괴이쩍게 생각하면서 아이를 따라갔다. 그때 야오광샤오도 같은 일을 당하고 있었다. 그러다 두 사람은 어딘가에서 맞닥뜨렸다. 먼저 류보원이 말했다. 여기서 우리가 각자 그림을 그려보도록 하자. 이에 두 사람은 서로 등지고 그림을 그리기 시작했다. 이때 두 사람의 눈앞에 그 붉은 옷을 입은 아이 모습이 동시에 나타났는데, 둘은 말없이 그림을 그렸다. 그림을 다 그리고 보니 두 사람이 그린 그림은 완벽하게 똑같았다. 그것은 머리가 셋이고 팔이 여섯인 '너자(哪吒)'의 형상이었다.

너자는 우리말 음으로는 '나타'로 읽는데 『봉신연의(封神演義)』와 『서유기(西遊記)』 같은 소설에 등장해 유명해진 신이다. 『서유기』에서는 탁탑천왕(托塔天王) 리징(李靖)의 셋째 아들로 나오는데, 평소에는 어린아이 모습을 하고 있다가 변신하면 머리가 셋이고 팔이 여섯인 괴물로 화해 적과 싸운다. 『서유기』에서는 천궁(天宮)을 어지럽히는 손오공을 잡으러 갔다가 오히려 대패하고 돌아간다.

너자 태자가 화가 치밀어 큰 소리로 "변해라!" 하고 외치니, 곧장 머리 셋에 팔이 여섯 달린 무시무시한 모습으로 변했다. 손에는 요괴의 머리를 베는 참요검과 요괴를 베는 감요도, 요괴를 묶는 박요색, 요괴를 항복시키는 방망이인 항요저, 둥근 철퇴 같은 수구아, 불꽃 같은 날이 달리고 수레바퀴처럼 둥근 무기인 화륜아, 이 여섯가지 무기를 들고 이러저리 휘두르며 정면으로 달려들었다. (…) 대단한 제천대성! 그도 큰 소리로 "변해라!" 하고 외치니 머리 셋에 팔이 여섯 달린 모습으로 변했고, 여의봉을 한번 흔드니 그 또한 세개로 변했다. (『서유기』에서)

 그림을 다 그리자 두 사람은 서로 공을 다투기 위해 그림을 들고 황제 앞에 나선다. 이때 류보원은 황제에게 자신의 그림을 다음과 같이 설명했다. "정중앙에 있는 문은 '정양먼(正陽門)'이라 하는데 너자의 뇌에 해당하고, 옹성은 동서로 문이 열려 있으니 너자의 귀에 해당합니다. 정양먼 안에 있는 두개의 우물은 너자의 눈이오며, 정양먼 동쪽의 충원먼(崇文門)과 동볜먼(東便門), 그리고 도성의 동쪽에 있는 차오양먼(朝陽門)과 둥즈먼(東直門)은 너자의 오른쪽 네 팔입니다. 마찬가지로 정양먼의 서쪽에 있는 쉬안우먼(宣武門)과 시볜먼(西便門), 그리고 도성의 서쪽에 있는 푸성먼(阜成門)과 시즈먼(西直門)은 너자의 왼쪽 네 팔입니다. 도성의 북쪽에 있는 안딩먼(安定門)과 더성먼(德勝門)은 너자의 두 다리에 해당하오며, 황성(皇城)은 너자의 오장(五臟)에 해당합니다."[10]

 하지만 황제는 두 사람의 그림이 똑같은지라 누구의 공이 더 큰지 결정을 하지 못하고, 다만 도성을 동서로 반을 나누어 동성(東城)은 류보원이 그린 것처럼 짓고, 서성(西城)은 야오광샤오가 그린 것처럼 지으라 명했다. 하지만 야오광샤오가 그림을 그릴 때 바람이 불어 종이가 날려 그림의 서북쪽 모서리 선이 약간 삐뚤어졌기 때문에, 서성의 해당 부분인 더성먼에서 시즈먼 사이가 삐딱하게 기울고 말았다.

 여기에서 류보원이 황제에게 설명한 너자는 앞서 『서유기』에 나오는 너자와 약간 다른 모습이다. 곧 원래 팔이 여섯인 너자가 여덟으로 묘사된 것이다. 물론 다른 전설에는 삼두육비(三頭六臂)로 설명한 것도 있다. '전삼문(前三門)'이라 불리는 도성의 남쪽 정양먼·충원먼·쉬안우 먼이 '세개의 머리'(三頭)고, 도성의 동쪽과 서쪽에 각각 세개씩 나 있는 문이 '여섯개의 팔'(六臂)이라는 것이다. 이상의 이야기는 물론 전설상의 이야기다. 이밖에도 혹자는 베이징을 한마리 용으로 비유하기도 했다. 정양먼이 용머리이고, 옹성은 그 바깥 윤곽이며, 옹성 내부의 두 우물은 용의 눈이고, 관제묘(關帝廟)와 관음묘(觀音廟) 안에 있는 당간지주는 용의 수염에 해당한다는 것이다. 이렇듯 많은 사람들이 베이징을 특정한 사물에 빗대어 그에 대한 유비(類比)를 끌어다 견강부회(牽强附會)한 것은 베이징이 그만큼 치밀한 기획하에 건설된 도시라는 사실을 뒷받침해주고 있다.

계획도시, 베이징

어느 도시에 가든 가장 먼저 지도를 사게 된다. 여행을 기념하기 위해서이기도 하지만 당장 어디가 어딘지 알아야 밥이라도 사먹고 여기저기 구경하다 숙소로 돌아갈 수 있기 때문이다. 그런 의미에서 도시 전체를 천천히 조망하고 분석하는 일은 어찌 보면 부수적이고 이차적인 일이다. 베이징 지도를 처음 본 사람들은 약간 기이하다는 생각이 들게 마련이다. 도시 한가운데 우리가 흔히 쯔진청(紫禁城)이라 부르는 구궁이 있고, 그것을 중심으로 동심원 몇개가 맴돌이치듯 그려져 있다. 구궁에서 출발한 도로는 사방으로 방사선처럼 뻗었는데, 이 도로는 다시 동심원과 입체교차로로 이어져 있다. 동심원 가운데 하나인 얼환(二環) 안쪽은 구도심이라 할 만한데, 바둑판처럼 반듯반듯하게 구획되어 있으며, 중요한 건물들이 구궁을 호위하듯 에워싸고 있다.

고대 중국에서는 새로 지은 도시를 그곳에 봉해진 이의 지위에 따라 호칭과 규모를 구분했다. 이를테면, 대부의 봉지는 '읍(邑)'이라 했고, 제후의 봉지는 '도(都)'라 했으며, 천자의 성을 '경(京)'이라 불렀다. 전통적인 중국인들의 생각에 의하면, 하늘의 아들인 '천자'가 사는 곳이 수도였기에, '경'은 곧 그 나라의 수도였다. 또 '경'에는 인공적으로 쌓아올린 '높은 언덕'(高丘)이라는 뜻이 있는데, 이 말은 '경'이 사람들이 자연스럽게 모여 살다 조성된 취락이 아니라 애당초 어떤 의도를 갖고 설계된 계획도시였다는 것을 말해준다. 수도인 '경사(京師)'는 천자가 사는 곳으로 우주와 세계의 중심인 동시에, 통치이데올로기가 구체적으로 체현되어 있는 '이념적 전형'(Idea Typus)이었던 것이다.

이때 전범으로 삼았던 것은 중국인이 이상적인 사회로 떠받들었던 주(周)나라의 관제를 설명한 『주례(周禮)』「고공기(考工記)」에 나오는 도성 건설의 원리였다. 잘 알려진 대로 『주례』는 중국 고대 주나라의 관제를 천지춘하추동(天地春夏秋冬) 육관(六官)으로 나누어 설명한 것인데, 이 가운데 「동관(冬官)」은 일찍 없어졌다. 대신에 전한(前漢) 성제(成帝, 재위기간 기원전 32~7) 때 「고공기」가 편입되었다.

「고공기」는 중국에서 가장 오래된 공예기술서로 알려져 있으며, 도성과 궁전, 관개(灌漑)의 구축 그리고 차량과 무기, 농구, 옥기(玉器) 등의 제작에 관한 기사가 포함되어 있다. 이 가운데 도성 계획에 대한 원리는 이후 수도를 건설하는 데 반드시 참고해야 하는 하나의 전범이 되었다.

「고공기」에 의한 도성의 전범은 다음과 같다.

왕의 도성은 사방 길이가 9리이며, 각 변에 세개씩의 문이 있고, 성 안에는 동서 방향과 남북 방향의 간선도로가 각각 아홉개씩 있으며, 각각의 가로 폭은 아홉대의 수레가 나란히 통과할 수 있는 크기다. 중앙에는 왕궁이 있고, 왕궁에서 바라보고 왼쪽에는 종묘, 서쪽에는 사직단이 있으며, 전방에는 실무를 집행하는 조정이 있고 후방에는 시장이 있다. 시장과 조정은 일무(畝), 곧 사방 백보의 넓이로 한다. (匠人營國, 方九里, 旁三門. 國中九經九緯, 經涂九軌. 左祖右社, 面朝後市. 市朝一夫)

위와 같이 「고공기」에 나타난 중국의 도성 건축 원리는 첫째 중앙궁궐(中央宮闕), 둘째 좌묘우사(左廟右社), 셋째 전조후시(前朝後市), 넷째 좌우민전(左右民廛)이다.[11]

베이징 역시 이러한 전범에 따라 건설된 계획도시로서의 면모를 잘 갖추고 있다. 중앙에 구궁이 있고, 이곳을 중심으로 전조후시 즉 현재의 톈안먼광장에 해당되는 곳에 조정의 실무를 돌보는 관아가 즐비하게 늘어서 있었다. 톈안먼의 동쪽, 지금의 역사박물관이 있는 방향으로 종인부(宗人府)와 이부(吏部), 호부(戶部), 예부(禮部), 병부(兵部), 공부(工部), 홍려시(鴻臚寺), 흠천감(欽天監)이 있었고, 서쪽 지금의 인민대회당이 있는 방향으로는 형부(刑部)와 대리시(大理寺), 태상시(太常寺), 도찰원(都察院) 등의 관청이 있었다.

당시 사람들은 이러한 배치를 놓고 동쪽은 '살아 있는 것'(生)을, 서쪽은 '죽어 있는 것'(死)을 취급하는 관청이라고 불렀다. 황궁 뒤에는 저자(市)가 있었다. 또 좌묘우사로 황궁 왼쪽에는 황제의 조상을 모시는 태묘(太廟)가 있고, 오른쪽에는 토지와 곡물의 신에게 제사 지내는 사직단(社稷壇)이 있었다. 마지막은 좌우민전인데 황궁 주변에는 대량의 민가와 상점 및 왕자들의 집인 왕부(王府) 등이 있었다.

흥미로운 것은 새로운 왕조가 들어서면 바로 전 왕조의 기운을 누르기 위해 상징적인 의미에서 건설사업을 벌였다는 사실이다. 명 왕조는 원대 황궁 자리에 징산(景山)을 쌓아올려 원나라의 기운을 누르는 '진산(鎭山)'으로 삼았고, 청이 중원을 지배하게 되자 그 진산 위에 다섯채의 정자를 만들어 청 황제의 위세로 명 왕조의 풍수를 진압하려 했다.

베이징의 종축선

「고공기」에 제시된 도성의 이상형에서 특징적인 것은 남북으로 이어져 있는 종축선이다. 계획도시로서 베이징은 구궁을 중심으로 남북으로 이어진 종축선과 함께 톈안먼 앞을 동서로 가로지르는 창안다제(長安大街)가 십자 모양으로 교차되어 있다. 이것이 베이징의 가장 기본이 되는 축을 이루고 있는데, 모든 건물과 도로가 이를 기준으로 삼고 있다고 해도 과언이 아니다. 수도 베이징의 종축선이 중시된 것은 바로 이곳이 천자가 사는 곳이기 때문이었다. 봉건시대의 황제는 남면(南面)을 하며 조신(朝臣)들로부터 우러름을 받고 신민(臣民)을 통치한다는 상징적인 의미가 있었다.

> 전통적으로 중국에서 통치자는 남쪽을 바라보고 서서 정오의 가득찬 태양광선을 받는다. 그리하여 그는 남성의, 빛나는 양(陽)의 원리를 흡수한다. 또한 이로부터 신체의 앞은 양(陽)임을 알 수 있다. 반면에 통치자의 등과 후방 지역은 음(陰), 여성, 어둠, 그리고 속(俗)이다.[12]

구궁을 중심으로 북으로는 징산을 거쳐 디안먼과 구러우(鼓樓), 중러우(鐘樓)까지 일직선으로 이어져 있으며, 그 길이 끝나는 곳에 이를테면 북극성에 해당하는 베이천챠오(北辰橋)가 있다. 남으로는 톈안먼광장을 거쳐 정양먼을 나서면 쳰먼다졔(前門大街)가 융딩먼(永定門)까지 남으로 곧게 뻗어 있으며, 융딩먼 옆에 하늘에 제사지내는 톈탄(天壇)이 자리잡고 있다.

이러한 남북 종축선을 횡으로 가로지르는 것이 톈안먼광장 앞의 십리, 아니 '백리창안다졔(百里長安大街)'다. 톈안먼 앞을 동서로 가로질러 곧게 뻗어 있는 창안다졔는 베이징의 도로 중 가장 중요한 중축선 역할을 한다. 예전에는 창안다졔의 동쪽과 서쪽에 각각 창안쮀먼(長安左門)과 창안여우먼(長安右門)이 있어 이 두개의 문을 잇는 대로를 창안졔(長安街)라 불렀으며 거리는 약 십리 정도 되었기에 '십리창안졔(十里長安街)'라 일컬었다. 그러나 현재 창안다졔는 베이징의 동쪽에서 서쪽 끝까지 곧게 뻗어 있어 흔히 '백리창안졔'라 부른다. 물론 이 구간 전체를 창안다졔라 부르는 것은 아니고, 구간별로 '푸싱먼다졔(復興門大街)' '졘궈먼다졔(建國門大街)' 등과 같이 지역의 특성에 맞게 이름을 달리하고 있다.

세계에는 수많은 도시가 있다. 사람들이 모여 살기에 유리한 지리적 잇점을 갖추고 있다거나, 교통의 요지라 물물교역의 중심지가 될 수 있다는 등 나름의 다양한 형성 배경을 갖고 있다. 한때 중국의 도읍지이던 많은 도시들이 『주례』「고공기」 같은 고대의 경전에 바탕한 정치철학과 이데올로기의 현현으로서 설계되었다. 베이징 역시 중화세계의 중심으로 만들고자 하는 의도에 의해 설계되었다. 여기에는 엄청난 노

융딩먼

력과 돈이 투여되었는데, 본래 평지 위에 건설되어 변변한 진산이 없는 베이징에 징산이라는 인공의 산을 만들어 진산으로 삼았다거나, 중국 남부지방의 절경을 재현하기 위해 이허위안을 비롯한 황실 원림(園林)을 조성했다거나 하는 등이 그러하다. 천하만물을 담아내고 있는 베이징은 그런 의미에서 세계의 축도이자 중심이 되며, 그 안에 거주하는 천자 역시 그에 걸맞은 권위와 위세를 부여받게 된다.[13] 세계의 모든 사물이 그 안에 존재하는 곳, 베이징은 일종의 '세계 지도'(Mappa Mundi) 인 것이다.

톈안먼 天安門 광장에 서서

베이징의 배꼽, 톈안먼

앞서 살펴본 대로 베이징은 단순한 취락 도시가 아니라 한 나라의 수도로서 강력한 국가권력, 곧 거번멘털리티(governmentality)가 현실에 구현된 일종의 '정치적 진술'(political statement)이라 할 수 있다. 이렇듯 정치성 현현의 장으로서 베이징은 현대에 이르러 사회주의 신중국의 건설과 함께 큰 변화를 겪게 된다. 잘 알려져 있듯이 도무지 상대가 될 것 같지 않았던 국민당과의 싸움에서 승리한 중국공산당 정권은 자신들의 사회주의 권력의 상징으로서 베이징을 새롭게 개조하고 건설했다. 그 가운데서도 베이징의 중심에 위치한 톈안먼광장은 이러한 통치 권위의 전이(轉移)가 극적으로 드러난 좋은 예라 할 수 있다.

톈안먼광장은 중국의 수도 한가운데, 인체로 말하자면 배꼽 곧 옴팔로스(omphalos)에 해당하는 곳으로 베이징이 이미 중국의 배꼽이니 톈안먼광장은 배꼽 중의 배꼽인 셈이다. 그런 까닭에 봉건왕조 시기 황제가 조령을 반포한 곳이 톈안먼이었고, 황제가 매년 동지에 하늘에 제사지내기 위해 톈탄에 가거나, 하지에 땅에 제사지내기 위해 디탄(地壇)에 가고, 몸소 밭갈이하러 셴눙탄(先農壇)에 갈 때도 이 문을 통해 나갔다. 현대사에서는 마오쩌둥(毛澤東)이 국민당 군과의 내전을 끝내고 톈안먼 성루에 서서 '중화인민공화국'의 성립을 공식적으로 선포하면서, "중국 인민은 일떠섰다"고 외쳤다. 이밖에도 톈안먼은 중국 현대사 격변의 중심에 서서 수많은 사건들을 말없이 바라보았다.

이런 상징성 때문에 많은 이들이 베이징에 오면 가장 먼저 톈안먼을 찾는다. 톈안먼 앞에는 돌로 만든 비석 비슷한 '화표(華表)'가 서 있어 마치 이곳을 찾는 사람들을 맞이하는 듯하다. 화표의 재료인 한백옥(漢白玉)은 베이징 서남쪽에 위치한 팡산현(房山縣)에서 나오는 대리석 비슷한 백색의 석재로 궁전 건축에 많이 쓰인다. 베이징을 돌아다니다 보

톈안먼 앞의 화표

면 이 한백옥으로 만들어진 석물들을 많이 볼 수 있다.

화표는 톈안먼의 앞쪽과 뒤쪽에 두개씩 모두 네개가 서 있다. 기둥에는 빙 돌아가며 구름이 조각되어 있고, 그 사이에 거룡이 서려 있다. 화표 위에는 '후(吼)'라는 전설상의 동물이 조각되어 있는데, 톈안먼 앞쪽에 있는 것은 황제가 궁을 나선 뒤 오래도록 돌아오지 않으면 어서 돌아와 정사를 돌볼 것을 권유한다는 의미에서 '망군귀(望君歸)'라 하고, 뒤쪽에 있는 것은 궁 안에만 머물며 안일한 생활에 빠져 있는 황제로 하여금 궁궐 밖에 나가 백성의 삶을 살피라는 뜻에서 '망군출(望君出)'이라 부른다. 중국에는 수많은 화표들이 건물 앞에 서 있지만, 톈안먼 앞에 있는 것이야말로 가장 정교하고 아름다운 화표로 손꼽히고 있다.

일설에는 화표가 중국 요순 시대에 왕이 간언을 받아들이는 표시로 세운 것이거나, 도로를 표시하는 나무 기둥이었다고 한다. 이러한 나무 기둥은 도로의 교차지점에 세우고 상단에 두개의 나무를 십자로 교차시켜 방향을 표시했으며, '환표(桓表)'라고도 불렀다. 또 군주에 대한 비판적 건의를 써서 걸어둘 수도 있었는데, 이때는 '방목(榜木)'이라 불렀다. 이 화표 때문일까? 중국 현대사에서 민의가 폭발적으로 분출된 대사건들은 거의 대부분 이곳 톈안먼광장에서 일어났다. 가장 최근만 하더라도 1989년의 톈안먼사태를 비롯해 1976년 4인방의 몰락을 가져온 또다른 톈안먼사태까지…… 그만큼 톈안먼광장이 갖는 정치적 함의가 크다고 할 수 있다.

톈안먼광장 재편의 함의

　　톈안먼광장의 남북 길이는 톈안먼에서 정양먼까지 880미터, 동서 길이는 500미터로 총 면적이 44만제곱미터, 곧 40헥타르가 조금 넘는다. 이 광장 안으로 100만명의 군사가 들어가 집회 및 행사를 할 수 있다니, 그들 말대로 세계에서 가장 큰 광장이라 할 만하다. 하지만 원래부터 이렇게 컸던 것은 아니며 1651년에 광장이 처음 설계되었을 당시에는 지금 크기의 사분의 일에 불과했다. 톈안먼광장이 지금의 모습으로 일신하게 된 계기는 앞서 언급한 바 있는 신중국의 수립이다.

　　톈안먼광장은 1949년 10월 1일 사회주의 신중국 수립 선포를 위한 식전 행사를 위해 대대적인 정비를 거치게 된다. 그리고 마오쩌둥은 광장에 운집한 군중을 향해 사회주의 중국의 건국을 선포했다. 이어서 1958년에 인민영웅기념비를 비롯해 중국혁명박물관과 중국역사박물관이 낙성(落成)되고, 1977년 마오쩌둥의 사후에는 마오주석기념당(毛主席紀念堂)이 세워져 현재와 같은 포국(布局)이 완성되었다.

　　톈안먼광장 정중앙에는 인민혁명기념비가 세워져 있고, 북으로는 톈안먼이 남으로는 마오주석기념당과 정양먼이 있으며, 동쪽에는 중국혁명박물관과 중국역사박물관이 서쪽에는 인민대회당이 자리하고 있다. 그중에서도 인민혁명기념비가 중앙에 위치한 것은 의미심장하다. 곧 근대 이전의 베이징이 유교에 바탕을 둔 통치원리가 반영되어 설계된 것이었다면, 톈안먼광장은 사회주의정권 수립 이후 새롭게 재편된 공간이다. 이렇듯 봉건사회에서의 황제의 권위가 사회주의정권하의 인민의 권위로 전이되었음을 상징적으로 보여준다고 할 수 있다.

인민혁명기념비는 1840년 아편전쟁 이래 중화민족의 독립과 자유를 위해 분투한 것을 기념하기 위해 세운 높이 38미터의 오벨리스끄다. 1949년 9월 개최된 중국 인민정치협상회의 제1차 정책회의에서는 중국 인민의 진정한 해방을 위해 목숨을 바친 수많은 유·무명 혁명열사들을 기리는 뜻에서 인민혁명기념비를 세울 것을 결의했다. 이후 1951년에 각지에서 출품된 설계안 가운데 량쓰청(梁思成)의 작품을 중심으로 세가지 안이 복합된 설계안이 확정되고 1953년 기념비 제작에 쓰일 거대한 석재가 칭다오(靑島)로부터 운반되면서 공사가 시작되었다. 이후 총 5년여의 준비를 거쳐 1958년 5월 1일 노동절을 맞아 드디어 웅장한 모습을 드러내게 되었다. 총 413개의 대리석이 사용되었고, 복층으로 이루어진 기단은 무려 1만 7000개의 화강암과 대리석으로 이루어졌다.

비의 하단에는 8개의 거대한 부조가 새겨져 있는데, 각각 아편전쟁

톈안먼 위에서 바라본 톈안먼광장

과 태평천국의 진톈기의(金田起義), 우창기의(武昌起義), 5·4운동, 오주운동(五州運動), 난창기의(南昌起義), 항일유격전쟁, 장강도하 등 지난 100년간 중국 역사에 큰 족적을 남긴 위대한 혁명의 기록들이 새겨져 있다. 기념비의 정면은 톈안먼을 향하고 있으며, 위에 마오가 친필로 쓴 '인민 영웅이여 영원히 불멸하라'(人民英雄永垂不朽)는 뜻의 여덟 글자가 금으로 도금이 되어 새겨져 있고, 뒷면에는 '영원한 총리' 저우언라이(周恩來)가 쓴 비문이 있다.

광장 한복판에 우뚝 솟은 기념비가 상징하는 의미는 단순하다. 중국의 수도 베이징의 심장부 톈안먼광장 정중앙에 인민혁명기념비가 자리하고 있는 것은 혁명의 주역인 인민의 위세를 드높이기 위해서인 것이다.

로버트 굿맨은 다음과 같이 요약했다. "공식적인 공공장소가 거대하고

인민혁명기념비

기념비적일수록, 시민들의 사적 환경은 점점 더 왜소해지고, 시민들은 공식적인 환경에 점점 더 주눅들게 되는 경향이 있다. (…)" 집권 정부와 조직은 바로 이런 공식적인 공공장소 안에서, 그리고 이런 것들을 이용해서 그 지위나 권위를 공공연하게 드러낸다.[14]

인류의 역사를 돌아보면, 왕조나 정권이 권력의 원천을 하늘에 두는 경우가 많다. 지상에서 높게 솟아오른 구조물은 흔히 하늘과 교통하는 수단으로 비유되곤 한다. 권력자들은 하늘로 치솟은 건축물을 세움으로써 자신의 권위를 드높이고자 했는데, 이집트의 '오벨리스크'나 성경에 나오는 '바벨탑' 그리고 우리의 '솟대' 같은 것이 대표적인 예다. 물론 인민혁명기념비가 표상하는 것은 소수의 권력자가 아닌 인민의 위세이긴 하지만, 암묵적으로 드러내고자 하는 바는 결국 마찬가지라 하겠다.

마오주석기념당

인민혁명기념비와 톈안먼 사이에는 국기게양대가 있는데, 여기에 걸려 있는 '오성홍기(五星紅旗)'는 길이 5미터에 폭이 3.3미터로 '공화국제일기(共和國第一旗)'라 불리며, 1949년 10월 1일 마오가 처음으로 국기를 게양한 이래로 아침마다 국기게양식을 거행하고 있다. 그런데 그 시간이 항상 일출에 맞춰져 있기 때문에 어지간하지 않으면 베이징에 몇번을 갔더라도 게양식을 본 우리나라 사람들은 거의 없다.

하지만 중국사람들은 평생에 한번 이 장면을 보기 위해 베이징에 와서는 정확하게 2분 7초에 걸쳐 오성홍기가 올라가는 동안 가슴에서 북받쳐 오르는 감정을 추스르지 못하고 눈물을 흘리곤 한다. 국기게양식이 중국인에게 의미하는 바는 '중국판 마지막 잎새'로 알려진 주신웨(朱欣月)의 이야기에서 잘 드러난다. 2006년 뇌종양 말기로 이미 시력까지 잃은 여덟살 소녀 주신웨는 평소 베이징 톈안먼광장에서 중국 국기인 오성홍기가 게양되는 장면을 직접 보고 싶다는 소망을 갖고 있었

톈안먼광장의 국기게양대

다. 그러나 머리에 물이 차는 상태까지 악화된 병세는 베이징으로의 머나먼 여정을 허락하지 않았다. 소중한 딸의 마지막 소원을 저버릴 수 없었던 아버지 주더춘(朱德春)은 자신이 가진 모든 것을 팔아 신웨의 마음속에 남을 '마지막 잎새'인 톈안먼광장 모형을 창춘시에 만들기로 했고, 이 사연에 감동한 많은 시민들의 도움으로 신웨만을 위한 창춘시의 톈안먼 국기게양식이 치러지게 된다. 마침내 의장대가 등장하고 중국 국가가 연주되면서, 소망을 이룬 신웨의 입술에 행복한 미소가 떠올랐다. 병고로 지쳐버린 신웨는 마지막 힘을 다해 손을 들어 국가에 맞춰 경례를 했고, 창백했던 소녀의 얼굴은 붉게 상기됐다. 다음날 아침 눈을 뜬 신웨가 말했다. "어젯밤 꿈에 세상을 볼 수 있었어요. 병도 다 나았고 모두 함께 톈안먼광장에 가 깃발이 올라가는 것을 봤어요." 신웨를 위한 '마지막 잎새' 그리기에 나선 시민들의 온정은 소녀의 가슴에 깊숙이 아로새겨져 비록 꿈이었지만 눈을 뜨게 하고 소녀의 병을 낫게 했다.[15]

대부분의 중국인들은 인민혁명기념비와 국기게양대로 한껏 고양된 감정을 그대로 안고 톈안먼을 바라보다가 왼쪽에 있는 마오주석기념당으로 향하게 된다. 흥미로운 것은 톈안먼광장은 사방이 넓은 도로로 둘러싸여 있어 마치 섬처럼 자리해 있기에 사람들의 접근성이 떨어진다는 사실이다. 인민혁명기념비의 오벨리스끄가 갖고 있는 수직의 긴 장감과 더불어 이러한 고립감은 톈안먼광장이 사람들에게 무엇을 말하려고 하는가를 단적으로 보여주고 있다고 할 수 있다.

여름

날씨는 무섭게 더웠다.
해가 나오자마자 땅 위는 불이 붙듯 뜨거워졌다.
구름 같기도 하고 안개 같기도 한 잿빛 공기가
공중에 낮게 드리워져 있어
숨막히는 느낌을 주었다.
바람은 한점도 없었다.

―라오서(老舍)의 『루어투어시앙쯔(駱駝祥子)』에서

안개비 속의 지면 薊門煙樹

봄날은 간다

　베이징의 봄은 짧기만 하다. 차가운 북풍한설 속에 한줄기 훈풍이 불어와 나무에 물이 오르고 신록이 짙어지는 듯하더니 고대 꽃잎 흩날리고 햇볕이 뜨거워지면 여름이다. 사계절이 뚜렷한 대륙성 기후인 지역에서는 어디라 할 것 없이 봄과 가을이 짧게 느껴지기 마련인데, 아마도 두 절기가 사람 살기에 쾌적한 까닭에 상대적으로 계절이 바뀌는 것에 대한 아쉬움이 크기 때문일 터이다. 그래서 이렇듯 가는 봄을 노래한 시인이 많은 것일까?

　　꽃인 듯, 어찌 보면 꽃이 아닌 듯,
　　정처없이 떠도는 신세 애달파 하는 이 하나 없이
　　집 떠나 길 위를 떠도네.

(…)

봄빛을 셋으로 나누노니

둘은 먼지와 흙으로 돌아가고

남은 하난 물결 따라 흘러가네.

자세히 보니 버들 솜 아닌

점점이 떠난 사람 그리는 눈물일레.

似花還似非花

也無人惜從敎墜

拋家傍路

(…)

春色三分

二分塵土

一分流水

細看來不是楊花

點點是離人淚

    위의 시는 송나라 때 시인 쑤스(蘇軾)가 지은 「수룡음(水龍吟)」이라는 사(詞)[16]의 한 토막이다. 봄이 무르익으면 버들 솜이 온 천지를 날아다니며 눈처럼 흩날린다.

자욱이 날리는 버들 솜

행인의 얼굴에 어지러이 부딪히네.

飛絮蒙蒙

亂撲在行人面

고개 숙여 쳐다보니 꽃잎은 지고, 다시 고개 들고 바라보니 먼 산에 신록은 짙어만 간다. 언필칭 '파란 것은 살지고〔녹음은 짙어가고〕, 붉은 것은 야위는〔꽃잎은 떨어지는〕'(綠肥紅瘦) 것이려니, 또 한번의 봄날이 가고 있는 것이다. 중국의 시성(詩聖) 두푸(杜甫)는 이렇게 꽃 지는 시절에 젊은날 만난 적이 있던 당대 최고의 가객 리구이녠(李龜年)을 해후한다.

치왕의 집에서 늘상 보더니,

추이쥬의 집에서는 그대의 소리 몇번이나 들었더뇨.

강남은 바야흐로 좋은 풍경

꽃 지는 계절에 다시 그대를 만나노니

岐王宅裡尋常見

崔九堂前幾度聞

正是江南好風景

落花時節又逢君

(두푸「강남봉리구이녠(江南逢李龜年)」)

바야흐로 강남 지방은 봄이 무르익어 뛰어난 풍광을 뽐내고 있는데, 이제는 늙고 퇴락한 노 가객을 대하는 두푸의 마음은 세월의 무상함에 마음이 저렸던 게다. 돌아보면 사람이 한세상 살면서 몇번의 봄을 맞고 보내겠는가? 심상하게 피고 지는 개나리 진달래지만 사람이 살면서 개나리 진달래 피는 모습 백번을 보겠는가? 천번을 보겠는가? 그러니 다음과 같은 리바이(李白)의 탄식은 공감을 불러오기에 충분하다.

> 대저 하늘과 땅은 만물이 잠시 쉬어 가는 곳, 시간은 백대를 두고 지나가는 길손. 꿈같이 덧없는 인생. 즐거움이 있다면 얼마나 있을꼬? 그래서 옛사람들 촛불 밝혀가며 밤새 놀았거늘, 거기에는 진실로 그럴 만한 까닭이 있느니. (夫天地者, 萬物之逆旅, 光陰者, 百代之過客, 而浮生若夢, 爲歡幾何, 古人秉燭夜遊, 良有以也)
>
> (리바이「춘야연도리원서(春夜宴桃李園序)」)

봄은 이렇듯 여러모로 사람의 마음을 질정 없이 흔들어놓고, 돌아서면 문득 여름으로 접어드는 법이다.

베이징의 쎈트럴 파크

바람과 함께 몰려온 황사가 거리를 쓸고 나면 불현듯 비가 몇차례 내리고 신록은 짙어만 간다. 우거진 숲 사이로 푸른 하늘이 언뜻 내비치는 풍광은 사람들의 마음을 푸근하게 감싸안고 이제 계절은 초여름으로 접어들게 된다. 거리에는 짧은 소매 옷차림의 사람들이 하나둘씩 늘어가고 처마 밑을 오가는 새소리마저 활기를 띤다. 이렇게 봄에서 여름으로 넘어가는 베이징의 풍광을 상징하는 것은 역시 옌징팔경 가운데 하나로 손꼽히는 '안개비 속의 지먼'(薊門煙樹)이다. 예부터 지먼 근처에는 수목이 울창해 봄이 가고 여름으로 접어들면 짙어가는 녹음이 볼 만했기 때문이다.

명대의 『장안객화(長安客話)』라는 책에는 다음과 같이 기록되어 있다. "지금 도성의 더성먼 밖에 토성 관문이 있는데, 전하는 말로는 옛 지먼의 유지라 하며, 지츄라고도 부른다"(今都城德勝門外有土城關, 相傳是古薊門遺址, 亦曰薊丘). 청대에는 건륭제가 칙령으로 만든 『일하구문고(日下舊聞考)』에서 『장안객화』의 내용에 바탕해 '안개비 속의 지먼'을 기술했고, 황제의 명에 따라 현재 위치에 비를 세웠다.

현재 베이징 서북쪽에 있는 시즈먼에서 북쪽으로 곧장 올라가다 보면, 녹지를 가운데 두고 도로가 동서 양쪽으로 상행인 '둥투청루(東土城路)'와 하행인 '시투청루(西土城路)'로 나뉜다. 녹지는 정확하게 밍광챠오(明光橋)에서 쉐즈챠오(學知橋)까지 길게 이어져 있는데, 쉐즈챠오를 지나면 도로의 명칭이 유명한 쉐위안루(學院路)로 바뀌게 된다. 동서 투청루에서 '토성(土城)'이 가리키는 것은 원대 도성이었던 다두(大都)의 토성으로, 현재도 그 흔적이 남아 있어 '원대도성장유지(元大都城墻遺址)' 표지석이 있다.

원대도성장유지 표지석

베이징시에서는 이 원대의 토성을 잘 보존하기 위해 투청공원(土城公園)을 조성했는데, 잘 가꾼 잔디와 울창한 수목은 많은 시민들에게 훌륭한 휴식공간을 제공하고 있어 가히 베이징의 쎈트럴 파크라 할 만하다. 도심이라는 게 믿겨지지 않을 만큼 많은 나무들이 들어서 있는 가운데 잘 정비된 산책로를 따라가다 보면 사람들이 삼삼오오 모여 운동을 즐기거나 해바라기를 하고 있는 모습을 볼 수 있다. 하늘은 쪽빛으로 푸른데, 공원의 동쪽과 서쪽 도로에는 수많은 차들이 저마다 갈 길을 재촉해 공원의 한적함과 좋은 대조를 이룬다. 실로 중국의 전원시인 타오첸(陶潛)이 읊은 대로, "사람들 오가는 길목에 오두막 지으니, 그럼에도 수레와 말들이 오가며 내는 소음이 없는"(結廬在人境 而無車馬喧) 경지가 펼쳐지는 것이다. 현재 '계문연수' 비가 서 있는 곳은 공원 동쪽의 베이징뎬잉쉐위안(北京電影學院)과 서쪽의 지먼호텔(薊門飯店)

'안개비 속의 지먼'이라는 뜻의 계문연수비

사이에 있는 녹지다.

지먼의 정확한 위치에 대해서는 역대로 이설이 있어왔다. 이에 따르면 오늘날 우리가 알고 있는 위치는 잘못된 것이라 한다. 원래 '지(薊)'라는 지명은 유명한 역사가인 쓰마첸(司馬遷)의 『사기(史記)』에서 찾아볼 수 있다. 주나라 무왕(周武王)이 "제요의 후예를 지에 봉했다"(封(…)帝堯之後於薊)는 것이다. 한편 중국 고대의 지리서인 『수경주(水經注)』에는 "지청의 서북쪽 귀퉁이에 지츄가 있다"(薊城西北隅有薊丘)는 기록이 있다. 그런데 후대의 연구자들에 따르면, 두 기록에 나오는 '지'는 현재의 위치가 아니라 베이징 서남부에 있는 융딩허의 도하지점이 있던 곳에 인접한 지츄라는 작은 언덕을 중심으로 한 지역으로 추정된다고 한다. 이것과 연관하여 당대 시인 리이(李益)는 「진성(秦城)」이라는 칠언절구 한 수를 지었다.

> 쓸쓸히 진성에서 송별하고 홀로 돌아오려니
> 지먼의 나무 사이 안개 자욱하니 멀리 아련하구나.
> 가을 하늘 남으로 내려가는 기러기 쏘지 말게나
> 바람 타고 다시 북으로 날아가려니.

> 惆悵秦城送獨歸 薊門烟樹遠依依
> 秋空莫射南來雁 縱遣乘風更北飛

여기서 말하는 '진성(秦城)'은 베이징 남쪽에 있는 바오디현(宝坻縣) 근처에 있는데, 전하기로는 진시황 때 세워졌다고 한다. 그리고 시 속에 나오는 지먼은 당시 유저우(幽州)의 번진(藩鎭)이 있던 곳으로, 이곳은 나중에 요나라와 금나라의 도성 자리가 되었으며, 지금의 베이징 서남쪽에 위치한 광안먼 인근에 있었다. 그러므로 현재 '안개비 속의 지먼' 비가 있는 더성먼 밖 운운하는 것이 서북쪽에 있는 것과는 큰 차이가 있다. 이렇듯 베이징 서남쪽에 있던 지먼의 위치가 서북쪽으로 옮겨가게 된 것은 명나라 때 쩌우지(鄒緝)가 제(題)한 왕푸(王紱)의 『연대팔경도(燕台八景圖)』에 다음과 같은 내용이 실린 뒤부터였다.

지먼은 옛 도성의 서북쪽 일대에 있었다. 문 밖에는 예전에는 누각이 있었는데, 난간과 기둥이 화려하게 장식되고 허공에 높이 걸려 있어, 지나는 길손이나 행락객 중 그곳을 오가다 경치를 읊은 이가 많았다. 지금은 없어졌지만, 지먼에는 여전히 두개의 흙무지가 남아 있고, 수목이 빽빽이 들어서 신록이 우거졌으며, 이내가 허공에 자욱이 낀 모습이 사계절 변함이 없었다. 그런 까닭에 '안개비 속의 지먼'이라 일컫는다.

문제는 여기에서 말하는 '옛 도성'을 후대 사람들이 요와 금나라의 도성이 아니라 원나라 때 다두성 자리로 오해했다는 데 있다. 요와 금나라 때의 도성과 원의 다두성은 위치가 달랐기 때문에 '지먼'의 위치 또한 달라질 수밖에 없었던 것이다.

청대에 들어서 건륭제가 이곳을 찾았다가 원 다두성의 서쪽 성벽에 있는 문을 '지먼'으로 지목하고 그것을 노래한 시를 지었다. 건륭은 이에 그치지 않고, 건륭 16년(1751) 이곳에 비를 세워 옌징팔경의 하나로 삼았다. 이로써 '안개비 속의 지먼'은 본래의 자리가 아닌 다른 곳이 그 지위를 대신하게 되었다.

옌징(燕京)과 베이징대학

그러나 베이징을 대신하는 별칭이라면, 아무래도 '지'보다는 '옌(燕)'이 더 많이 알려져 있다. 『사기』에는 주나라 무왕이 공신 "소공을 옌에 봉했다"(封召公奭於燕)는 기록이 나온다. 옌은 나중에 전국시대 연(燕)나라가 되며, 연나라의 도읍지는 베이징 인근에 있었다. 현대 중국의 유명한 사학자 구제강(顧頡剛)은 연나라의 수도는 베이징 인근에 있는 이현(易縣)이라고 고증한 바 있는데, 이에 대해서는 아직까지도 학자들 사이에 정론이 없는 편이다. 하지만 많은 논란에도 불구하고 연나라 수도가 베이징 근처였을 거라는 데에는 별다른 이견이 없다.

'옌'이 베이징의 별칭으로 유명해진 것은 연나라보다는 오히려 황제 자리에 오르기 전 베이징을 봉지로 받아 자신의 근거지로 삼았던 연왕

얼어붙은 웨이밍후(未名湖). 베이징대학 내에 있다.

징산공원 동문 쪽에 있는 징스다쉐탕 유지

주디(朱棣) 때부터였다. 주디는 정변을 통해 자신의 조카를 황제 자리에서 쫓아내고 스스로 황위에 올라 영락제가 되었다. 그는 여러 정치적 측면을 고려해 수도를 베이징으로 옮겼으며, 현재의 베이징성 기틀을 닦아놓았다.

연나라 수도였다는 역사적 사실과 연왕이 기틀을 다진 도읍지라는 뜻의 '옌징(燕京)'은 이후로 베이징을 대신하는 명칭으로 널리 쓰였다. 근대에 들어서는 유명한 '옌징대학(燕京大學)'이 있었고, 근년에는 베이징 지역을 대표하는 '옌징맥주(燕京啤酒)'까지 나와 베이징을 대표하는 별칭으로 사람들에게 각인되어 있다.

옌징대학은 원래 1920년에 영국과 미국의 교회 재단이 경영하던 3개 대학을 합병해 설립한 기독교 계열의 사립대학이었다. 나중에는 미국의 하바드대학과 제휴하여 '하바드-옌징'이라는 이름으로 현대 중국

차이위안페이가 총장이었을 당시 베이징대학 유지(遺址). 붉은 벽돌로 지었기 때문에 홍루(紅樓)라 불렸다.

의 인재들을 키우는 데 일익을 담당했다. 이후 옌징대학은 1949년까지 존속되다 중화인민공화국이 수립되자 미국 재단은 손을 떼고 자기 나라로 돌아갔고, 옌징대학은 베이징대학과 칭화대학(淸華大學)으로 편입되어 폐교되고 말았다. 그러므로 1949년 이전의 옌징대학은 현재의 베이징대학이 아니라 별개의 학교로서 옌징대학을 가리킨다.

그렇기 때문에 엄밀하게 말하자면 옌징대학을 베이징대학의 전신이라고 보기는 어렵다. 원래 베이징대학 전신은 1898년에 창설된 징스다쉐탕(京師大學堂)으로, 1912년 신해혁명 이후 중화민국이 수립되고 나서 베이징대학으로 개칭되었다. 베이징대학을 현재와 같이 중국의 대표적인 대학으로 키운 것은 1916년에 총장으로 취임한 차이위안페이(蔡元培, 1868~1940)였다.

차이위안페이는 부임하자마자 당시 중국의 신문화운동을 선도하고 있던 『신청년(新靑年)』 잡지의 발행인인 천두슈(陳獨秀, 1879~1942)[17]를 베이징대학의 문학원장으로 초빙하고, 류푸(劉復, 1891~1934)[18], 저우쭤런(周作人, 1885~1966)[19], 리다자오(李大釗, 1889~1927)[20], 취안쉬안퉁(錢玄同, 1887~1939)[21] 등과 같은 진보적인 학자들을 베이징대학으로 불러들였다. 1917년 6월에는 미국 컬럼비아대학에서 박사학위를 받고 돌아온 후스(胡適, 1891~1962)[22]까지 교수로 등용하며 신문화운동 초기 문학혁명을 배태하고 이끌어간 중심지가 되었다.

재미있는 것은 베이징이 문화적인 면에서 진보적인 색채가 농후했다면, 정치적으로는 보수적이었다는 사실이다. 중국은 매우 넓은 나라이기 때문에 지역 사이의 정치적 성향이나 문화적 취향 등이 확연히 다르다. 거칠게 보자면 크게 남방과 북방으로 나눌 수 있는데, 정치적으로는 남방이 진보적이고 북방이 보수적이었으며, 문화상으로는 남방이 보수적이고 북방이 진보적이었다. 이를테면 신해혁명의 주역인 쑨원

중국공산당의 사상적 지주였던 리다자오의 집무실

은 광둥(廣東) 출신이고, 마오쩌둥은 후난(湖南) 출신이었으며, 여성 혁명가 츄진(秋瑾, 1875~1907)[23]은 저쟝(浙江) 출신으로 모두 남방사람이었다. 하지만 문화적으로는 정반대였으니, 북방의 대표 격인 베이징대학이 신문학운동을 주창한 문학혁명의 근거지였던 반면, 난징의 둥난대학(東南大學)은 문학혁명을 반대하는 보수파의 근거지였다. 하지만 베이징대학의 젊은 교수들이 역설한 신문학운동이 처음부터 사회적으로 큰 파장을 불러일으켰던 것은 아니었다. 처음에는 이들의 주장에 귀를 기울이는 사람이 아무도 없자 『신청년』의 편집자 가운데 한 사람인 류푸가 왕징쉬안(王敬軒)이라는 가공의 인물을 내세워 문학개혁운동을 비난하는 「문학혁명의 반향(文學革命之反響)」이라는 제목의 글을 기고하고, 또 자신이 그에 답하는 글을 실었다. 이런 자가발전의 노력에도 불구하고 여전히 반응은 차가웠다. 그러나 시간이 갈수록 공감하는 이들이 늘어나자 그에 반대하는 목소리도 점차 커지기 시작했다.

먼저 포문을 연 것은 근대 초기 서구의 문학작품들을 유려한 고문체로 번역해 중국 근대화에 큰 영향을 주었던 린수(林紓, 1852~1924)[24]였다. 린수는 1919년 3월 18일자 『공언보(公言報)』에 당시 베이징대학 총장이었던 차이위안페이에게 보내는 공개서한인 「차이허칭 태사에게 보내는 편지(致蔡鶴卿太史書)」를 발표해 신문학운동 진영의 주장을 일일이 논박했다. 이어 린수와 함께 서구 저작들을 번역함으로써 서구사상이 중국에 유입되는 데 지대한 공헌을 했던 옌푸(嚴復, 1854~1921)[25]도 별도의 글을 발표해 신문학운동에 반대하는 흐름에 동참했다.

흥미로운 사실은 신문학운동에 반대했던 주요세력이 보수적인 국내파 학자들이 아니라 외국에서 유학한 최고의 지식인들이었다는 것이다. 후스와 마찬가지로 미국에서 유학하고 돌아온 메이광디(梅光迪),

후셴쑤(胡先驌), 우미(吳宓)와 영국과 독일에서 유학한 구탕성(辜湯生), 일본과 영국에서 유학한 장스자오(章士釗) 등은 문학혁명에 대해 극도의 반감을 갖고 반대운동을 벌여나갔다. 이들 유학파가 문학혁명에 반대했던 이유는 몇가지로 요약할 수 있다. 첫째, 당시 유학생이라면 중국의 최상층에 속한다고 할 수 있는데, 이들은 문학이 평민의 문학으로 평가절하되지 않고 귀족문학으로 추앙되기를 원했다. 둘째, '말과 글이 일치되는 것'(言文一致)에 대해 강한 거부감을 갖고 있었으니, 글말인 고문(古文)이야말로 영원히 변하지 않는 것이며, 입말인 백화(白話)는 시대에 따라 변하는 것이라 기록과 보존을 위해서는 고문이 사용되어야 한다고 주장했다. 셋째, 고문이야말로 전통문화의 정수로 귀하게 보존되어야 할 문화유산으로 여겼다.[26]

초기에 보수파 지식인들은 린수의 경우에서 보듯이, 베이징대학 젊은 교수들의 주장에 일일이 대응하지 않고 베이징대학 총장 차이위안

베이징대학 훙러우 근처에 있는 5·4운동 기념비

페이를 집중적으로 비난했다. 이들은 베이징대학 젊은 교수들이 그런 주장을 펴는 것이 학교의 총책임자인 차이위안페이가 그들을 옹호하고 있기 때문이라 생각했다. 따라서 우두머리 격인 차이위안페이를 공격하는 것이야말로 그들을 분쇄하는 지름길이라 여겼던 것이다. 그러나 차이위안페이는 전혀 굽히지 않고 오히려 문학혁명의 당위성을 역설하고 베이징대학 젊은 교수들을 지지하는 내용을 담은 답신을 보내는 것으로 보수파의 맹공을 막아냈다. 이렇듯 뛰어난 식견과 흔들리지 않는 신념의 소유자였던 차이위안페이는 초기 베이징대학의 기틀을 닦아놓은 인물로 현재까지도 백년이 넘는 베이징대학 역사상 가장 존경받는 총장으로 남아 있다.

중국 현대문학의 거장 루쉰(魯迅, 1881~1936) 역시 베이징대학에서 잠시 교편을 잡은 적이 있다. 그는 1912년 5월 5일에 베이징에 와서 신정부 교육부에서 일했다. 이후 베이징에서 다양한 문필활동을 벌여나가는데, 이에 대한 논의는 이 책의 주제가 아닐뿐더러 지면의 제약으로 상세하게 다룰 수는 없다. 다만 여기서는 1920~24년 사이에 루쉰이 베이징대학과 베이징고등사범학교(현재의 베이징사범대학)에서 중국 소설사를 강의했다는 사실을 간략하게 소개하고자 한다. 그는 이미 유명한 작가로 추앙받고 있었을 뿐 아니라 중국 고대소설 연구에도 조예가 깊어 학생들로부터 꽤 높은 명성을 얻고 있었다. 당시 베이징대학 학생으로 그의 강의를 들은 바 있는 웨이젠궁(魏建功)은 루쉰의 강의를 다음과 같이 회고했다.

<small>소설사 수업은 화요일 오전 셋째시간과 넷째시간이었다. 교실은 모래톱 붉은 건물 서북쪽 모서리에 있었는데, 4층이었는지 3층이었는지는 정확하</small>

차이위안페이를 기리는 동상

게 기억나지 않는다. 화요일 오전 둘째시간이 아직 끝나지도 않았는데, 교실 밖 통로는 소설사 수업을 들으려고 허겁지겁 서둘러 달려온 학생들로 이미 북적였다. (…) 나는 본과의 과목을 골라 듣고 있던 터라 앉는 자리의 팻말 위에 정식으로 이름이 씌어 있었고, 그래서 가장 좋은 자리를 차지할 수 있었다. 첫째 줄 세번째 자리였다.

아직도 기억난다. 제2장 '신화와 전설' 끝부분의 두번째 예시는 '자고신(紫姑神)'이었다. 선생님은 봉건사회에서 여성이 갖는 지위 등의 문제를 제기하셨다. 요컨대, 선생님 강의의 정신은 잡감(雜感)을 쓰시던 풍격과 똑같았다. 우리가 그때 수업에서 들었던 내용은 선생님이 실제로 사회를 향해 하시려던 말씀이었다.[27]

이때 강의교재로 쓴 것이 유명한 『중국소설사략(中國小說史略)』으로 이 책은 현재까지도 중국 소설사에 대한 고전을 넘어서 경전으로까지 떠받들어지고 있다.[28] 그는 현재 베이징대학을 상징하는 교표를 도안하기도 했다. 루쉰은 한때 목판화운동을 주도하고 자신의 책표지를 디

루쉰이 도안한 베이징대학 교표

자인하는 등 미술 방면에도 조예가 있었다. 그가 재직했을 당시는 베이징대학이 설립된 지 얼마 되지 않은 때였기에 여러가지 미비한 점이 많았다. 루쉰이 교표를 도안한 것 역시 그런 미비점을 하나씩 보완해 가는 과정에서 이루어진 일이었다.

베이징의 실핏줄, 후통 胡同

베이징에서의 에드거 스노우

1930년대에 접어들면서 장제스(蔣介石)의 국민당군은 공산당에 대해 전면적인 포위 토벌전을 펼쳐 궤멸할 위기로 몰아붙였다. 이에 공산당은 코민테른 지도하에 취해왔던 극좌적인 노선을 버리고 마오쩌둥을 새로운 지도자로 추대한 뒤, 역사적인 대장정(大長征)에 돌입해 이후 2년여간의 사투를 거쳐 산시성(陝西省) 황토 고원 지역에 새로운 근거지를 마련하고 권토중래(捲土重來)를 꾀하게 된다. 이때부터 중국공산당과 홍군은 국민당군의 철저한 포위 작전으로 외부 세계와 단절된 상태에 놓이게 되었고 바깥에서는 그들의 동태에 대해 많은 궁금증이 일게 되었다. 시간이 갈수록 사람들의 호기심은 증폭되어 전설에 가까운 이야기들까지 유포되고 있었다. 그동안 중국공산당은 마오쩌둥과 홍군 지도자들을 중심으로 호흡을 조절하며 힘을 기르고 있었다.

1936년 6월의 어느날 미국 캔자스 출신의 젊은 기자 에드거 스노우(Edgar Snow)는 비밀리에 홍군의 통치지역에 잠입해 지도자들을 인터뷰하고 돌아와 생생한 보고서를 작성했다. 1927년 4·12쿠데타[29] 이후 후난성 동남 지역에 중국 최초의 쏘비에뜨가 수립된 이래, 국민당의 포위망을 뚫고 홍군 지역으로 들어갔다온 사람은 아무도 없었다. 따라서 그때까지 밖에서는 홍군의 실체에 대해 구체적인 정보를 전혀 갖고 있지 못했기 때문에, 스노우의 『중국의 붉은 별』(Red Star over China)은 당시로서는 마오쩌둥을 비롯한 홍군 지도자와 대장정 및 그후의 상황에 대한 가장 객관적이고 정확한 기록으로 인정받았다.

에드거 스노우가 중국에 처음 발을 디딘 것은 1928년이었다. 처음에는 상하이(上海) 등지에서 여러 신문사의 특파원으로 활발한 활동을 펼쳤다. 그러다 1932년말 일본의 미국대사관에서 『아리랑』(Song of Ariran)의 저자로 유명한 님 웨일즈(Nym Wales, 본명은 헬렌 포스터)와

에드거 스노우 부부가 살았던 메이자후퉁

베이징의 실핏줄, 후퉁 91

결혼했다. 두 사람은 1933년 봄 베이핑(北平)에 도착해 메이자후퉁(煤渣胡同) 21호에 방을 얻고 베이징 생활을 시작했다. 그해 말 옌징대학에서 강의를 하게 된 두 사람은 하이뎬(海澱)으로 집을 옮겨 1935년 여름까지 살았다. 그뒤로는 현재 베이징역 바로 옆에 있는 쿠이쟈창(盔甲廠) 후퉁 13번지에서 2년 남짓 머물렀다. 스노우가 자신의 출세작이라 할 수 있는 『중국의 붉은 별』을 집필한 것도 바로 이 집에서였다.

전하는 말로는 감정을 잘 드러내지 않고 조용한 성품의 스노우와 달리 님 웨일즈는 성격이 강하고 불의를 보면 참지 못하고 끝없이 비판을 하는 타입이었다고 한다. 서로의 글에 대해 조언을 하고 비평해주는 좋은 동료이기도 했지만, 일상적인 문제에서는 자주 부딪혔다. 결국 두 사람은 1949년에 이혼했다. 만년에 스위스 제네바에서 살았던 스노우

베이징대학 교내에 있는 에드거 스노우 묘.
묘비석에 '중국 인민의 미국 친구'라고 씌어 있다.

는 이후 몇차례 더 중국을 방문했으며 그때마다 '중국 인민의 미국 친구'(中國人民的美國朋友)로서 열렬한 환영을 받았다.

스노우는 생전에 중국에 대한 자신의 애정을 다음과 같이 밝힌 바 있다.

> 중국에 있어서 나 개인의 의미란 역사라는 커다란 물결 위에 떠서 흘러가는 하나의 낟알 이상이 아니라는 사실을 깨닫게 되었다. 하지만 중국은 나의 일부가 되어 다음과 같은 생생한 장면과 인격으로 다가왔다. 기근이란 백만살은 된 것 같은 말라붙은 가슴을 지닌 처녀를 의미했으며, 공포란 불타는 전쟁터에 방치되어 아직 숨이 남아 있는 병사들의 살을 뜯어먹는 쥐떼를 의미했고, 반역이란 짐승처럼 네발로 기어 다니며 짐을 나르는 아이를 보았을 때 느꼈던 분노를 의미했으며, '공산주의'란, 집안의 아들 셋이 공산군에 가담했다고 해서 일가족 56명이 처형당한 것에 복수하기 위해 싸우는 젊은 농부를 의미했다. (…) 그렇다! 이들 모두에 나 역시 속할 것이다.

1972년 2월 15일 세상을 뜬 스노우는 생전에 자신의 유해를 반반씩 미국과 중국에 묻어달라는 유언을 남겼는데, 현재 베이징대학 교내 웨이밍후(未名湖) 호반에 그의 무덤이 있다.

베이징사람들의 삶의 공간, 후퉁

우리는 역사적인 사건과 그것에 얽힌 인물들의 이야기를 하면서 가끔 그들도 우리와 별반 다를 바 없이 평범한 일상을 보내며 어딘가에서 살았다는 생각을 잊을 때가 있다. 에드거 스노우가 홍구(紅區)에 갔다 온 것은 약 넉달 동안이었다. 그를 유명하게 만든 것은 이 4개월이라는 시간이었지만, 나머지 대부분은 베이징에 있는 자신의 집에서 보냈다. 스노우는 특히 옌징대학 근처의 집을 제일 좋아했는데, 테니스 코트와 연못이 있고 나무가 우거진 곳이었다. 그곳에서 세끼 밥도 먹고 글도 쓰고 휴식도 취했던 것이다. 이런 의미에서 공간은 왕조가 바뀌는 등의 경천동지할 대사건들이 벌어졌던 현장이나 단순한 지리적 위치 개념을 넘어서, 그곳에 살고 있는 사람들의 생활공간이기도 하다.

베이징의 생활공간은 뒷골목인 후통이다. 후통은 베이징사람들의 일상이 지속되는 삶의 공간이다. 사람이 사는 곳에 집이 지어지고 집과 집 사이, 또는 담과 담 사이에 사람들이 오갈 수 있는 골목이 생기는 것은 너무나 자연스러운 일이다. 베이징의 골목, 후통 역시 베이징에 사

베이징 중러우(鐘樓)와 구러우(鼓樓) 사이에 있는 광장에서 손님을 기다리며 소일하고 있는 인력거꾼들

람이 살기 시작했을 때부터 생겨났다. 요나라와 금나라 때부터 만들어졌을 거라 추정되지만 당시의 흔적을 현재로서는 확인할 길이 없다. 다만 베이징의 뒷골목이 현재와 같은 모습을 띠게 된 것은 원나라 이후라 할 수 있는데, 이 역시도 그 자취를 더듬어보기가 쉽지 않다. 따라서 현재 남아 있는 후통의 역사는 명나라 때로 거슬러 올라간다.

과거 문헌에는 후통이 '후통(衚衕)'으로 기록되어 있는 경우가 많은데, 원래 몽골어에서 나온 이 말의 어원에 대해서는 여러가지 설이 분분하여 그에 대한 논의 자체만으로도 책 한권이 나올 정도다. 여기에서는 두가지 설만 소개하려 한다. 첫번째는 발음이 '훗톡(hottog)'이고 의미가 '우물'인 몽골어 단어에서 왔다는 설이다. 물이 있는 곳에 마을이 생기게 마련이니 후통의 본래의 뜻은 거주민들의 취락지역이라는 것이다. 두번째로 후통은 '훠퉁(火瞳)' 또는 '훠눙(火弄)' '훠샹(火巷)' 같은 단어가 전화된 것이라는 설이다. 원나라 때 베이징을 수도로 삼아 건물들을 지으면서 사람들이 오갈 수 있는 골목으로서의 기능뿐 아니라 화재 시에 불이 번지지 못하도록 구역을 나누어 길을 냈는데, 이 길을 몽골어로 '훠퉁'이라고 한 데서 비롯됐다는 것이다. 결국 기원이 어디에 있든 현재 후통은 베이징시민의 삶의 현장일 뿐 아니라 이 도시의 오랜 시간의 흔적을 안고 있는 역사 자체라고 할 수 있다.

베이징의 피밋골

혹자는 베이징에 유난히 많은 후통이 남아 있는 것이 평소 고관대작의 행차가 많았던 탓에 백성들이 그것을 피해 자유롭게 오가기 위해 뒷골목을 애용했기 때문이라고 주장하기도 한다. 이를테면 서울의 종로 거리 한쪽에 형성되었던 '피맛골'과 같은 경우라 할 수 있다. 피맛골은 '피마(避馬)' 곧 고관들이 타고 지나가는 말을 피하는 골목이라는 데서 나온 말이다. 서울이나 베이징 같은 수도에 사는 백성들로서는 대로를 지나다니는 고관에게 일일이 예를 표하고 또 길을 비켜줘야 하는 일이 매우 번거로웠을 터이다. 그런 번거로움을 피하는 데는 피맛골과 같은 좁은 후퉁이 제격이었던 셈이다.

그러니 후퉁은 왕후장상이나 고관대작 들과는 무관한 무지렁이 백성들의 삶이 녹아 있는 공간이라고 할 수 있다. 그래서인지 후퉁의 이름에는 백성들의 일상사와 연관된 것들이 많다. 이를테면 중국사람들이 꼽는 가장 기본적인 일곱가지 생필품인 땔감(柴)이나 쌀(米), 기름(油), 소금(鹽), 장(醬), 초(醋), 차(茶)가 들어간 '차이방(柴棒)', '미스(米市)', '여우팡(油坊)', '옌뎬(鹽店)', '쟝팡(醬坊)', '추장(醋章)', '차얼(茶爾)' 후퉁 같은 것들이 대표적인 예라 할 수 있다. 이밖에도 유명인사가 살았던 곳은 그의 이름이나 호를 따는 경우도 있고, 식료품이나 간식 그리고 경제활동과 관련된 이름도 다수 있다. 그런데 이런 식으로 보통명사를 갖다 붙이다 보니 이름이 같은 후퉁도 적지않아 혼란스러울 때가 있고, 어감이 좋지 않은 말이나 비속어 등이 쓰인 사례도 있어 최근에는 이런 이름을 바꾸는 작업이 진행중이다.

한편 후퉁이 유명해지다 보니 재미삼아 이들 가운데 최고를 꼽기도 하는데, 이를테면 다음과 같은 것들이 있다.

- 가장 오래된 후퉁 : 몇가지 설이 있지만, 아무래도 베이징을 처음으로 도읍으로 정한 요나라 때의 도성 부근일 것이다. 현재 쉬안우먼(宣武

門) 부근의 창춘졔(長椿街) 일대가 그것이다.

- 가장 긴 후퉁: 총 길이 3킬로미터에 달하는 둥시쟈오민샹(東西交民巷)으로, 톈안먼광장 근처에 있다.
- 가장 짧은 후퉁: 총 길이 25미터 정도인 이츠다졔(一尺大街).
- 가장 넓은 후퉁: 가장 넓은 곳이 폭이 32미터인 링징(靈境)후퉁.
- 가장 좁은 후퉁: 예전에는 가오유(高敔)후퉁을 꼽았으나 필자가 확인한 바로는 도시 재개발로 철거되어 사라졌고, 인근의 샤오라바(小喇叭)후퉁이 가장 좁다고 알려져 있다.
- 가장 굴곡이 심한 후퉁: 양의 창자와 같이 구불구불하게 얽혀 있는 쥬완(九灣)후퉁.
- 가장 긴 사가(斜街: 경사진 도로): 자오덩위루(趙登禹路).

이밖에도 나무로 만든 패루(牌樓)가 있는 후퉁이니, 오래된 아치형

가장 좁은 후퉁으로 알려진 샤오라바후퉁

벽돌조각 문이 있는 후통 등이 있다. 하지만 이런 식의 최고 후통들은 모두 일반 사람들이 흥미삼아 지어낸 것이라 무슨 공식적인 의미가 있는 것은 아니다. 아울러 베이징에는 워낙 많은 후통이 있다 보니 지금도 새로운 최고 후통들이 속속 발견되고 있으며, 이를 두고 호사가들의 입씨름 역시 계속되고 있다.

'장소'와 '공간'으로서의 후통

많은 사람들이 살고 있는 도시는 도로나 건물, 다리 같은 구조물 하나하나에 나름의 역사적 의미나 개인적인 기억이 스며 있다.

> 불연속적인 사건, 뒤섞여버린 인물, 흐릿한 사물의 형체, 낯설고 새로운 경험, 뒤바뀐 장소 그리고 기억의 파편들 — 아카시아꽃, 달팽이, 이끼 낀 우물가, 남폿불, (…) 이발소의 비누냄새, 윤선생의 머리핀, 남생이의 자맥질, 토관의 기름 냄새, 시뻘겋게 썰어진 지라, 소나무에 올라앉은 작은 두루미, 느티나무, 강변의 천막집.[30]

따라서 도시는 단순히 시멘트 구조물의 집합이나 도시 계획의 대상이 아니라 그곳에 살고 있는 사람들의 뇌리에 각인되어 있는 수많은 이미지와 의미의 총합인 것이다. 누가 덕수궁 돌담길을 그저 돌로 쌓은 담이 있는 거리로만 기억하겠는가? 대수롭지 않은 골목 모퉁이는 무심한 듯 보이지만, 그 앞에서 사랑하는 남녀가 떨리는 마음으로 첫 키스를 나누고, 결별을 선언하고 돌아서서 통한의 눈물을 쏟아낼 때 그곳은 더이상 단순한 골목이 아니게 된다. 우리의 '덕수궁 돌담길'이라는 표현에는 단순히 '서울 중심가의 덕수궁을 둘러싼 돌담을 따라 나 있는 길'이라는 해석만으로 설명되지 않는 다양한 의미가 담겨 있는 것이다. '덕수궁 돌담길'이라는 소리의 울림이 이별 그리고 그에 얽힌 추억이라는 의미와 결합되기까지 얼마나 많은 사람들의 이별이야기가 그곳에서 만들어졌을까?

다른 한편으로 도시는 재개발 등을 통해 끊임없이 공간의 재배치가 이루어지는 살아 있는 유기체라 할 수 있다. 어느 도시든 처음 만들어졌을 당시의 모습을 그대로 유지하고 있는 곳은 거의 없다. 시간의 흐름에 따라, 그곳에 살고 있는 사람들의 다양한 필요에 따라 지속적으로 변화하고 있는 것이다. 혹자는 이런 도시의 특성을 '공간'(space)과 '장소'(place)로 구분하여 설명하기도 한다.

베이징 후통에 살고 있는 사람들의 일상

공간은 움직임이며, 개방이며, 자유이며, 위협이다. 장소는 정지이며, 개인들이 부여하는 가치들의 안식처이며, 안전과 애정을 느낄 수 있는 고요한 중심이다. 인간은 직접적으로, 그리고 간접적으로 다양한 경험을 하며, 이러한 경험을 통하여 미지의 공간은 친밀한 장소로 바뀐다. 즉 낯선 추상적 공간(abstract space)은 의미로 가득 찬 구체적 장소(concrete place)가 된다. 그리고 어떤 지역이 친밀한 장소로서 우리에게 다가올 때 우리는 비로소 그 지역에 대한 느낌(또는 의식), 즉 '장소감'(sense of place)을 가지게 된다.[31]

즉 공간이란 특정한 지리적 좌표상에 존재하는 땅덩어리(地塊)를 지칭하는 것이 아니라 인간의 실천을 통해 유형의 가치로 전환될 수 있는 무엇이다. 이에 반해 장소는 "생물학적 필요(식량, 물, 휴식, 번식)가 충족되는 (절실하게 느껴지는) 가치의 중심지"[32]인 것이다. 영국의 사회학자인 기든스(A. Giddens)에 따르면, 이렇게 '장소'와 '공간'을 구별하게 된 것은 근대사회에 접어들어서라고 한다.

전근대사회에서는 공간과 장소가 대부분 일치되어 있었다. 사회생활의 공간적 차원들은 대부분의 거주자들에게 그리고 많은 점에서 '현재' — 지역화된 활동 등 — 에 의해서 지배되었기 때문이다. 근대성이 출현하면서 공간은 점차 장소로부터 분리되었는데, 이것은 대면적 상호작용을 하기에는 지역적으로 멀리 떨어져 있는 사람들 사이의 관계가 가능해짐으로써 이루어졌다. 근대성의 조건에서 장소는 점점 더 환영(幻影)처럼 되어간다.[33]

베이징 역시 근대 이전에는, 아니 좀더 극단적으로 보면 최근의 개혁개방 이전만 하더라도 장소와 공간이 구분되지 않았다. 후퉁은 그저 고단한 도시민의 터전이었고, 이웃과 살가운 정을 느끼며 살아가는 뒷골목이었을 뿐이다. 하지만 최근 재개발에 따라 많은 곳이 철거되면서 상황이 급변하고 있다.

사실 베이징의 도심에 위치한 후퉁은 그곳에 살고 있는 거주민의 삶의 질이라는 측면에서 볼 때 많은 문제를 안고 있다. 일단 너무 오래되었기 때문에 대부분의 집들이 낡을 대로 낡아 이제는 가난한 사람들이 모여 사는 슬럼으로 변해버린 것을 첫번째로 꼽을 수 있다. 여기에 비위생적인 화장실, 좁은 골목길로 인한 통행과 주차의 불편까지 더해지면서 후퉁의 재개발은 더는 미룰 수 없는 초미의 관심사로 떠올랐다. 적어도 600여년 동안 별다른 변화 없이 보존되어왔던 후퉁이 말 그대로 이제껏 볼 수 없었던 격변의 시간을 보내고 있는 것이다. 하지만 이를 두고 도심 재개발이라는 미명하에 인류 문화유산이 사라져간다고

베이징의 후퉁

주장하는 이들³⁴부터 어차피 슬럼이 되어가는 도심을 재개발해서 주거 환경을 개선해야 한다는 현실론을 펴는 이들까지 다양한 의견이 봇물처럼 나와 한바탕 논란이 일고 있다.

그러나 후퉁 철거를 앞두고 보존을 주장하는 쪽과 재개발을 추진하는 쪽이 첨예하게 대립하는 것은 역사문물의 보존 문제에만 그치지 않는다. 여기에는 앞서도 이야기한바 국가권력, 곧 통치성이나 자본과 같이 다양한 요인이 복합적으로 작용하는데, 그 예를 한국인 밀집지역의 중심이 이동하는 데서 찾아볼 수 있다.

우리의 경우, 중국과의 수교 이후 가장 먼저 진출한 쪽은 물론 기업이었다. 다음으로 유학생과 어학연수생 들이 너나 할 것 없이 베이징 같은 대도시를 중심으로 물밀듯이 몰려들었다. 그에 따라 한국인들이 집단적으로 거주하는 밀집지역이 생겨났는데, 그 가운데 가장 유명한 곳이 베이징대학과 칭화대학 같은 명문대들이 몰려 있는 우다오커우(五道口) 지역이었다.

그런데 우다오커우 내의 중심지는 시간의 흐름에 따라 다소 부침이 있었다. 초기에는 베이징위엔원화대학(北京語言文化大學, 당시 명칭으로는 베이징위엔쉐위안北京語言學院) 남문 근처를 비롯해 길 건너편 디즈대학(地質大學) 근처에 식당이나 술집, 노래방 들이 들어차 있었다. 하지만 베이징위엔원화대학 남문 앞의 청푸루(成府路)가 베이징대학 동문까지 일직선으로 확장되면서, 이 일대는 대대적으로 철거되어 그야말로 상전벽해의 큰 변화를 겪게 된다. 그후에는 시쟈오호텔(西郊賓館)을 중심으로 남북으로 우다오커우호텔(五道口賓館)에서 징위호텔(京裕賓館) 사이에 있는 왕좡루(王莊路)가 중심지였다가, 최근에는 고급 아파트촌인 화칭쟈위안(華淸嘉園)과 도시철도(城鐵) 우다오커우 전철역이

들어서면서 그 일대가 새로운 중심지로 각광받고 있다.

공간이 하나의 유기체처럼 스스로의 존재가치를 재창출한다는 전제하에, 사회주의 국가인 중국에서 가장 기본적인 동력이 되는 것은 대규모 도시계획 같은 국가권력일 수도 있지만, 개혁개방 이후에는 시장논리에 바탕해 이윤의 극대화를 노린 교환가치로서의 공간의 재배치가 앞서는 경향이 눈에 띈다. 우다오커우의 중심지가 위엔원화대학 근처에서 시샤오호텔 근처로 옮겨간 것은 어쩔 수 없이 도시 재개발에 따른 것이었다고 할 수 있지만, 작금의 도시철도가 들어오고 새로운 고급 주거지가 개발됨에 따라 그쪽으로 사람들의 발걸음이 자연스럽게 이동하고 있는 현상은 철저하게 자본의 흐름에 따라 이루어지는 공간의 재배치 과정이라 할 수 있다.

앞서 들었던 후퉁의 경우도 마찬가지다. 현재 후퉁의 철거를 놓고 가장 날카롭게 대립하고 있는 쟁점은 어쩌면 후퉁의 철거 보상금인지

우다오커우의 대표적인 한국인 거주지역 둥왕좡(東王庄)

다스라(大柵欄) 퉁런탕(同仁堂) 약국 뒤 후통 철거현장

도 모른다. 정부에서 제공하는 보상금으로는 부동산 가격이 예전에 비해 턱없이 올라버린 베이징에서 새로운 거주지를 찾기가 수월찮은 게 사실이니 말이다.

아울러 후통 철거에 대한 거주민들의 반응 역시 다양하다. 좀더 많은 보상을 받고자 떠나지 않고 버티고 있는 이들부터 오랫동안 살아왔던 삶의 터전을 잃고 떠나야 한다는 생각에 비감해하는 이들[35]까지 현실적인 이해득실뿐 아니라 각자가 품고 있는 소회 역시 다를 수밖에 없다. 하지만 어쩔 수 없이 떠나야 하는 현실을 인정하고 받아들이고 나면 결국 남는 것은 냉정한 이해타산이 아니겠는가. 삶의 터전으로 삼아왔던 '장소의 사용가치'가 개발을 통해 실현될 '공간의 교환가치'에 밀리는 것이 어쩔 수 없는 현실이다.

사람이라면 누구나 회고 지향적인 성향을 갖고 있는지 모른다. 그래

베이징의 어느 뒷골목 담벼락

서 지금은 잊혀진 아련한 추억에 잠기기도 하고, 사라져간 모든 것들에 회한을 품고 살기도 한다. 사람들이 그런 상념에 빠지게 되는 것은 익숙한 것에 대한 상실감과 아울러 물리적으로 돌이킬 수 없는 시공간적인 불가역성에 대한 아쉬움 때문이 아닐까? 현재 진행되고 있는 후통 철거는 사람들의 온갖 추억이 깃든 장소의 상실이라는 측면에서 감성적으로 바라볼 수도 있겠지만, 그보다는 좀더 현실적인 수요에서 비롯된 것이라 하겠다.

몇백년 역사를 지닌 후통은 외지인에게는 오래되어 형해화된 역사의 모습을 간직한 추억 속의 현장일지 모르지만, 그곳에 사는 거주민에게는 단지 생활하기 불편하고 남들에게 내보이기 부끄러운 도시 빈민가일 수도 있다. 나아가 개발을 통해 창출되는 이익을 나눌 수 있다는 타산에 이르면 절대 양보하거나 타협할 수 없는 황금알을 낳는 거위가

후퉁에서 본 해넘이

된다. 후퉁은 점점 슬럼이 되어가는 도심의 천덕꾸러기에서 잘만 하면 한밑천 뽑을 수도 있는, 장밋빛 미래를 보장하는 백마 타고 온 왕자가 되는 것이다.

    개혁개방 이후 세계 최고의 경제 성장률을 보이고 있는 중국 사회는 급속도로 변모하고 있다. 어지간한 중산층에게 '마이카'는 이제 선망의 대상으로서의 잠재태가 아니라 가까운 미래에 실현 가능한 현실태다. 하지만 후퉁 안에 들어서면 그런 기대는 주차공간 확보 등의 걸림돌에 부딪혀 한갓 백일몽으로 끝나고 만다. 그런저런 이유로 후퉁은 자본주의화된 도시 재개발의 논리에 밀려 속속 철거되고 있다. 한편에서는 역사의 현장이 사라져간다며 안타까움을 표출하기도 하지만, 사실 그런 안타까움 역시 국외자가 품는 무책임한 환상에 지나지 않는지도 모른다. 누가 "방관자는 객관적일 수 있고 그런 국면에 임한 사람은 미혹에 빠진다"(傍觀者淸, 當局者迷)고 말하는가? 막상 후통 주민의 입장에 선다면 누구보다 앞장서서 후통의 철거와 개발을 외치지 않을 거라 누가 장담하겠는가?

아무튼 원나라 이후 600여년 이상 별다른 변화 없이 보존되어온 후통은 멀지 않은 장래에 원래의 모습을 대부분 잃게 될 것이다. 물론 중국 정부에서도 역사적 가치가 있는 곳은 방안을 마련해 일부 보존한다고 하지만, 그럼에도 현재 후통의 모습은 많이 손상되고 사라질 것이다. 그렇게 되면 우리는 그나마 온전한 후통의 면모를 목격한 마지막 세대가 될지도 모른다. 그래서 베이징에 갈 때마다 오래된 후통들을 돌아보게 된다. 이것이 철거되기 전 마지막 모습이 되지 않기를 바라는 마음으로……

인딩챠오銀錠橋 위에서

텍스트로서의 베이징

수많은 사람들이 살고 있는 도시에는 지리적 좌표로만 설명될 수 없는 그 무엇이 있다. 베이징은 단순히 북위 39도 55분, 동경 116도 45분이라는 수치로 설명될 수 없는, 그곳에 살고 있는 사람들의 역사이자 일상에서 엮어내는 수많은 이야기들의 총합이다. 아침에 일어나 밥 먹고 차 마시고, 서로 싸우고 험담하고, 웃고 떠들다 돌연한 이별에 눈물 짓기도 하고, 한맺힌 저주를 퍼붓다가는 순식간에 돌변해 악어의 눈물도 흘리는 등 사바세계의 온갖 은원과 카르마가 점철되어 있는 공간인 것이다.

그런 의미에서 베이징이라는 도시는 하나의 살아 있는 텍스트라 할 수 있다. 이곳에서 태어났든 외지에서 이사를 왔든, 이곳에 도착한 순간 베이징이라는 공간이 아무것도 적혀 있지 않은 '타불라 라싸'(tabula rasa)다. 시간이 흘러가며 비어 있는 공간에는 하나씩 이야기가 씌어지게 되는데, 거리와 골목 그리고 건물의 벽돌 하나하나에는 수많은 사람들의 이야기가 점점이 아로새겨진다. 그러므로 도시에는 사람들이 쏟아내는 이야기의 의미와 해석 들이 거미줄처럼 착종되어 있으며, 끊임없이 그 외연과 내포를 확장하고 있다.

> 의미들로 가득찬 도시경관(urban landscape) 역시 텍스트다. 즉 인간 주체의 산물인 표현체로서의 도시경관에는 다양한 의미들이 담겨 있고, 이 다양한 의미구조의 복합체로서 경관은 읽혀질 수 있는 텍스트인 것이다.[36]

베이징을 하나의 텍스트로 이해하고 그것을 읽어낸다는 것은 이 도시를 정적인 완성품으로서가 아니라 끝없이 해체되고 변화하는 공간으로 파악한다는 의미이다.[37] 곧 베이징이라고 하는 도시는 그곳에 살고 있는 사람들의 이야기에 의해 의미가 부여되고, 다양한 사회적 실천을 통해 '생성'되는 생활세계의 공간이다. 한 나라의 수도로서 오랜 역사를 갖고 있는 베이징은 당연하게도 그 역사에 걸맞게 도로나 건축물, 다리 같은 구조물 하나하나에 나름의 역사적 사건이나 신화, 전설 등이 각인되어 있다. 이 모든 것들이 베이징이라고 하는 씨니피앙(Sinifiant)에 대한 독특한 이미지와 아우라를 부여하고 있는 것이다.

거지 선완싼(沈萬三)과 스차하이(什刹海)

중국인들은 보통 사람도 신격화해 숭배하는 경향이 있다. 가장 대표적인 인물이 바로 유명한 소설 『삼국지연의(三國志演義)』에 나오는 관우(關羽)다. 처음에는 평범한 무장(武將)이었던 관우가 시간이 지나면서 관왕(關王)을 거쳐, 관제(關帝)가 됐다가 급기야는 천신관공(天神關公)으로까지 떠받들어지고 있다. 평범한 개인이 신의 반열에까지 올라선 것이다. 지금도 중국에는 관우를 모시는 관제묘(關帝廟)가 거의 모든 곳에 세워져 있다. 평범한 사람을 신격화하는 예는 현대인에서도 찾아볼 수 있는데, 바로 마오쩌둥이다. 중국을 여행하다 보면 종종 관광버스나 택시의 리어 미러(rear mirror)에 마오쩌둥의 사진을 걸어놓은 것을 보게 된다. 운전기사에게 물어보면 사고를 예방하는 차원에서 걸어두었다는 대답을 듣게 되는데, 마오쩌둥의 신통력으로 오늘도 무사히 운행을 마칠 수 있게 기원하는 뜻이 담겨 있는 것이다. 마오쩌둥은 현대 중국인들이 가장 존경하는 인물을 넘어서 운전자를 보우하사 무사고를 책임지는 현대판 신으로 추앙받고 있다.

현재 베이징성의 기틀을 닦은 것은 명대의 영락제였고, 실제 공사를 기획하고 실행에 옮긴 것은 류보원(劉伯溫)이었다. 베이징사람들은 류보원을 단순히 영락제의 신하가 아니라 대단한 신통력을 가진 도사 같은 인물로 생각해 많은 전설을 만들어냈다. 류보원은 영락제의 명을 받고 베이징성 건설에 착수했는데, 이때 대장군 쉬다(徐達)에게 북쪽으로 화살을 쏘아 그 화살이 떨어진 곳에 도성을 건설하자고 제안했다. 쉬다가 쏜 화살이 떨어진 곳의 땅주인은 그곳에 도성이 세워지면 자신의 토지가 모두 수용될까봐 화살을 다시 다른 곳으로 날려버렸다. 화살을 찾으러 온 류보원은 땅주인이 수작을 부린 것을 알고 그에게 이곳에 도성을 짓지 않을 테니 대신 건설 비용을 대라고 요구했다. 땅주인은 마지못해 그러마고 응했는데, 도성을 짓는 데 들어가는 비용이 어디 한사람이 감당할 수 있는 정도겠는가? 얼마 되지 않아 땅주인은 가산을 탕진하고 나자빠져버렸다.

　난감해진 류보원은 마침 선완싼(沈萬三)이라는 이가 돈이 많다는 소문을 듣고 그를 찾아오게 했다. 하지만 막상 그를 데려오니 부자는커녕 하루하루 밥을 빌어먹는 거지라는 것이 드러났다. 류보원은 적잖이 실망해서 선완싼을 두들겨 패게 했다. 그러나 누가 알았겠는가? 그는 누군가에게 두들겨 맞으면 보물이 묻혀 있는 장소를 알아맞히는 능력이 있었다. 계속 얻어맞던 선완싼은 견디지 못하고 이대로는 죽겠다 싶어 도나캐나 입에서 나오는 대로 보물이 묻혀 있는 장소를 댔다. 그런데 놀랍게도 그곳에는 많은 돈이 들어 있는 항아리가 묻혀 있었다. 하지만 그 돈도 얼마 못 가 떨어졌고, 그때마다 선완싼을 불러 때리면 그가 일러준 장소에서 정말 돈이 나왔다. 이렇게 하기를 수차례, 결국 베이징 성은 완공이 됐고 돈을 파낸 곳에는 큰 웅덩이가 생겼는데, 시간이 흘

스차하이의 그림 같은 여름 풍경

베이하이와 첸하이 사이에 있는 스차하이 표지석

러 그곳에 물이 고이자 커다란 호수가 만들어졌다. 사람들은 그곳을 '스쟈오하이(十窖海)', 곧 '열개의 구멍으로 만들어진 호수'라고 불렀는데, 베이징 토박이말에서는 '차(刹)'와 '쟈오(窖)'의 발음이 비슷해, 나중에는 '스차하이'가 되었다고 한다.

앞에서도 이야기했듯이, 베이징에는 두개의 큰 호수가 있다. 이전 명칭으로 타이예츠는 현재 베이하이와 중난하이로 나뉘어 있고, 스차하이는 첸하이와 허우하이로 나뉘어 있다. 그리고 허우하이 뒤에는 '시하이(西海)'가 자리잡고 있다. 황궁에 속해 있던 타이예츠는 일반 사람들이 범접할 수 없는 곳이었던데 반해, 스차하이는 일반인이 무시로 드나들 수 있는 도심의 쉼터 역할을 해왔다. 그래서 스차하이는 지금도 베이징시민들로부터 사랑을 받고 있으며, 특히 호수 주변의 후통은 많은 관광객들이 옛 후통의 모습을 보기 위해 반드시 들르는 곳이 되었다.

사시사철 관광객으로 붐비는 인딩챠오

스차하이를 앞쪽 호수인 첸하이와 뒤쪽 호수 허우하이로 나누는 것은 인딩챠오(銀錠橋)라는 다리다. 사시사철 많은 사람들이 찾는 스차하이인지라 인딩챠오 역시 베이징사람들에게 명소 가운데 하나다. 인딩챠오라는 이름은 다리의 모양이 명청 양대에 걸쳐 통화로 사용되었던 말굽은(銀錠)을 닮았다 해서 붙여진 이름이다.

예로부터 인딩챠오는 서민들의 쉼터로서 많은 이들의 사랑을 받아온 베이징의 명승지 가운데 하나였다. 다리 위에 서서 서쪽을 향하면 가깝게는 호안(湖岸)에 무성하게 드리워진 버드나무 가지가 눈에 들어오고, 멀리 아스라하게 시산이 보인다. "먼 산과 가까운 호수, 푸른 버드나무 가지가 반짝이는 은물결"(遠山近水 翠柳銀河)과 어우러진 풍광은 옛사람들의 눈길을 사로잡기에 충분했던 듯하다. 하지만 현재는 오가는 사람들로 번잡한데다, 도심의 뿌연 스모그로 먼 산은 잘 보이지 않고 '은정관산(銀錠觀山)'이라는 비석이 홀로 옛 명성을 증명하고 있다.

베이징의 북청 물장수

다시 류보원에 대한 전설로 돌아가도록 하자. 류보원이 대장군 쉬다가 쏜 화살을 쫓아가는 도중에 물에서 머리를 내민 큰 거북 한마리를 맞닥뜨렸다. 류보원은 이것이 용왕이 변신한 것임을 알아채고 무슨 일이냐고 물었다. 용왕은 류보원이 베이징에 성을 건설하는 것은 곧 자신의 땅을 멋대로 차지하는 것이니 그에 대한 보답으로 도성이 완성되면 용왕의 아홉 아들에게 일거리를 나누어달라고 요구했다. 류보원은 선선히 그의 요구에 응하고 도성이 다 지어지면 그때 자기를 다시 찾아오라고 말했다.

도성이 완성되자 과연 용왕이 자신의 아들들을 이끌고 류보원을 찾아오니 그는 약속을 잊지 않고 용왕의 아홉 아들에게 각각의 소임을 맡겼다. 톈안먼 앞 화표 위에, 궁궐의 기둥에, 궁궐 처마 밑에, 이런 식으로 소임을 분배하고 나서 류보원이 대갈일성하니 아홉마리의 용이 허공을 날아올라 각자의 위치를 찾아갔다. 용왕이 보니 자기 아들들이 죽은 물건으로 변한지라 기가 막혔지만, 자신의 힘이 류보원의 신통력에 미치지 못함을 알고 아무 소리 못하고 그 자리를 뜰 수밖에 없었다.

다음날 아침 류보원이 자리에서 일어나니 도성 안의 우물이 모두 말라버렸다는 소식을 들었다. 그러자 가오량(高亮)이라는 '산둥 출신의 거한'(山東大漢)에게 용왕을 찾아가라고 명했다. 류보원은 가오량에게 시즈먼 밖을 나가면 작은 수레를 밀고 있는 노인이 보일 텐데, 창으로 수레 왼쪽에 있는 물통을 찌른 다음 뒤도 돌아보지 말고 성으로 달려오라고 말했다.

한편 용왕은 화가 나서 성 안의 물을 모두 옮겨다가 도성 안 사람들을 다 목말라 죽게 할 작정이었다. 그가 막 도성 안의 물을 전부 모아서 두개의 통에 담아 가고 있는데, 갑자기 앞에서 가오량이 다가오더니 창으로 있는 힘껏 수레의 오른쪽 물통을 찌르고는 냅다 뛰었다. 용왕이 자기 물통이 찢어진 것을 보고 화가 나 크게 소리를 지르니 물통에서 물이 가오량을 덮칠 듯이 밀려나왔다. 가오량은 물소리를 듣고 있는 힘을 다해 뛰었다. 한참을 뛰다 시즈먼이 눈에 잡힐 듯 들어오자 이제 됐다 싶은 마음에 뒤를 돌아보니 아뿔싸 물이 그를 덮쳐버렸다. 멀리 성 위에서 이 광경을 바라보던 류보원은 일이 잘못된 것을 알고 얼른 성문을 닫았다. 그러자 밀려오던 물이 뿔뿔이 흩어져 큰 물줄기는 현재 베

톈안먼 안쪽에 있는 화표

이징 동북쪽의 미윈저수지(密雲水庫)와 베이징을 잇는 징미수로(京密引水渠)가 되고, 일부는 도성 안으로 흘러들어 도성 안의 우물과 하천이 되었다.

이때 용왕이 수레에 담아가던 물은 왼쪽 통이 맛좋은 물이고, 오른쪽 통이 쓴 물이었다. 그래서 류보원이 가오량에게 왼쪽에 담긴 물통을 찌르라고 했던 것인데, 가오량이 덤벙대다 오른쪽 물통을 찌르는 바람에 쓴맛 물이 빠져나와 베이징 도성 안의 우물은 모두 맛이 쓰게 되었다. 왼쪽 물통은 나중에 위취안산(玉泉山)으로 변해서 그곳 샘물은 맛이 아주 좋게 되었다.

아무튼 용왕은 포기하지 않고 이번에는 베이징 도성의 지하수를 용출시켜 베이징성을 물에 잠기게 하려 했다. 용왕은 지금의 베이신챠오(北新橋) 근처에서 지하수가 솟아나올 수 있는 물구멍을 찾아내 그곳으로 물을 보내려 했다. 다급해진 류보원은 이번에도 선완싼을 찾았다. 류보원은 선완싼이 밥 동냥하는 보시기를 빼앗아 물구멍을 막아버렸다. 그러자 용왕은 보시기에 갇혀버렸는데, 류보원은 용왕에게 이 물구멍에서 멀지 않은 곳에 다리가 하나 있는데 언젠가 이 다리가 낡게 되면 그때 용왕을 풀어주겠노라고 약속했다. 하지만 류보원이 다리의 이름을 '북쪽에 있는 새 다리'(北新橋)라고 바꿔버리니 영원히 낡을 일이 없어 용왕이 그곳을 빠져나올 길도 막혀버리게 되었다.

류보원이 용왕을 가둬버려 물난리를 막았다는 이야기는 다른 곳에서도 찾아볼 수 있다. 일설에는 베이징 도성의 허우먼 뒤에 있는 중러우(鐘樓)와 구러우(鼓樓) 인근의 다리 아래에 석비가 하나 있는데, 류보원이 여기에 '베이징성(北京城)'이라는 세 글자를 써놓았다고 한다. 용왕이 화가 나서 베이징을 물바다로 만들어버리려고 할 때, 물이 다리 아래의 석비까지 차올라 '베이징성'이라는 글자가 잠기면 용왕이 베이징 도성에 물이 흘러넘쳤다고 생각해 그 자리를 떠나게 하기 위해서였다는 것이다.

위에서 서술한 이야기들은 말 그대로 베이징성의 건설을 둘러싼 전설일 따름이다. 화살을 쏘았다는 쉬다는 말할 것도 없고, 류보원 역시 영락제 때 사람이 아니라 명 태조 주위안장을 도와 명 건국에 큰 공을 세운 개국공신들이었다. 선완싼 역시 원말의 유명한 거부(巨富)였다. 이 모두가 베이징성의 건설을 둘러싸고 민간에 유포된 여러 이야기들이 부연되면서 아전인수 격으로 제멋대로 이어붙인 탓에 생긴 일이다. 하지만 여전히 의문은 남는다. 류보원이 용왕에게 보낸 가오량은 허구적인 인물인데, 왜 하필이면 산둥(山東)사람으로 설정했던 것일까? 가오량을 다른 지역이 아닌 산둥의 거한으로 묘사한 것은 당대의 현실을 반영한 것이었다. 청대에는 베이징의 급수 사정이 별로 좋지 않아 직업으로 물을 파는 사람들이 많았는데, 거의 모두가 산둥사람이었다. 이들 산둥 물장수들이 얼마나 많았는지 그들을 묘사한 민가가 따로 나올 정도였다.

초립에 깨끔하니 넓은 소매

무명 적삼 위로는 튼실한 어깨 드러내고

산둥사람 장사 안하면

서울에는 우물물 모두 마르리.

草帽新鮮袖口寬 布衫上又著磨肩

山東人若無生意 除非京師井水乾

    수도인 베이징에 올라와 호구를 위해 물지게를 질 수밖에 없었던 산둥 출신 물장수들. 자본이나 이렇다 할 기술 없이 자기 몸 하나 믿고 팍팍한 도회생활을 해나가야 했던 이들이 나름대로 배타적인 동업조합 같은 것을 만들어 자기들끼리 장사를 해온 것은 예나 지금이나 그리 다를 게 없는 풍경이다. 이를테면 현재 베이징에 많이 있는 발안마 업소에서 일하는 아가씨들 가운데 다수가 허난(河南) 출신인 것도 같은 맥락에서 이해할 수 있다. 가난한 농촌 지역 허난의 학원 또는 교습소(중국어로는 페이쉰중신培訓中心)에서 발안마 기술을 배워 도회에 나와서 번 돈을 고향집에 송금하는 허난 출신 젊은 아가씨나 산둥 출신 물장수가 우리에게는 그리 낯설게 느껴지지 않는다. 가깝게는 1970년대 이후 산업화가 진행되면서 도시로 몰려들었던 수많은 지방 출신 노동자로부터 멀게는 산둥 물장수 못지않게 유명했던 북청 물장수가 있었기 때문은 아닐까?

'위취안의 무지개'(玉泉垂虹)

    한 나라의 수도로서 많은 사람들이 살고 있는 베이징은 필요한 물을 어떻게 공급받았을까? 베이징 지도를 보면 우리의 한강과 같이 큰 하천은 보이지 않는다. 다만 군데군데 호수가 눈에 띄고 이들은 작은 수로들로 연결되어 있다. 일반 백성들은 차치하더라도 수도이니 만큼 황제를 비롯해 황궁에 살고 있는 사람들을 위한 급수 계획이 우선되어야 했

위취안산의 백탑. 주변에 두드러지게 돌출한 지형지물이 없기에 베이징 서북쪽의 중요한 랜드마크 노릇을 하고 있다.

는데, 황실에서 사용하는 물은 베이징성의 서북쪽에 있는 위취안산에서 나오는 샘물을 직접 끌어들여와 해결했다.

앞서 류보원과 가오량의 전설에도 나오듯이 베이징 인근에서 가장 수질이 뛰어난 것이 바로 위취안산의 물이었다. 위취안산의 역사는 베이징성과 같이하는데, 일찍이 금나라 때에는 이곳에 행궁을 지었으며, 원과 명나라 때에는 자오화쓰(昭化寺)와 화옌쓰(華嚴寺)를 지었다. 청의 강희제는 이곳에 청신위안(澄心園)을 세웠다가 뒤에 징밍위안(靜明園)으로 개명했다. 이곳은 특이한 돌과 맑은 샘물로 유명했는데, 베이징 사람들은 이곳의 돌을 '푸른 용의 껍질'(蒼龍皮) 같다고 했고 샘물이 흐르는 소리는 가만히 들으면 '재잘대는 말'(絮如語)처럼 들린다고 했다. '재잘대는 말'이라고 번역을 했지만, 원어인 '쉬루위(絮如語)' 자체의 어감이 물이 졸졸 흘러가는 소리를 흉내낸 듯하다.

건륭제는 전국의 유명한 샘물을 베이징으로 가져오게 해 품평을 했다. 그때까지 중국에서 가장 유명한 샘은 당나라 때 '다신(茶神)'으로 불렸던 루위(陸羽)가 '천하제일천(天下第一泉)'이라 공언했던 쟝시(江西) 루산(廬山)의 '구롄취안(谷帘泉)'이었다. 하지만 건륭제가 막상 맛을 보니 오히려 위취안산의 샘물이 가장 좋았다고 한다. 그는 '천하제일천'의 명성을 위취안산의 샘물에 돌렸다.

모름지기 좋은 물은 맑고 투명하면서도 맛이 찰지고 깐깐해야 하는 법인데, 이것은 좋은 옥이 갖춰야 할 조건과 흡사한 데가 있다. 그래서 흔히 뛰어난 물맛을 자랑하는 샘물을 옥에 비유하곤 한다. 옥은 중국인이 가장 사랑하는 보석으로, 일상용품부터 섬세한 공예품까지 옥으로 수많은 예술품을 만들어 후대에 남겼다. 린위탕은 중국인이 옥을 좋아하는 까닭이 매끈한 감촉에 있다고 했는데, 중국인이 즐기는 요리 역시 부드럽고 매끄럽게 목구멍에 가닿는 아교질 같은 감촉에 있다고 했다. 린위탕에 의하면 중국인은 촉각이 고도로 발달한 민족이기 때문에 그런 매끄러운 감촉을 좋아했다는 것이다.[38]

훌륭한 자연 풍광과 '천하제일천'을 품고 있는 위취안산이니만큼 예부터 옌징팔경의 하나로 손꼽혔다. 처음에는 위취안의 샘물이 뿜어져 나오면서 생기는 무지개가 아름답다 하여 '위취안의 무지개'(玉泉垂虹)라 불렀다. 하지만 건륭제가 와서 보고는 "샘이 뿜어져 나오는 것이 눈이 펑펑 내리는 듯하고 파도가 굽이치는 듯하다"(泉噴躍而出 雪涌濤翻)고 말한 뒤부터는 '위취안의 분출'(玉泉趵突)로 그 명칭이 바뀌었다. 지금은 위취안산 일대가 군사보호지역으로 묶여 산 전체에 높은 담장을 두르고 일반인의 접근을 막고 있다. 따라서 옌징팔경의 하나인 '위취안의 분출' 비도 확인할 길이 없다.

징항운하 京杭運河의 종점

베이징으로 가는 길

아침에 집을 나서 공항버스를 타고 1시간 남짓 달려 인천공항에 도착한다. 많은 사람들로 북적이는 공항 곳곳에는 언제나 야릇한 설렘과 동경, 그리고 약간의 회한과 함께 때로 절절한 그리움이 스며 있다. 떠나는 사람, 그리고 돌아오는 사람들은 저마다의 사연을 안고 분주한 발길을 옮긴다. 공항은 해외로 나가기 위해 어쩔 수 없이 거쳐야 하는 곳이지만, 오래 머물고 싶어하는 사람은 아무도 없다.

인천공항에서 비행기를 타면 2시간이 채 못돼 도착하는 곳. 태평양을 가로지르고 유라시아 대륙을 건너기는 장기리 비행에 비해 베이징으로의 여행은 부산이나 제주 등지보다 조금 먼 곳으로 떠나는 것 이상의 감흥을 주지 못한다. 하지만 베이징이 항상 이렇게 가까웠던 것은 아니다. 1992년 중국과의 수교 이전에 중국은 갈 수 없는 땅이었고,

베이징 남역. 한 여인이 톈진으로 갈 사람들을 모으는 중이다.

풍문으로 들리는 단편적인 사실들로만 짜맞춘 퍼즐에 불과했을 뿐이었다.

한국과 중국의 수교가 이루어진 초기만 해도 한동안 베이징으로 가는 정기 항공 직항로는 개통되지 않았다. 대한항공과 아시아나항공이 서울-상하이와 서울-톈진 간 전세기를 주1회 운항하고는 있었지만, 그나마 자리잡기가 쉽지 않았거니와 상하이와 톈진을 에둘러 가야 했기에 공연히 시간과 비용을 버리기 일쑤였다. 때로 이런 번거로움과 좌석 문제로 일본과 홍콩을 경유해 가기도 했는데, 이로 말미암은 경제적인 낭비는 이루 말할 수 없을 정도였다.

언뜻 생각할 때는 베이징에서 먼 상하이로 가서 국내선을 타고 베이징으로 가는 것보다 베이징과 지리적으로 가까운 톈진을 거쳐 가는 것이 편리할 것 같은데, 실제로는 그렇지도 않았다. 당시 서울에서 4시간 남짓 걸려 도착한 톈진공항은 톈진 시내에서도 자동차로 1시간 정도 떨어진 장구이좡(張貴莊)이라는 시골에 있었다. 문제는 여기서 베이징까지 직접 가는 셔틀버스가 없었다는 것이다.

아니, 아예 없지는 않았다. 베이징의 여우이상점(友誼商店) 옆에 있는 젠궈호텔(建國飯店)의 중국 여행사에서 톈진에서 서울로 가는 아시아나항공 비행기 시간에 맞춰 운행하고 있는 버스가 있었기 때문이다. 하지만 현실적으로 이 버스를 타는 것은 불가능했는데, 그것은 다음과 같은 이유 때문이었다. 서울발 톈진행 비행기는 오전 11시 30분에 도착하는데, 입국 수속 등을 마치면 12시 30분 이후에나 공항을 빠져나오게 된다. 하지만 베이징에서 톈진으로 여객을 싣고 온 버스는 12시 이전에 톈진에 도착했다가, 태우고 온 손님들을 내려놓고는 베이징으로 가는 손님들을 기다리지 않고 그냥 가버렸다. 버스가 이런 식으로 서울서 톈진에 온 손님들을 기다리지 않고 가버리는 이유는 첫째, 출발할 때 이미 왕복 차비를 다 받고 왔기 때문이고 둘째, 톈진공항 당국이 톈진의 택시 사업자들을 보호하기 위해 베이징–톈진공항 간 셔틀버스가 톈진공항에서 영업 행위하는 것을 금지했기 때문이었다. 요컨대 자국의 또는 자기 지역 내의 유관 사업자들의 이익을 외지에서 온 관광객의 편의보다 우선하여 챙긴 것이다.

우리가 익숙하게 살던 곳을 떠나 외지를 여행하다 보면, 이제껏 살던 것과 다른 환경에 낯선 느낌을 받게 되고, 때로 그로 인해 당혹감에 사로잡힐 때도 있다. 중국을 여행차다 보면 이 나라는 남을 위한 배려나 써비스라는 개념이 전혀 없거나 참으로 부족하다는 인상을 받는다. 아마 중국 여행을 해본 사람들은 누구나 백화점 등지에서 물건을 사면서 거스름돈을 아무렇지도 않게 휙 던져주는 일을 한번쯤은 겪었을 것이다. "손님은 왕이다"라는 말을 굳이 갖다 붙이지 않더라도 기본적인 예의는 있어야 할 것인데, 거스름돈 던져주는 것은 아무리 이 나라가 사회주의국가였고, 우리와는 다른 관습에서 오랫동안 살아왔기 때문이라고 애써 이해하려 해도 당하는 그 순간만큼은 기분이 상하지 않을 수 없다. 그런 와중에 길거리를 오가다 보면 이런 구호를 쉽게 접할 수 있다.

인민을 위해 복무한다(爲人民服務).

복무한다는 것은 분명 우리가 말하는 상대방에 대한 배려이고, 남을 위해 내가 봉사한다는 뜻일 터인데, 그렇다면 위의 구호가 의미하는 바는 무엇일까? 나중에야 알게 되는 사실이지만, 여기에서 말하는 인민이란 철저히 자기들끼리의 인민을 의미할 뿐 외지인은 안중에 없는 경우가 많다.

변화의 속도가 우리가 상상하는 이상으로 빠른 중국에서 이런 상황은 이미 먼 옛날이야기가 되어버렸는지도 모른다. 하지만 변하지 않은 것은 그곳이 중국이고 그들은 우리와 다른 중국사람이라는 것이다. 베이징까지 직항이 뚫려 아무렇지도 않게 오가는 지금의 눈으로 본다면, 불과 10여 년 전의 풍경은 격세지감을 불러일으키기에 충분하다. 하지만 그보다 훨씬 전에는 또 어땠을까?

연행 길의 마지막 관문, 바리챠오(八里橋)

개인 자격으로 국경을 넘어 다른 나라를 여행한다는 것이 거의 불가능했던 조선시대에는 나라의 외교사절로 중국에 오가는 '연행(燕行)'이라는 것이 있었다. 명나라 때까지는 중국 황제를 배알한다는 뜻으로 '조천(朝天)'이라 했지만, 청나라 때는 베이징을 옌징이라 부르던 습관에서 '연행'이라는 말로 바꾸어 중국과 대등한 외교를 벌이고 있다는 일종의 자신감을 우회적으로 나타냈다.[39] 조선시대의 지식인들은 연행을 통해 중국을 여행하고 나름의 견문을 넓힐 수 있었다. 당시 연행을 수행했던 조선의 문인들은 중국에 다녀온 뒤 기행문을 남겼는데, 당대를 대표하는 지식인의 시선으로 중국을 객관적으로 바라보려 했던 시도로서 현재까지 중요한 역사자료가 되고 있다. 이런 연행록은 현재까지도 제법 많이 남아 있는데, 1832년에 씌어진 김경선(金景善)의 『연원직지(燕轅直指)』에 의하면 가장 널리 읽혀온 연행의 교과서로 이른바 '삼가(三家)'의 연행록을 들고 있다. 여기서 '삼가'란 노가재(老稼齋) 김창업(金昌業, 1658~1721)의 『노가재연행일기(老稼齋燕行日記)』와 담헌(湛軒) 홍대용(洪大容, 1731~83)의 『을병연행록(乙丙燕行錄)』, 연암(燕巖) 박지원(朴趾源, 1737~1805)의 『열하일기(熱河日記)』를 말한다.[40]

아마도 근대 이전에 중국을 여행하던 시절을 돌이켜보자면, 이들이 쓴 연행록을 참고하는 것이 온당한 일이 될 것이다. 당연한 얘기지만 당시는 하늘길이나 바다길이 뚫려 있지 않았기 때문에 중국에 가려면 누구나 할 것 없이 모두 육로를 이용해야 했다. 우여곡절을 겪어가며 베이징에 도착한 연행 길 일행이 처음 마주하는 것은 당시 베이징의 관문이었던 퉁저우(通州)의 포구였다. 홍대용은 이곳의 풍광을 다음과 같이 묘사했다.

20리를 가서 남쪽으로 통주성을 바라보니 성첩과 여염이 매우 번성하였고 성 밖으로 무수한 돛대가 수풀이 서 있는 듯하였다. 『김가재일기(金稼齋日記)』에 통주의 범장(帆檣)이 장관이라고 일컬었는데, 길이 다르기 때문에 가까이 가보지 못하여 답답하였다. (…) 팔리교에 이르렀는데, 이 다리는 통주에서 황성으로 통하는 큰 길이다. 다리를 고친 지가 오래지 않았고, 10여 칸 너비에 500여보 길이다. 길 남쪽 난간에 각각 물상을 기이하게 새겼는데, 희고 윤택해서 바라보면 예사 돌이 아닌 것 같았다. 다리 서쪽에 마을이 있는데 이름을 팔리포라 하였다. 통주에서 8리가 되는 곳이라서 이렇게 이른 것이다. (고유명사는 번역서에 나온 대로 한자음 그대로 두었음 — 필자주)[41]

또 서유문(徐有聞, 1762~?)의 『무오연행록(戊午燕行錄)』에서는 다음과 같이 묘사하였다.

통주로 길을 잡으면 팔리교로 말미암아 행하니, 팔리교는 곧 백하의 돌로 놓은 다리요, 시방 지나는 곳은 팔리교와 나란히 있는 곳이라. (…) 통주 성내(城內)부터 황성(皇城)까지 이어 놓았으니 황성 사문(四門) 밖 50리를 이같이 다 하였으며 (…) 촌락이 끊어진 곳이 없는지라.[42]

바로 이 바리챠오(八里橋)가 수도 베이징으로 들어가는 관문이었던 셈인데, 융퉁챠오(永通橋)라고도 불렀다.

같은 장소를 지나며 박지원은 또 다음과 같이 그려냈다.

영통교까지 이르렀다. '팔리교'라고도 하는데, 길이가 수백발 나마 되고 넓이가 십여발이나 되며 홍예 높이가 십여 길로 양쪽에는 난간을 늘여 세우

하류 쪽에서 바라본 바리챠오와 퉁후이허

고 난간 기둥들 머리에는 수백개 짐승 모양을 만들어 앉혔는데, 그 조각한 솜씨는 바로 도장 꼭지처럼 되었다. 다리 아래에 있는 배들이 바로 조양문 밖까지 닿게 되었고, 여기서는 다시 작은 배로 물문을 열고 태평창(太平倉) 까지 실어 나른다고 한다.[43]

이 다리를 지나면 베이징 도성에 들어가는 것이니, 오랜 객고(客苦) 에 시달린 길손은 이제 목적지에 거의 다 왔다는 안도감에 긴 한숨을 내쉬게 마련이다. 하지만 현재 바리챠오는 예전과 같은 성황을 찾아볼 길 없이 한적한 교외에 놓인 아무도 눈길을 주지 않는 범용한 다리로 남아 있다. 가끔 옛 명성을 듣고 일부러 찾아오는 이들이 없지는 않으 나, 명성에 비해 초라한 모습에 실망하고 돌아선다. 퉁후이허(通惠河) 역시 시멘트로 재정비되어 옛 모습을 찾을 길 없이 그저 구정물이 흐르 는 개천으로 변했고, 다리는 확장이 되어 원래 다리의 양옆에 시멘트로

바리챠오 난간에 새겨진 짐승 조각

새 다리를 연결해 어정쩡한 모습이다. 최근에는 다리 바로 옆에 베이징 교외지역을 연결하는 전철인 팔통선(八通線) 바리챠오역이 생겨 명맥을 이어가고 있다.

대운하의 물길을 따라

조선시대에 연행 길에 올랐던 이들이건 긴 시간 항해를 통해 중국에 왔던 유럽인이건, 근대 이전 철도나 비행기 여행이 보편화되기 전에는 주로 베이징 동쪽의 퉁저우를 거쳐 도성에 들어왔다. 특히 배를 타고 들어올 경우에는 반드시 징항운하를 거쳐야 했다. 베이징과 항저우(杭州)를 잇는 징항운하는 중국의 남쪽과 북쪽을 잇는 중요한 수로로 '대운하(大運河)'라고도 불렸다.

잘 알려진 대로 대운하는 수(隋)나라의 양제(煬帝)가 완성한 것으로 만리장성과 함께 중국이 자랑하는 대규모 토목공사의 하나다. 본래 중국은 지역적으로 동서보다는 남북간에 서로 다른 점이 많아 고대부터 근현대에 이르기까지 남과 북의 차이에 대한 수많은 논의가 만들어져 왔다. 사실 장강 이남이 중국에 속하게 된 것은 위진남북조 이후라 할 수 있다. 한나라 때까지만 해도 장강 이남은 '남만(南蠻)'의 땅으로 이곳을 터전으로 삼았던 초(楚)나 오(吳), 월(越) 등의 여러 왕들 역시 스스로를 낮추어 오랑캐임을 자인하고 있었다.

이렇듯 황허 이남과 장강 이북으로 한정되어 있던 중원이 확장되게 된 계기는 후한 말과 우리가 잘 알고 있는 위·촉·오의 삼국시대를 거쳐 위진 시기에 이르러 본격화된 북쪽 오랑캐들의 침입이었다. 이른바 다섯 오랑캐인 '오호(五胡)'의 침입으로 한족은 어쩔 수 없이 중원지역에서 밀려나 장강 유역을 중심으로 한 남방지역에 새로운 중국을 건설하게 되었던 것이다. 이후로 정치적인 중심지는 한나라 때의 창안(長安)과 뤄양(洛陽)으로부터 송대의 카이펑(開封)을 거쳐 원대 이후 현재까지 줄곧 베이징으로 옮겨왔고, 남방지역은 북쪽에서 이주한 한족 문인들에 의해 우수한 중원의 문화가 전수되어 그 면모를 일신하게 되었다.

하지만 강역(疆域)이 확장되자 양자의 차이 역시 극명하게 드러나게 되었으니, 중국은 여러 지역이 하나로 통합되기에는 지리적·자연적 환경의 차이가 너무 커서 결국 남과 북은 서로 다른 길을 걸을 수밖에 없었다. 중요한 것은 위진남북조 300여년의 세월을 겪으면서 전통적인 화이관념이 무너지고 역전까지 됐다는 것이다. 당나라 이전까지만 해도 북쪽의 중원이 남쪽의 오랑캐 지역보다 모든 면에서 앞서 있었다.

하지만 송나라 이후에는 상황이 역전되어 남쪽이 북쪽보다 흥성하게 되는데, 특히 경제력 측면에서 볼 때 차이가 두드러지게 나타났다. 고대의 전적(典籍)인 『상서(尙書)』「우공편(禹貢篇)」을 보면 천하의 토지를 상상(上上)에서 하하(下下)까지 9등급으로 나누고 있다. 당시 중원지역의 토지는 대부분 상등급이었지만, 남방의 것은 모두 하등에 속했다. 하지만 위진남북조 이후로는 역전되어 남방의 경지가 상급지가 되었고, 당대 중기 이후 미곡의 본산지는 남중국이 되어 북중국은 남중국으로부터 양식을 보급받지 않으면 인구를 제대로 먹여살릴 수 없는 지경이 되었다.[44]

위진남북조 이후 정치 중심지는 앞서 이야기한 대로 북쪽에 있었지만, 바로 이런 이유 때문에 남방의 미곡을 수도로 수송할 일이 무엇보다 시급했다. 그 수단이 되었던 것이 운하였다. 그래서 당시에는 운하를 양식을 운반하는 길이라는 뜻에서 '양도(糧道)'라 불렀다. 수양제가 대운하를 건설했던 것은 이러한 실제적인 필요 때문이었다. 혹자는 수양제가 대운하를 개착(開鑿)한 것이 꼭 이 때문만은 아니고 놀기 좋아했던 양제가 위락을 위해 벌인 사업이었다고 주장하기도 한다. 하지만 그 목적이 어디에 있었든, 수양제는 대운하 사업에 모든 것을 걸었고, 끝내 완성시켰다. 이를 두고 후대 사람들은 상고시대의 우(禹)임금의 치수, 진시황의 만리장성과 같은 반열에 놓고 평하고 있다.

당나라 때 시인 피르슈(皮日休)는 수양제의 공과에 대해 다음과 같이 노래했다.

수나라 망한 것이 이 운하 때문일지라도

이제까지 천리나 그 물길따라 파도를 헤쳐나가고 있으니

만약 물 위의 궁전이니 용의 배니 하는 것이 없었다면

우임금과 공을 같이 논해도 적고 많음을 따질 수 없으리.

盡管隋亡爲此河

至今千里賴通波

若無水殿龍舟事

共禹論功不少多

　대운하는 크게 융지취(永濟渠, 黃河 北岸~涿郡), 광퉁취(廣通渠, 長安~潼關), 퉁지취(通濟渠, 洛陽 西苑~淮河), 한거우(邗溝, 일명 山陽瀆, 淮河~長江), 쟝난허(江南河, 京口~余杭)로 이루어져 있다.

　이 가운데 한거우, 곧 산양두(山陽瀆)와 쟝난허는 이미 있던 운하를 개수한 것이고, 퉁지취는 부분적으로, 융지취는 그 전부를 개수한 것이었다. 수양제는 운하를 완성하고 얼마 안 있어 나라도 자신의 목숨도 잃었지만, 운하는 이후 역대 왕조의 남북 수로교통에 막대한 기여를 해왔다. 원나라 때 현재의 베이징인 다두에 도읍하자 대운하의 중요성이 한층 부각되어 산둥성(山東省)의 쓰수이(四水)에서 다칭강(大淸江)으로 통하는 지저우허(濟州河) 및 거기서 웨이허에 연결되는 후이퉁허(會通河)를 새롭게 개착하였다. 이렇게 해서 장강 유역에서 운하를 통해 톈진에 이르고, 다시 비이허(白河)를 이용하여 수도인 다두에 이르는 수로가 완성되었다. 현대에 이르러는 1958년에 대규모의 복구와 확장 공사가 진행돼 기왕의 운하의 깊이와 폭을 확장하고 만곡부(灣曲部)를 직선화해 본래 약 1700킬로미터에 이르던 길이가 1515킬로미터로 줄어

양저우(揚州)의 고운하. 지금은 새롭게 정비되어 옛 모습이 남아 있지 않다.

들었다.

중국어에 '남수북조(南水北調)'라는 말이 있는데, 이것은 남쪽의 물을 북쪽으로 옮긴다는 뜻으로, 역대로 남북의 물길을 온전하게 보존하는 것이 국가적인 대사였음을 잘 말해준다. 중국이 이런 식으로 남북의 물줄기를 중요시한 것은 중국의 대부분의 자연하천이 서에서 동으로 흐르기 때문에 동서로의 수운은 발달한 반면, 남북으로의 물자 수송이 원활하지 못했기 때문이었다. 이러한 상황은 현재까지도 변하지 않아 운하는 오랫동안 남북을 잇는 대동맥 역할을 해왔다. 앞서 말한 대로 근대 이전 철도나 비행기 같은 교통수단이 없었을 때는 어쩔 수 없이 운하를 통해 베이징에 들어왔다. 따라서 근대 이전만 해도 배가 직접 퉁저우를 거쳐 스차하이까지 들어와 부근의 창고에 싣고 온 물건을 부렸다고 한다. 그래서 지금까지도 스차하이 인근의 지명에는 그런 창고와 관련된 이름이 많이 남아 있다. 베이징은 수도로서 온 나라의 물산이 모여드는 집결지였고, 그 통로 노릇을 한 징항운하의 종점이었던 것이다.

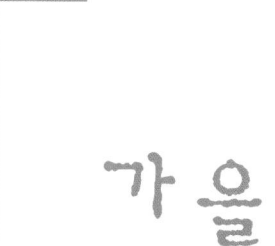

가을

마른 등나무 고목 위 저녁 까마귀 맴돌고
작은 다리 아래 마을로 물 흐르니
옛말에 이르길 서풍은 말을 여위게 한다 하였다네.
석양은 서쪽으로 지고
애끊는 사람은 저 하늘가에.

枯藤老樹昏鴉
小橋流水人家
古道西風瘦馬
夕陽西下
斷腸人在天涯

—마즈위안(馬致遠)의 「천정사·가을 생각(天淨沙 秋思)」에서

베이징의 가을 풍경

샹산(香山)의 단풍

베이징은 넓은 평원에 자리하고 있기 때문에 도심과 가까운 곳에서는 산을 찾아볼 수 없다. 다만 서북쪽에 일군의 산들이 분포해 있는데, 이를 통틀어 '시산(西山)'이라 부른다. 시산은 남쪽의 쥐마산(拒馬山)에서 시작해 북서쪽의 쥔두산(軍都山)으로 이어지며, 중간에 링산(靈山)과 먀오펑산, 샹산, 위취안산이 포함된다. 아울러 시산은 크게 보면 타이항산(太行山)의 한 지맥이 되기도 한다.

이곳 시산에 단풍이 물들기 시작하면 베이징에 가을이 찾아온다. 시산 가운데서도 샹산과 바다추(八大處)는 베이징 시민들이 가을의 정취를 맛보기 위해 즐겨 찾는 곳으로 교통도 비교적 편리하기 때문에 단풍철이면 많은 사람들로 붐빈다. 사실 베이징에는 한강과 같은 큰 강이나 북한산이나 관악산 같은 큰 산이 없기 때문에 다소 삭막한 느낌을 주기도 하는데, 그나마 샹산과 바다추 같은 곳이 있어 자연에 대한 갈증을 덜 수 있다. 그러나 세계의 수도 가운데 가장 완벽하다 할 만한 자연조건을 갖추고 있는 서울에 견주어보자면 샹산과 바다추의 아름다움은 그저 그런 풍광으로 느껴질 수도 있겠다.

베이징 서북쪽에 위치한 샹산은 버스로 갈 수 있다. 버스를 타고 가다보면, 우선 넓은 평지에 우뚝 서 있는 위취안산이 눈에 들어온다. 위취안산을 지나 먼지 나는 길을 털털거리며 한동안 달리면 샹산에 도착하는데, 그 나름대로 복잡한 도심에서 벗어나 자연 속에 들어온 기분을 느낄 수 있다. 해발 557미터로 그리 높다고 할 수 없는 샹산은 현재 공원으로 개발되어 있는데, 오목조목 이러저러한 경관을 잘 꾸며놓아 숲 속의 자연 정원 같은 느낌을 준다.

샹산은 본래 금나라 때인 1186년 샹산쓰(香山寺)라는 절이 들어선 이래로 역대 왕조의 황실 수렵장으로 쓰였다. 청이 들어서고 건륭제가 대

버스 종점에서 바라본 샹산. 왼쪽으로 가면 동문, 오른쪽으로 가면 북문이 나온다.

대적으로 정비하여 '징이위안(靜宜園)'이라는 원림을 조성한 이래 오랫동안 일반인의 발길이 허락되지 않은 금지 구역이었다. 그래서일까? 아기자기하게 단장해놓은 정원에서 한가지 눈에 거슬리는 게 있다면, 공원 전체를 두르고 있는 높은 담장이다. 샹산뿐 아니라 중국 내 다른 지역의 공원이나 원림을 가보면, 나름대로 규모도 크고 정비도 잘되어 있는 것을 볼 수 있는데, 그럼에도 항상 뭔가 부족하고 빠진 듯한 느낌이 든다. 혹자는 우리나라의 정원이 중국이나 일본의 그것과 다른 점으로 주변 경관과 자연스럽게 어우러지는 자연미를 꼽는데, 어느정도 일리가 있는 말이라 생각된다. 우리가 추구하는 자연미는 '천의무봉(天衣無縫)', 자연 그대로의 맛을 살리면서 가급적이면 인위적인 손길을 더하지 않는 것이다. 그에 반해 중국이나 일본의 경우는 어떤 식으로든 인간의 흔적이 느껴지고, 자연보다는 인간 중심적인 사고가 앞서는 것처럼 보인다.

공원을 두른 담장이라니. 아무리 생각해보아도 살풍경에 지나지 않는다. 명색이 산이니만큼 그 안에 살고 있는 야생동물도 많을 텐데, 산 전체를 높은 담장으로 둘러놓았으니 오도 가도 못하는 신세가 되지 않겠는가? 게다가 2미터가 족히 넘는 담장은 아름다운 풍광과 묘하게 부조화를 이루어 차마 눈을 뜨고 볼 수 없을 지경이다. 공원에 담장을 두르고 드나드는 사람들에게 입장료를 받겠다는 얄팍한 속셈이 자연을 크게 훼손하고 있는 것이다.

또하나의 살풍경은 계단이다. 중국의 유명한 산에는 거의 대부분 계단이 있다. 높은 산을 오르내리는 데 편하라고 만든 것인지는 모르겠으나, 인공적으로 만들어놓은 계단은 자연과 어긋나 보이게 마련이다. 이 점은 높은 산마다 만들어놓은 케이블카 역시 마찬가지다. 계단이나 케이블카나 모두 인간의 편리함을 위해 만든 것이겠지만, 자연 풍광을 크게 해친다는 점에서는 크게 다를 바 없다. 샹산에는 이 두가지가 완벽하게 갖추어져 있다. 그리 높지 않은(약 1시간 정도면 걸어 올라갈 수 있다) 정상까지 케이블카가 놓여 있고, 공원은 온통 계단으로 이루어져 있다. 계단은 올라갈 때보다 내려갈 때 더 힘든 법이다. 1시간 남짓 계단을 내려가다보면 육체적으로 힘든 것은 그만두고라도 끝도 없이 펼쳐지는 계단에 신물이 날 정도다.

샹산이라는 이름에는 몇가지 유래가 있다. 첫째는 샹산의 정상인 '샹루펑(香爐峰)'에서 나온 것이라는 설이다. 샹산의 정상에는 향로를 닮은 바위 하나가 있는데, 해질 무렵이면 붉게 물든 석양 사이로 이 바위 주변에 구름이 떠다니는 모습이 향로에서 연기가 피어오르는 것처럼 보인다고 한다. 그래서 샹루펑이라 부르며, 여기에서 샹산이라는 이름이 나왔다는 것이다. 둘째, 샹산은 예전에 싱화산(杏花山)이라고 불

샹산공원의 계단

릴 정도로 살구나무가 많았는데, 봄이 되어 온 산에 살구꽃이 피면 그 향기가 진동해 샹산이라 불렀다고 한다. 셋째는 전체적인 산의 모습이 쟝시성(江西省)에 있는 루산(廬山)의 샹루펑(香爐峰)과 흡사하다 하여 붙여진 이름이라는 것이다. 루산은 중국에서도 명산으로 꼽히는데, 일찍이 당나라 때 시선(詩仙) 리바이(李白)가 이 산의 폭포를 보고 '하늘을 날아 삼천척을 곧바로 흘러내린다'(飛流直下三千尺)는 유명한 시구를 남긴 바 있다.

해가 샹루펑을 비추니 보라색 연기 피어나고
멀리서 바라보매, 폭포는 그 앞의 냇물에 걸려 있는 듯
하늘을 날아 삼천척을 곧바로 흘러내리니
은하수가 구천에서 떨어지는 것은 아닐는지.

日照香爐生紫煙
遙看瀑布掛前川
飛流直下三千尺
疑是銀河落九天

그러나 베이징사람들이 말하는 샹산의 아름다움은 가을의 단풍과 겨울의 설경이다. 사실 단풍과 설경 중 어느 쪽이 더 아름다운지는 이야기하기 어렵지만, 베이징사람들은 단풍 대신에 '시산칭쉐(西山晴雪)'을 옌징팔경의 하나로 꼽고 있다. 샹산에 조성된 산책로를 따라 걷다보면 산 중턱쯤에 건륭제가 직접 썼다는 '시산청설' 비가 있다.

한편 샹산은 중국 현대사에서 의미있는 명소이기도 한데, 신중국 성

립 후에는 혁명의 근거지 가운데 하나로 추앙을 받았다. 1949년 들어 중국공산당 인민해방군은 진격을 거듭해 국민당군을 막다른 골목으로 몰고 갔다. 창쟝(長江) 이북을 거의 손에 넣은 인민해방군은 속속 창쟝으로 몰려들어 도하의 순간을 기다리고 있었다. 같은해 3월에는 허베이성(河北省) 핑산현(平山縣) 시보포(西伯坡)에 있던 당중앙을 샹산으로 옮겨와 당시 마오쩌둥이 샹산공원 내 쐉칭별장(雙淸別墅)에 거주하면서 공무도 수행했다.

4월 4일 마오쩌둥은 「난징 정부는 어디로 가는가?(南京政府向何處去)」라는 글을 발표해 장제스가 이끄는 국민당 정부의 몰락이 눈앞에 닥쳤음을 공식적으로 선포했다. 이어 4월 21일 국민당 측이 국내 평화협정을 최종적으로 거부하자, 마오쩌둥은 쐉칭별장에서 인민해방군의 「전국으로 진격하라는 명령(向全國進軍的命令)」에 서명했다. 창쟝에 집결해 있던 인민해방군은 진격 명령에 일제히 도하를 감행하여 4월 23

마오쩌둥이 묵었던 쐉칭별장

일에 난징(南京)을 함락했다. 이 소식을 들은 마오쩌둥은 「인민해방군이 난징을 점령하다(人民解放軍占領南京)」라는 칠언율시를 지어 이날을 기렸다. 마오쩌둥은 그해 11월까지 샹산에 머물다 신중국 수립 후에는 중난하이로 거처를 옮겨 죽을 때까지 그곳에서 살았다.

비윈쓰(碧雲寺)와 쑨원

일반적으로 샹산공원은 동문으로 들어가서 북문으로 나가게 된다. 북문 쪽에는 케이블카(정확히 말하면 스키장에서 볼 수 있는 리프트) 타는 곳이 있기 때문에, 노약자나 걷기를 싫어하는 사람들은 막바로 북문에 와서 케이블카를 타고 샹루펑에 올라 아래를 조감할 수도 있다. 아무튼 공원 내를 구경하고 북문을 나서면 바로 옆에 있는 고찰 비윈쓰(碧雲寺)를 마주하게 된다.

비윈쓰는 원나라 때 창건되었는데, 초기에는 '비윈안(壁雲庵)'이라는 작은 암자에 불과했다. 비윈쓰가 현재와 같이 큰 규모의 절로 발전하게 된 데는 두 사람의 욕심이 작용했다고 하는데, 명나라 정덕(正德, 1506~21) 연간의 환관 위징(于經)과 명 말인 천계(天啓, 1621~27) 연간의 유명한 환관 웨이중셴(魏忠賢, ?~1627)이 그들이다. 위징과 웨이중셴 모두 이곳을 자신의 묫자리로 봐두었기에 평소에 불의하게 모아둔 재산을 딜어 사원을 증축했는데, 두 사람 다 말년에 비명횡사하는 바람에 뜻을 이루지 못했다. 하지만 그 덕분에 비윈쓰는 오늘날과 같은 위용을 갖추게 되었다.

명대의 두 환관이 자기들 묫자리로 봐두었던 비윈쓰는 현대에 들어

비윈쓰 입구

서 엉뚱한 사람의 묘로 쓰였다. 바로 신해혁명을 주도하여 국부로 추앙받는 쑨원의 유해가 잠시 안치되었던 것이다. 1924년 11월, 쑨원은 베이징의 군벌들이 개최한 '국가재건회의'에 참석해달라는 초청을 받고 베이징으로 가기 전에 상하이와 일본을 방문했다. 하지만 갑작스런 발병으로 일본여행을 앞당겨 끝내고 서둘러 베이징에 도착했다. 1925년 1월, 쑨원은 간암 수술을 받았지만 이미 말기로 치닫고 있던 병세는 호전되지 않았고 3월 12일에 숨을 거뒀다. 쑨원의 유해는 현재 그가 묻혀있는 난징의 중산링(中山陵)으로 옮겨지기 전에 비윈쓰에 약 2년간 머물렀다. 쑨원의 시신이 안치되었던 곳은 비윈쓰의 뒤편에 있는 '금강보좌탑'인데, 지금은 평소에 그가 사용하던 모자와 옷을 모셔놓은 의관총(衣冠塚)으로 남아 있다.

의관총을 거쳐 위로 올라가면 '금강보좌탑'이다. 이 탑은 건륭 13년

(1748)에 건립되었는데, 기단의 금강보좌 위에 5개의 보탑을 촘촘히 세운 독특한 형태를 취하고 있다. 석가모니의 성불을 기념하기 위해 세운 것으로, 인도의 부다가야(Buddhagayā: 지금의 보드가야Bodhgaya)에 있는 탑을 모방하면서도 중국 건축의 전통미를 살렸다고 평가된다. 이 탑은 한백옥으로 만들어졌는데, 사원의 건물 배치가 산의 경사를 따라 점점 높아져 장관을 이루고 있으며 주변 경관과 조화를 이루어 우아하고 장려한 아름다움을 느끼게 한다. 가운데 위치한 중심 탑은 높이가 34.7미터에 이른다. 사방이 탁 트여 맑은 날에 탑의 정상에 오르면 멀리 베이징시의 모습까지 조망할 수 있다.

탑을 내려오면 쑨원 기념관인 중산기념당(中山紀念堂)이 있다. 이곳은 원래 푸밍먀오쮀뎬(普明妙覺殿)이라 불리던 비윈쓰의 후전(後殿)이었는데 쑨원과의 인연을 기리기 위해 기념당으로 바꾼 것이다. 여기에는 쑨원의 좌상이 있고, 그의 사후에 소련 정부가 보내온 알루미늄 몸체에 유리덮개가 씌워진 관이 보관되어 있다. 하지만 관을 수송하는 데 시간이 많이 걸려, 도착했을 때는 이미 유해가 염을 마친 상태였기 때문에 실제로 사용은 하지 못했다고 한다.

비윈쓰에서 흥미로운 곳은 오백나한당(五百羅漢堂)이다. 중국의 절에는 부처의 상 말고도 나한상을 세워놓은 곳이 많은데, 이곳 나한당은

쑨원의 의관총. 글씨는 후한민(胡漢民)이 썼다.

항저우의 징츠쓰(淨慈寺) 나한당을 그대로 본떠 제작했다고 한다. 나한당 안 어둑한 실내에 나무에 금칠을 한 나한 500존과 신상 7존에다 왼쪽 대들보 위에 꿇어앉은 지궁훠푸(濟公活佛)까지 모두 508개의 나한이 빼곡하게 들어서 있다. 대들보 위에 꿇어앉아 있는 지궁훠푸는 개고기를 안주 삼아 술을 마시다 취하는 바람에 지각을 해 그 벌로 대들보를 받치고 있는 것이라 한다. 500나한 가운데 295위인 암야다나한(暗夜多羅漢)은 강희제를, 360위인 직복덕나한(直福德羅漢)은 건륭제를 가리킨다는 설도 있다. 각각의 나한은 모두 이름이 있고 역할이 있는데, 오백나한당에 들어가면 나한의 숫자를 세는 방법을 설명한 게시판이 있다. 일단 나한당에 들어오면 아무 나한이나 지정하고 그 나한을 첫번째로 삼고 남자는 왼쪽, 여자는 오른쪽으로 자기 나이만큼 헤아려가서 만나는 나한이 자신을 지켜주는 호신나한이 된다는 것이다. 나한당에 가게 되면 재미삼아 자신의 호신나한이 누구인지 확인해보는 것도 좋겠다.

비윈쓰 뒤편의 금강보좌탑

성현의 거리에서

샹산이 베이징의 자연 풍광을 대표한다면, 도심에서 가을을 느끼기에 가장 좋은 곳은 쿵쯔(孔子)의 사당인 '쿵먀오(孔廟)'와 근대 이전의 국립대학 격인 '궈쯔젠(國子監)'이 있는 청셴졔(成賢街)라 할 수 있다. 잘 알려진 대로 쿵쯔는 중국의 역대 왕조가 통치이데올로기로 삼았던 유가사상의 비조(鼻祖)이고, 궈쯔젠은 그러한 통치이데올로기를 충실히 수행했던 관료들을 양성했던 기관이다. 그러니 쿵먀오와 궈쯔젠이 한곳에 모여 있는 것은 너무나 당연한 일인지도 모른다. 쿵먀오는 '원먀오(文廟)'라고도 하는데, 중국의 대도시에는 어디라 할 것 없이 시내 한가운데에 위치한다. 이는 그만큼 유가사상이 이 나라의 정신적 지주 역할을 해왔다는 것을 의미한다. 중국 내에서 가장 큰 원먀오는 쿵쯔의 고향인 산둥성 취푸(曲阜)에 있고, 베이징에 있는 것은 두번째로 큰 규모를 자랑한다. 명 영락제 때 세워졌다는 쿵먀오는 도심에 자리하고 있지만, 그다지 찾는 사람이 많지 않아 오히려 한적한 편이다.

쿵먀오와 궈쯔젠은 동서로 나란히 붙어 있는데, 가로의 양쪽 가에는 청셴졔라는 이름의 패방(牌坊)이 서 있다. 패방을 지나 홰나무가 늘어서 있는 길을 따라가면 쿵쯔에게 예를 표하기 위해 누구라 할 것 없이 말에서 내려야 하는 것을 표시하는 '하마비(下馬碑)'가 나오고 곧바로 쿵먀오가 나온다. 정문을 들어서면 좌우로 오래된 측백나무가 숲을 이루고 서 있는 가운데 수많은 비석들이 눈에 들어온다. 비석에는 명청대에 과거에 급제한 사람들의 이름이 적혀 있는데, 이른바 '진사제명비(進士題名碑)'이다.

청셴졔 패방

    진사(進士)는 삼단계에 걸친 과거시험을 모두 급제한 이에게 붙여지는 호칭으로, 봉건시대의 지식인이라면 누구나 한번쯤은 꿈꾸는 것이었다. 비석들을 천천히 돌아보면 우리에게 잘 알려진 유명한 인물들의 이름을 많이 발견할 수 있다. 모두 5만 1624명의 이름이 올려져 있는데, 특히 정반챠오(鄭板橋)라는 이름이 더 친숙한 정셰(鄭燮)나, 아편전쟁의 주역 린쩌쉬(林則徐), 명대의 재상 위첸(于謙) 같은 경우는 간략히 소개해놓은 설명판이 옆에 세워져 있기도 하다.

    쿵먀오는 황궁인 쯔진청과 마찬가지로 하나의 중심선을 따라 건물들이 늘어서 있다. 쿵먀오 또는 원먀오의 중심건물은 다청뎬(大成殿)인데, 이것은 어느 지역의 원먀오도 마찬가지다. 다청뎬은 두번째 문인 다청먼(大成門)을 들어서면 보이는데, 문 옆에는 좌우로 다섯개씩 열개의 '돌북(石鼓)'이 먼저 눈에 들어온다.

다청먼 앞에 있는 쿵쯔 상

    이 돌북에는 대전(大篆)체로 쓰여진 글이 있는데, 이것이 바로 석고문(石鼓文)이다. 원래 이 돌들은 당 말에 산시(陝西)의 치산(岐山; 현재의 바오지寶鷄 인근)에서 발견되었으며 표면에는 왕이 수렵하는 과정이 묘사되어 있다. 송이 건국되자 돌북들은 수도인 볜징(汴京)을 거쳐 금이 북송을 남쪽으로 몰아낸 뒤에는 베이징으로 옮겨졌다. 원나라 황경(皇慶) 원년(1312)에 지금의 위치에 가져왔으나, 청대에 이르러는 이미 심각하게 훼손되어 건륭제의 칙명으로 다시 만들었다. 그러므로 현재 전하는 돌북은 원래의 돌북이 아닌데, 그나마도 청대에 만들어진 것은 구궁박물원(故宮博物院)에 전시되어 있고 오늘날 다칭먼 옆에 있는 것은 현대에 다시 만든 것이니, 모조품의 모조품인 셈이다.

    돌북에 새겨져 있는 내용은 고대 제왕의 수렵 과정을 묘사한 것으로, 그 때문에 이 돌북을 '엽갈(獵碣)'이라 부르기도 한다. 최초로 돌북을 만든 시기에 대해서는 이르게는 주나라 문왕(文王)이나 선왕(宣王)으로까지 거슬러 올라가기도 하지만, 오늘날 학자들은 춘추시대냐 전국시대냐 하는 논란이 있기는 해도 진나라 때라는 데에는 별다른 이견이 없다. 당나라 때에는 두푸, 웨이잉우(韋應物), 한위(韓愈) 같은 시인들이 이 돌북에 대한 시를 지었는데, 그 가운데서도 한위의 「석고가(石鼓歌)」가 가장 유명하다. 「석고가」는 장편이기 때문에 여기서 모두 인용하기는 어렵지만, 한위는 이 시에서 돌북의 내력을 회상하면서 고대 문물에 대한 애틋한 감정을 토로하고 있다. 한위가 궈쯔젠 박사가 되던 해에, 이 돌북이 들판에 아무렇게나 내버려져 '목동이 불을 붙이려 돌로 치고, 소가 뿔을 갈려고 비비는'(牧童敲火牛礪角) 것을 보고 안타까운 마음이 들어 궈쯔젠 좨주(祭酒)에게 보고했지만 받아들여지지 않았다. 하지만 한위가 이 시를 지음으로써 많은 사람들이 돌북에 관심을 갖게 되었고, 왕조의 변천에 따라 옮겨 다니기는 했으나, 결국 지금의 자리를 찾

다청먼 옆에 있는 돌북

게 된 것이니, 한위의 노력이 헛되지 않은 것이라 할 수 있다.

본전인 다청뎬은 원래 멍쯔(孟子)가 쿵쯔를 평하면서 말했던 '집대성(集大成)'에서 나온 것이다. 여기서 말하는 '성(成)'은 고대 음악에서 악곡의 종결을 의미하는데, 각각의 악기가 내는 음악을 '소성(小成)'이라 한다면, 그런 소성들을 모아 합주하는 것이 '대성(大成)'인 셈이다.

다청뎬의 입구에 걸려 있는 '만세사표(萬世師表)'라는 편액은 청대 강희제가 직접 쓴 것이다. 청대에는 황제가 되어 처음으로 쿵먀오에 제사드릴 때 직접 편액을 썼다. 강희 다음의 옹정제(雍正帝, 재위 1723~35)는 '생민미유(生民未有, 멍쯔의 말로 인간이 살아온 이래로 쿵쯔와 같은 사람은 아직 없었다는 뜻)'를 썼고, 건륭은 '여천지참(與天地參, 쿵쯔의 지위가 천지와 함께할 정도라는 뜻)'을 썼다. 그밖에도 가경(嘉慶)은 '성집대성(聖集大成)' 도광(道光)은 '성협시중(聖協時中)' 함풍(咸豊)은 '덕제주재(德齊幬載)' 동치(同治)는 '성신천종(聖神天縱)' 광서(光緒)는 '사문재자(斯文在玆)' 마지막 황제인 선통(宣統)은 '중화위육(中和位育)'을 썼는데, 모두 쿵쯔의 위대함을 경모하고 후대에 남긴 업적을 기리는 말들이다. 다청뎬 내부 한가운데 있는 '도흡대동(道洽大同)'은 1916년 교육부장관 판위안롄(范源濂)이 청대의 편액을 내리고 대신 올린 당시의 총통 리위안홍(黎元洪)의 글씨다. 결국 역대 통치자들은 쿵쯔의 사당에 참배하고 쿵쯔를 기리는 글귀를 하나씩 남김으로써 자신의 통치와 치세의 지향을 분명히 했던 것이다.

쿵먀오 옆에는 궈쯔졘이 있다. 명청대에는 전국에 부학(附學)을 비롯한 많은 교육기관을 건립해 인재를 육성했는데, 수도인 베이징에는 궈쯔졘을 두었다. 당시 지식인들로서는 궈쯔졘에서 공부하고 과거에 급제한 뒤, 자신의 이름을 바로 옆에 있는 쿵먀오의 '제명비'에 올리는 것을 가장 큰 영예로 여겼다. 궈쯔젠 학생은 감생(監生)이라 불렀으며, 그 밖에도 각 지방에서 추천을 받아 입학한 공생(貢生)과 고위관료나 귀족 자제들로 구성된 관생(官生), 민간에서 각종 시험을 거쳐 선발된 민생(民生) 등이 있었다. 이들은 궈쯔젠에서 기숙하면서 공부했는데, 당시 그들이 기거하던 기숙사는 현재 '베이징 시립도서관'으로 바뀌어 많은 학생들이 이용하고 있다.

쿵먀오 바로 옆에 있는 궈쯔젠에 들어서면 우선 화려하게 장식된 유리 패방이 눈에 들어온다. 유리 패방은 대부분 종교사원에 많이 속해 있는데, 이곳은 베이징에서는 유일하게 사원에 속해 있지 않다. 패방에는 앞뒤로 건륭제가 쓴 글자가 새겨져 있는데 앞에 해당하는 남쪽에서 바라보면 '환교교택(圜橋教澤)', 뒤에 해당하는 북쪽에서 바라보면 '학해절관(學海節觀)'이라고 되어 있다.

패방을 지나면 궈쯔젠의 중심 건물인 '비용(辟雍)'이 나오는데, 과거

궈쯔젠 입구

청나라 때 황제들이 '강학(講學)'을 하던 곳이다. 한나라 때 경학가인 정쉬안(鄭玄)은 비옹을 다음과 같이 해석했다. "벽은 밝다는 것이고 옹은 화합한다는 것이다. 그러므로 천하를 밝고 화합하게 한다는 뜻이다"(辟爲明 雍爲和 所以明和天下也). 곧 하늘의 뜻을 받들어 정사를 펼치는 황제는 천하를 두루 밝게 하고 서로 화합할 수 있도록 열심히 공부하고 노력해야 한다는 의미를 담고 있다. 그런 까닭에 비옹을 비롯한 궈쯔젠 건물들은 나라의 근간을 세우는 데 필요한 학문의 중심지로 중시되었다. 유리 패방과 비옹의 지붕이 황제만이 사용할 수 있는 황금색 기와로 덮여 있는 것은 바로 이런 이유 때문이었다.

비옹은 둥근 물길로 둘러싸여 있는 것이 이채로운데, 앞서 패방 편액의 내용과 이 물길은 같은 내력이 있다. 한 명제(明帝) 영평(永平) 2년(59)에 황제가 군신을 이끌고 비옹에서 여러 유자(儒者)들과 함께 강학

궈쯔젠의 유리 패방

궈쯔젠의 비웅

을 진행하는데, 많은 사람들이 '다리와 문을 둘러싸고'(圜橋) 강학을 들었다. 그런데 사람들이 워낙 많이 몰리다보니 안전사고의 위험이 있어 질서를 유지할 필요가 생겼다. 이에 비웅 주위를 파고 물을 채워넣어 사람들의 접근을 차단했다. 그러므로 앞서 유리 패방에 씌어져 있는 환교교택이라는 말은 '다리를 둘러싸고 듣는 가르침의 은택이 만세까지 미친다'는 뜻이고, 학해절관은 '배움의 바다에서 관중을 절제한다'는 뜻이 된다. 건륭제가 주위의 만류를 마다하고 비웅을 건설한 뒤 유리 패방에 이같은 글귀를 새겨넣은 것은 그만큼 역대 황제들이 통치이데올로기로서 유가사상을 중시했다는 것을 말해준다. 그래서 궈쯔젠 건물에는 황제만이 사용할 수 있는 황금색 기와를 올릴 수 있었다. 이것으로 당시 궈쯔젠이 차지하고 있던 위상이 어떠했는지를 단적으로 알 수 있다.

하지만 현재 쿵먀오와 궈쯔젠은 옛 영화를 잃어버리고 퇴락해가고 있다. 사시사철 관광객으로 붐비는 베이징이지만, 이곳만큼은 사람들의 발길이 닿지 않아 고적함마저 느껴진다. 한여름의 열기가 사위어가고 이미 서늘해진 바람에 오히려 햇볕이 따사롭게 느껴지는 가을 오후에는 쿵먀오와 궈쯔젠에서 깊어가는 가을의 정취를 맛보는 것도 하나의 별취(別趣)라 할 수 있다.

연행사가 본 가톨릭 성당

청나라 때 연행사(燕行使)로 베이징에 왔던 조선의 지식인들은 청나라 문물에 대해 강한 호기심을 갖고 있었다. 당시 중국의 문물과 제도 가운데 가장 그들의 주의를 끌었던 것은 기독교와 그것을 전파하기 위해 중국에 머물고 있던 가톨릭 신부들의 과학지식이었다. 조선의 지식인과 이들 선교사의 만남은 현재 남아 있는 연행록을 통해 그 자취를 더듬어볼 수 있는데, 그들이 주로 찾았던 곳은 '남당(南堂)'이었다.

남당은 이딸리아 출신 예수회 선교사 마떼오 리치(Matteo Ricci, 중국명은 리마두利瑪竇, 1552~1610)가 세운 교회로 원래는 작은 경당(經堂)이었는데, 1650년에 아담 샬(Johann Adam Schall von Bell, 중국명은 탕뤄왕 湯若望, 1591~1666)[45]이 대규모로 신축했다. 남당은 지금의 쉬안우먼 앞에 있는데, 당시 연행사가 머물던 숙소와 그리 멀지 않았기에 연행사로 왔던 조선의 지식인들이 자주 들러 선교사들과 대화를 나누었다.

조선시대에 청의 문물제도를 적극적으로 배우고 도입하자고 주장한 북학파의 대표적 인물 홍대용은 1765년에 작은아버지를 수행하는 자제군관[46]으로 베이징에 가서 많은 체험을 했는데, 특히 남당을 자주 찾았다.

> 천주당은 서양국 사람이 머무는 곳으로, 서양국은 서쪽 바다 가운데 있는 나라이고 중국에서 수만리 밖이다. (…) 이마두가 죽은 후에 그 나라 사람이 이어서 중국에 통하여 끊어지지 않았고, 근래에는 작품(爵品)을 주고 후한 녹봉을 주어 책력 만드는 것을 완전히 맡겼다. 그 사람들이 한번 나오면 돌아가는 일이 없어서 각각 집을 지어 따로 거처를 정하고 중국사람들과 섞이지 않았는데, 동서남북 네 집이 있어 이름을 천주당이라 하였다.[47]

당시 남당에는 각각 흠천감정(欽天監正)과 부정(副正)이라는 직책을 맡고 있던 독일인 선교사 할러슈타인(Augusto von Hallerstein, 중국명은 류쑹링劉松齡, 1703~74)과 고가이슬(Antoine Gogeisl, 중국명은 바오여우관鮑

쉬안우먼 쪽에서 바라본 남당

友管, 1701~71)⁴⁸이 있었는데, 당시 할러슈타인은 62세였고, 고가이슬은 64세였다. 그들은 이전에 남당을 방문했던 조선사람들이 천주당과 그 안에 있는 그림을 더럽히는 따위의 눈에 거슬리는 행동을 했다며 조선 사신들의 면담 요청을 거절했다. 이에 홍대용은 청심환, 먹, 종이 같은 선물을 보낸 끝에 어렵사리 그들을 만날 수 있었다. 홍대용이 그들을 만나러 나선 날은 눈발이 날리는 추운 겨울날이었는데, 바람이 일고 먼지가 하늘을 덮어서 눈을 뜰 길이 없어 풍안경(風眼鏡)을 쓰고 갔다. 남당에 도착한 홍대용은 할러슈타인, 고가이슬과 역사적인 대면을 하는데, 사실상 그는 유럽인을 처음 보았을 터이다. 서로 궁금한 바를 몇가지 묻고 나서 천주당 내부를 구경하고자 하는 홍대용을 할러슈타인이 직접 안내했다. 그때 홍대용은 예수의 상을 보게 된다.

> 북쪽 벽 위 한가운데 한사람의 화상을 그렸는데, 여자의 상으로, 머리를 풀어 좌우로 드리우고 눈을 찡그려 먼 데를 바라보니, 무한한 생각과 근심하는 기상이다. 이것이 곧 천주(天主)라 하는 사람이다. 형체와 의복이 다 공중에 서 있는 모양이고, 선 곳은 깊은 감실 같아, 처음 볼 때는 소상인 줄만 알았는데 가까이 간 후에 그림인 줄을 알았다. 안정(眼睛, 눈동자)이 사람을 보는 듯하니, 천하에 이상한 화격(畵格, 화법)이었다.⁴⁹

먹의 농담과 여백으로 원근을 처리하는 문인화를 매양 보아왔던 홍대용으로서는 정교하고 사실적인 서양의 종교화가 마치 입체적인 조각상처럼 보였던 모양이다. 재미있는 것은 머리를 풀어헤친 예수의 모습을 보고 그가 여자일 것이라 생각한 것이다. 한편 홍대용은 이곳에서 파이프오르간을 처음 보게 된다.

홍대용은 자신의 글에서 처음 본 파이프오르간의 모습과 소리를 상세히 기술한 바 있다. 파이프오르간의 웅장한 외관과 들쭉날쭉한 파이프들, 그리고 건반을 눌러 나오는 소리에 대한 분석까지 담았다. 놀라운 것은 홍대용이 몇번 건반을 눌러보고는 금방 음을 잡고 우리나라 곡조를 흉내냈다는 사실이다. 홍대용은 호기심이 많았을 뿐 아니라 탐구심도 대단했음을 알 수 있는 대목이다. 이밖에도 그는 남당에서 두 명의 독일인 신부와 기독교 교리에 대해서도 많은 문답을 나누었다.

홍대용의 뒤를 이어 남당을 찾아 기록을 남긴 이는 박지원이다. 영조의 사위였던 팔촌형 박명원(朴明源)이 건륭제의 고희를 축하하기 위한 특별사행의 정사로 임명되자 그의 권유에 따라 박지원은 정사의 개인 수행원인 자제군관 자격으로 베이징에 가게 된다. 베이징에 도착한 뒤 박지원 일행은 당시 황제가 머물던 러허(熱河)로 향한다. 우여곡절 끝에 임무를 완수하고 다시 베이징으로 돌아온 박지원은 곧바로 남당을 찾아 평소 궁금하던 것들을 직접 확인한다. 일찍이 박지원은 친구 홍대용으로부터 파이프오르간에 대해 이야기를 듣고 실제로 보고 싶어했지만, 그가 갔을 때는 이미 없어져 확인할 길이 없었다. 하지만 홍대용을 놀라게 했던 양화(洋畵)는 볼 수 있었는데, 박지원은 다음과 같은 평을 남겼다.

> 지금 천주당 가운데 바람벽과 천장에 그려져 있는 구름과 인물들은 보통 생각으로는 헤아려낼 수 없었고, 또한 보통 언어 문자로는 형용을 할 수 없었다. 내 눈으로 이것을 보려고 하는데 번개처럼 번쩍이면서 먼저 내 눈을 뽑는 듯하는 그 무엇이 있었다. 나는 그들이 내 가슴속을 꿰뚫고 들여다보

는 것이 싫었다.[50]

박지원은 무릇 그림이란 '뜻을 그리는 것'(寫意)이라 하여, "그림에 능한 자는 붓대를 대강 몇차례 놀려 산에는 주름이 없기도 하고, 물에는 파도가 없기도 하고, 나무에는 가지가 없기도" 한 법이라 주장하면서 두푸(杜甫)의 시를 인용한다.

마루 위에 단풍나무 어쩐 일이며,
강과 산에 안개 이니 괴이쩍구나.
堂上不合生楓樹
怪底江山起煙霧

"마루 위는 나무가 날 데가 아니니, '어쩐 일이며'란 말은 이치에 틀린 일"이고, "안개는 응당 강과 산에서 일어나겠지마는 만약 병풍에서 안개가 일어난다면 매우 괴이쩍은 일일 것이다."[51] 곧 그림이란 기세를 그려내 그 안에 담겨 있는 작자의 뜻을 전하면 그만이니, 사실과 진배없이 똑같이 묘사하는 것은 오히려 그림의 품격을 떨어뜨리게 된다는 것이다.

그림에는 한 여자가 무릎에 대여섯살 된 어린애를 앉혀두었다. 어린애는 병든 얼굴로 흘겨보는데, 그 여자는 고개를 돌리고는 차마 바로 못 보고 있는가 하면 옆에는 시중꾼 대여섯명이 병난 아이를 굽어보는데 참혹해서 머리를 돌리는 자도 있었다. (…) 좌우 바람벽 위에는 구름이 덩이덩이 쌓여 한여름 대낮 풍경 같기도 하고, 비가 갓 갠 바다 위 같기도 하고, 산골에 날이 새는 듯, 구름은 끝없이 뭉게뭉게 피어오르고, 수없는 구름 봉우리가 햇발에 비치어 무지개가 돌고, 멀리 바라보는 데는 까마득하고도 깊숙하여 끝 간 곳이 없는데, (…) 천장을 바라다본즉 수없는 어린애들이 오색구름 속에서 뛰노는데, 허공에 주룽주룽 매달려 살결은 만지면 따뜻할 듯하고 팔목이며 종아리는 살이 포동포동 쪘다.[52]

그림이 얼마나 사실적으로 그려졌는지, 바라보던 박지원 일행은 "눈이 휘둥그레지도록 놀라 어쩔 줄 모르고 손을 벌리고 떨어지면 받을 듯이 고개를 젖혔다." 홍대용이 그림을 간략하게 분위기 위주로 전달하는데 반해, 박지원은 세세한 부분까지 손에 잡히도록 생생하게 묘사하는 게 눈에 띈다. 하지만 홍대용과 박지원을 놀라게 했던 그림들은 현재 남아 있지 않다. 베이징의 동서남북에 있던 천주당이 1900년 의화단의 난 때 모두 불타버렸기 때문이다. 다행히도 남당은 1904년 재건되어

남당. 박지원은 '지붕 머리가 종처럼 생겨 여염집 지붕 위로 우뚝 솟아 보인다'고 했다.

지금까지 보존되어 있다.

　남당 말고도 베이징에 남아 있는 성당으로는 '북당(北堂)'과 '동당(東堂)'이 있다. 특히 '북당'은 1784년 이승훈(李承薰, 1756~1801)이 교리 연구차 베이징에 왔다가 서양선교사에게서 수학책을 얻어 보기 위해 찾은 곳으로 유명하다. 이때 이승훈은 귀국에 앞서 예수회 신부인 그라몽(Jean-Joseph de Grammont, 중국명 량둥차이梁棟材)으로부터 세례를 받고 한국 최초의 영세(領洗)신자가 되었다.

　선이 단순하고 고졸한 멋을 풍기는 남당에 비해 북당은 화려하고 섬세한 장식으로 화사한 느낌을 준다. 원래 북당은 현재의 위치가 아니라 중난하이 근처에 있었다. 강희제가 병으로 고생할 때 한 예수회 선교사가 올린 서양 의약을 복용하고 바로 쾌차하자, 황제는 1703년 황궁 근처에 천주당을 세워주고 친필로 '만유진원(萬有眞源)'이라는 편액까지 하사했던 것이다. 그러다 시타이허우가 중하이(中海) 근처에 있는 '시

화려한 북당

번화한 왕푸징 거리에 위치한 동당

위안(西苑)'을 확장할 때 북당의 종루에서 시위안이 들여다보인다 하여 이전을 명했다. 그런데 당시 북당은 프랑스의 라자로 선교단에 넘어가 있었기 때문에 프랑스 공사와 협상 끝에 지금의 위치에 베이징에서 가장 웅장한 천주당을 세우게 되었다. 1900년 의화단의 난이 일어났을 때에는, 난을 피해 이곳에 모인 천주교 신자 400여명이 집단으로 학살당하기도 했다. 그에 앞서 북당에 있던 다비드 신부는 1870년 빠리꼬뮌 당시 정부군에 포위된 빠리의 민중들이 굶어 죽지 않으려고 동물원의 동물들을 도살할 때 당국의 허가를 받고 사자 가죽 한장을 얻었다. 다비드는 이 사자 가죽을 베이징에 체류할 때도 갖고 있었는데, 의화단의 난이 발생하고 나서 북당을 보호하기 위해 파견된 프랑스 군인들은 30년 전 빠리가 포위되었을 때 보았던 그 사자 가죽을 다시 볼 수 있었다고 한다.[53]

동당의 야경

'동당'은 베이징의 명동이라 불리는 '왕푸징(王府井)'의 번화한 거리에 있다. 1655년에 세워진 동당은 얼핏 주위 풍광과 부조화스럽게 보인다. 하지만 나름대로 단아한 조형미를 뽐내며 오가는 사람들의 시선을 받고 서 있는데, 도심에 있는 관계로 동당 앞은 항상 많은 사람들로 붐빈다.

동당 앞의 광장은 평소에는 부유하는 청춘들이 주체할 길 없는 젊음의 열정을 발산하는 마당으로, 또는 결혼을 앞둔 신랑 신부의 결혼사진 촬영지로 활용되고 있다. 따사로운 가을 햇볕이 꼬리를 길게 늘이면 베이징의 가을은 깊어만 가고, 성당 앞마당이나 광장에서 발 쉼을 하노라면 바삐 가던 시간도 잠시 숨을 고른다.

> 시간은 날더러 기다리라 하는데,
> 내 청춘은 저만치 뒤에서 날 바라보고 있네.

베이징의 가을 풍경

베이징 주변의 장성長城들

누구를 위한 장성인가?

아우라지 처녀의 애절한 사연이 전해오는 강원도 정선군에는 조선 말과 일제시대까지 읍내장, 동면장, 남면장이 열렸다. 동면장은 정선읍에서 35리의 거리에 있고, 남면장은 40리 떨어져 있다. 이들 3개의 장터를 중심으로 형성된 정선군의 시장권과 통혼권은 기껏해야 100리를 넘지 못했다. 대부분의 사람들은 100리 밖의 세상을 거의 모른 채 일생을 마쳤다.[54]

때로 광대한 중국 지도를 볼 때마다 교통과 통신이 발달하지 않았던 과거에는 이 넓은 지역들을 어떻게 통치할 수 있었을까 하는 생각이 들곤 한다. 중국 쓰촨(四川)의 산간 지역은 첩첩산중으로 둘러싸여 그야말로 하늘이 돈짝만하게 보일 뿐인 대표적인 오지 마을이다. 모든 길은 높은 산을 굽이굽이 돌아가야 하니, 직선거리로는 얼마 안되어 보이는

쓰촨으로 가는 길. 최근 비극적인 대지진을 겪었다.

길도 막상 가려면 몇시간이 걸리기 일쑤다. 그런 지역에 살고 있는 사람들에게 외지 나들이는 평생 한두번 있을까 말까 한 일대 사건일 수도 있고, 또 만주 벌판이나 위구르 등지의 가도 가도 끝이 없는 대평원은 실감할 수 없는 비현실적인 존재일 것이다.

과연 이런 오지에 살고 있는 사람은 자신이 중국인이라는 사실을 어떻게 받아들이고 있을까? 또 자신이 살고 있는 중국이라는 거대한 땅덩어리에 대한 총체적인 인식은 가능한 것일까? 프란츠 카프카(Franz Kafka)의 단편 「만리장성의 축조에 대하여」(*Beim Bau der Chinesischen Mauer*)는 바로 이러한 "'세계의 확장'에 의한 세계상과 사회상의 변용이 어떠한 것인지를 이해할 수 있는 하나의 이미지를 제공"[55]한다.

이 소설 속에 등장하는 고대 중국의 신민은 자신들이 사는 나라의 전체상은 물론 제도(帝都)의 소재지도 모른다. 황제의 도시는 광대한 국토에 산재하는 마을로부터 대단히 멀리 떨어져 있으며, 가난한 마을밖에 알지 못하는 사람들로서는 장려한 도시의 모습을 상상조차 할 수 없다. 이 지상의 어딘가에 황제가 살고 있고, 자신들은 그에게 봉사하는 신민이라는 관념만이 이곳 사람들을 사로잡고 있다.

마찬가지로 국토가 대단히 넓은 까닭에 사람들은 그 전체 모습을 알 수 없으며, 그것이 하나의 전체인지도 확실하지 않다. 이렇듯 막연한 나라의 관념에 형식을 부여하기 위해 제국의 '지도부'는 북방에서 침입해오는 '오랑캐'(夷賊)라는 관념을 만들어낸다. "남동부 출신으로 그곳에서는 북방의 야만족으로부터 위협당할 두려움 따위는 조금도 없었"던 이 단편의 화자는 오래된 책을 통해 처음으로 오랑캐의 존재를 알았다고 말한다. (…) 그렇다면 여기에서 오랑캐의 위협은 다만 텍스트에 묘사된 상으로서 나타나고 유통되며 사람들에게 공유되고 있었던 것이다. 이곳에서는 상상적인 외부의 이미지가 제국의 내부를 질서화하고 그것에 일체감을 부여하기 위해 동원되고 있다.

더욱이 오랑캐로부터 국토를 방위한다는 이유로, '지도부'는 만리장성 건설을 계획하고, 이를 위해 사람들을 징용한다. (…) 우선 공사에 종사하는 노동자들은 약 20명으로 이루어진 반(班)으로 조직되어 각 반이 약 500미터의 성벽 건설을 담당한다. 이웃한 두개의 반은 각각 반대쪽에서부터 500미터의 벽을 만들기 시작해서 합계 1000미터에 이르는 성벽을 쌓아올린다. 그런데 이렇게 1000미터의 성벽을 완성한 후, 그들은 그것에 이어지는 새로운 벽을 만드는 것이 아니라, 그곳과는 완전히 다른 땅으로 가서 성을 쌓아야 한다. 이러한 분할건설 방식을 채용한 결과, 사람들은 징용되어오는 도중이나 다음 현장으로 이동해 가는 도중에 각지에서 건설중인 장성을 보게 된다. 장성 건설작업을 통하여 제국의 존재가 사람들의 눈에 가시화되고, 스스로가 거기에 참가하고 있다는 의식이 형성된다. (…) 이 작품 속의 인물들이 알고 있는 것은 그들이 살고 있는 마을과 그 중심에 자리잡고 있는 제도(帝都)에 살고 있다는 황제라는 '관념', 만리장성을 건설하면서 알게 된 국토라는 '관념', 장성 건설에 자신이 다른 사람과 함께 참가하고 있다는 '감각'이다. 그리고 바로 이러한 관념이나 감각이 이 소설에서 읽어낼 수 있는 '제국'의 현실성 그 자체이다.[56]

다소 인용이 길어지긴 했지만, 어찌 장성뿐이겠는가? 한 나라에 독재자가 살았다. 그 독재자는 자신의 통치를 공고히 하기 위해 국민들에게 이웃하고 있는 나라의 공격 가능성을 지속적으로 강조했다. 그러던 어느날 독재자는 이웃나라가 엄청난 규모의 댐을 만든 뒤 그것을 폭파해 자신들의 수도를 수공(水攻)하려 한다는 소문을 퍼뜨렸다. 국민들은 모두 경악해 공포심에 사로잡히고 전문가들은 연일 모든 방송매체에 등장해 공격용 댐의 규모와 위력을 모형을 통해 씨뮬레이션해 보이면서 대비책으로 그와 같은 수공에 견딜 수 있는 방어용 댐의 건설을 주장했다. 드디어 온 나라 백성들은 코흘리개 어린이부터 부축을 받고 나온 노인까지 총화 단결하여 댐 건설을 위한 모금 행렬에 동참하게 되었다. 그렇게 해서 만들기로 한 댐은 '평화의 댐'으로 명명되었다. 그로부터 몇년이 지나자 사람들은 적국의 잠재적인 '수공'의 위험에 무감각해졌고, 또다른 사회문제가 대두되자 금방 그리도 관심을 놓렸다. 더이상 아무도 신경 쓰지 않는 사이 댐 공사는 슬그머니 중단되었고, 공사 현장에서는 생뚱맞게도 공사를 위해 동원되었던 중장비가 녹슬어가게 되었다.

'장성'이든 '댐'이든, 결국 모든 것은 하나의 관념이거나 조작된 이미지에 불과한 것이다. 장성 건설을 위해서는 '오랑캐'가, 댐 건설을 위해서는 적국의 위협이라는 보이지 않는 이미지가 한 사회를 움직이는 힘으로 작용했던 것이다. 거기에 '평화'라고 하는 고귀한 이상이 덧칠되어 있음에랴.

> 실제로 고대의 거대 제국에서는 제도(帝都)나 장성, 능묘와 같은 국가적인 거대 건조물의 축조 및 국경 경비를 위한 동원이나 마을에 전달되는 문자로 씌어진 포고(布告)가 없었다면, 사람들은 자신들 위에 군림하고 있다는 '제국'이라는 것과 접할 기회가 거의 없었을 것이다.[57]

15인치 등우량선과 장성

카프카의 소설은 국가나 사회가 하나의 관념이나 이미지를 이용해 그 존재감을 개인에게 부각시킨다는 것을 만리장성 이야기를 통해 보여주고자 했다는 점에서 일종의 알레고리라 할 수 있다. 물론 실제로는 장성이 어떤 상징 조작을 위한 이미지로만 쓰였던 것은 아니다. 잘 알려진 대로 장성은 북방 이민족의 침입이라는 현실에 대응하기 위한 결과물로서 축조되었다.

미국에서 활동했던 중국인 역사학자 레이 황(중국 이름은 황런위黃仁宇)은 중국 전체의 연간 평균 강우량 차이에 의해 농경민족과 유목민족이 나뉜다고 주장했다.[58] 대개 연간 강수량 15인치(약 400밀리미터)를 경계로 그 이상이면 농경이 가능하지만, 그 이하인 경우에는 초본식물의 생

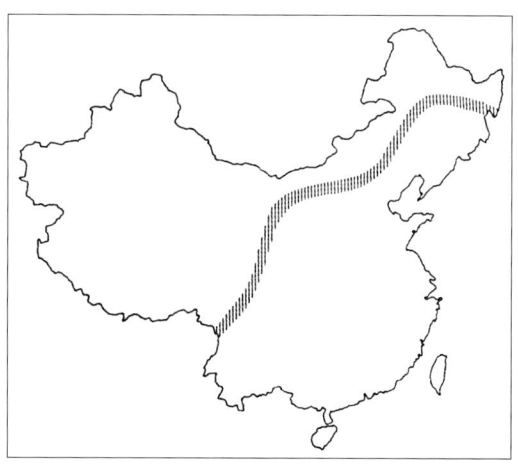

연간 강수량 15인치 등우량선

장만이 가능하다. 달리 말하자면, 중국인의 전통 관념인 화이사상은 바로 강수량 400밀리미터를 경계로 문명(華夏)과 그 주변 지역인 야만(夷賊)으로 나뉜다는 것을 설파한 것에 불과한지도 모른다. 또다른 중국 역사학자 오우언 래티모어(Owen Lattimore, 1900~89)는 "중원은 농업이 발달하여 인구가 널리 번식"했던 반면, 중국 서북 지역에서는 "몇천 킬로미터 안에서는 사람들이 전혀 농업에 종사하지 못한다. 그들은 토지에서 나는 식물에 직접 의지하여 생활할 수 없고, 그들 자신과 식물 사이에 다른 매체를 개입시켜 이용했다"[59] 표현이 조금 어렵긴 하지만, 결국 사람들이 척박한 땅에 겨우 뿌리를 내린 풀을 뜯어먹고 사는 초식동물에 의지해 살아갔다는 말이니, 유목생활을 이렇게 설명한 것이다.

문제는 이런 식의 유목생활은 항상 식량 부족이라는 현실을 감수할 수밖에 없었다는 데 있었다. "특히 기후가 좋지 않을 때 말 위의 약탈자들은 자신도 모르게 농경민족을 습격할 생각을 하게 되었다. 농경민

닝샤(寧夏) 지역에 남아 있는 진나라 장성 유석 표지석

족은 보통 반년 동안은 먹을 수 있는 식량을 비축해놓고 있기 때문이었다."[60] 결국 강수량 400밀리미터의 경계선 안과 바깥에 사는 두 집단은 숙명적으로 사이가 좋을 수 없었고, 둘 사이에는 끊임없는 투쟁만이 있을 따름이었다.

기원전 3세기부터 중원에 대한 유목민족의 위협은 대단히 심각했다. 이때부터 중원에서는 이들 북방 이민족의 침입에 대비하여 보루를 쌓기 시작했고, 언젠가부터는 이것들을 연결해 하나의 긴 성벽, 곧 장성을 쌓을 필요가 있다는 생각이 자연스럽게 대두되었다. 결국 진시황이 최초로 그 과업을 수행했다는 것은 주지의 사실이므로, 여기서는 더이상의 언급이 필요 없을 터이다. 중요한 것은 위에서 말한 이유 때문에 장성의 축조가 대개 '15인치 등우량선'과 일치한다는 사실이다.

베이징의 전략적 가치

　베이징은 동부평원의 중심에 위치하여 수로와 육로를 통하여 남쪽의 쟝후이(江淮, 창쟝長江과 후이수이淮水를 통칭하는 말) 지방과 북쪽의 쑹랴오평원(松遼平原, 쑹화강과 랴오허遼河의 퇴적으로 이루어진 평원, 둥베이평원東北平原이라고도 한다)에 쉽게 도달할 수 있는 거리에 있었다. 이러한 베이징의 지리적 위치는 중국 동부가 정치·경제적으로 발전하고 해상교통이 발달함에 따라 더욱 중요해졌다. 베이징이 원, 명, 청대를 거쳐 현재까지도 수도의 지위를 유지하고 있는 것은 이러한 지정학적 중요성이 지금까지도 전혀 줄어들지 않았기 때문이다. 요와 금을 제외하고 실질적으로 베이징을 수도로 삼은 최초의 왕조인 원나라 때, 몽골 귀족 바투난(巴圖南)은 쿠빌라이에게 남하할 것을 권유하면서 베이징의 지세를 다음과 같이 찬양했다. "여우옌의 땅은 용이 서리고 호랑이가 웅크린 지세로 그 형세가 자못 웅위롭습니다. 남으로는 쟝후이 지역을 제압하고 북으로는 사막 지역까지 이어져 있으며, 천자는 그 중앙에 거하며 사방으로부터 조공을 받게 될 것입니다"(幽燕之地, 龍蟠虎踞, 形勢雄偉, 南控江淮, 北連朔漠, 且天子必居中以受四方朝覲).

　한편 지도를 놓고보면 베이징은 앞에서 말한 '15인치 등우량선' 바로 밑에 있다. 베이징은 중국의 변방, 이민족의 위협이 코앞에서 벌어지고 있는 일종의 전선지역에 위치해 있는 것이다. 먼약 등고선이 표시된 지도를 놓고본다면 베이징을 중심으로 북쪽은 옌산산맥이 파도처럼 굽이쳐 있고, 베이징의 남쪽은 멀리 산둥성까지 화베이(華北)평야가 끝없이 펼쳐져 있는 것을 확인할 수 있다. 곧 북쪽의 이민족들이 베이징의 방어선만 돌파한다면 멀리 창쟝까지 밀고 내려갈 수 있다. 역사적으로 볼 때 남북조 시대가 그러했고, 금나라에 밀려 창쟝 이남으로 밀려 내려간 남송이 그러했다. 특히 명 왕조는 영락제 이후 북쪽의 방어를 강화하여 정권의 안전을 도모하기 위해 베이징에 정도했다. 곧 역대 왕조가 쉽게 이민족의 침입을 받을 수 있었음에도 굳이 베이징에 수도를 정했던 것은 역으로 수도를 전방에 위치시킴으로써 적에 대한 경계를 늦추지 않고 방어 역량을 키우고자 했기 때문이다.

이는 명 왕조가 황릉의 터를 베이징 서북쪽에 있는 창핑(昌平)에 잡은 것으로도 알 수 있다. 명의 황제들은 태조 주위안장과 영락제가 반란을 일으켰을 때 실종되어 생사를 알 수 없는 2대 황제 혜제를 제외하고는 모두 같은 곳에 묻혀 있다. 현재 명 십삼릉(十三陵)이라고 부르는 곳인데, 이 일대는 풍수가 아주 좋은 천하명당이라 일컬어진다. 그런데 십삼릉 바로 옆에는 유명한 바다링장성이 있다. 바다링장성은 베이징

산시성(山西省)의 토장성(土長城)

인근의 장성 가운데서도 요충이라 할 만한 곳에 자리잡고 있다. 황릉이 변장(邊墻, 장성)에 가까운 곳에 있었던 까닭은 변방의 방위를 강화하기 위함이었다. 명 왕조가 조상의 무덤을 변경 지역에 둠으로써 무슨 일이 있어도 수도를 사수해야 한다는 생각을 백성들에게 심어주고자 했던 것이다.

베이징의 경우에는 장성이 바로 수도 방어의 최후의 보루이자 장벽 노릇을 했다. 그런 까닭에 베이징 인근에는 장성이 많은데, 그중에서도 중요한 두곳이 있으니, 그 하나가 현재 관광지로 유명한 바다링이고, 다른 하나는 우리나라 역사에서 사신들이 중국에 조공을 갈 때 넘나들었던 구베이커우(古北口)다. 청대 고증학으로 유명한 학자인 구옌우(顧炎武)는 『창평산수기(昌平山水記)』에서 다음과 같이 말했다.

> 당 장종(莊宗)이 유저우를 얻고, 요 태조가 산난(山南)을 얻고, 금이 요의 군대를 깨고 송을 치고 옌징을 얻는 데는 모두 구베이커우를 통했으니, 쥐융관과 산하이관의 사이에서 이들을 제어할 수 있는 곳은 구베이커우와 시펑커우 두 관구다.

장성의 축조

흔히 장성하면 진시황을 떠올리고, 모든 깅'성은 진나라 때 완성되었다고 생각하기 쉽지만, 실제로는 그렇지 않다. 최초의 장성 역시 진나라 때 세워진 게 아니다. 진시황의 역할은 중국을 통일한 뒤 예전부터 있던 장성들을 하나로 연결시킨 것에 지나지 않는지도 모른다. 그 과정

산시성(陝西省)에 있는 전베이타이(鎭北臺)

에서 새로 건설할 부분은 건설하고, 보완할 곳은 보완했던 것이다. 베이징 근교에 있는 장성 역시 마찬가지다. 진나라 때 장성의 흔적은 전국적으로 몇군데 남아 있지 않으며, 대부분 명대 이후에 새롭게 쌓은 것이라 보면 된다.

 명대 장성 쌓기에 공이 큰 사람은 초기 개국공신이었던 쉬다와 중엽에 활약했던 치지광(戚繼光, 1527~87)이다. 쉬다는 주위안장의 명을 받들어 베이징 인근의 쥐융관과 구베이커우, 시펑커우(喜峰口) 등 32개의 관문을 축조하고 병력을 주둔시켰다. 특히 영락제 이후 베이징으로 천도한 뒤에는 장성 건설을 더욱더 중시했다. 한편 명 건국 후 백년도 못된 1449년 명나라 정통제(正統帝, 재위기간 1435~49)가 오이라트(Oirāt) 부장 에센(也先)과 허베이성에 있는 투무푸(土木堡)에서 싸우다가 포로가 된 사건이 일어났다. 이 사건은 명나라 역사상 가장 굴욕적인 패배로 기록되는데, 이후로 북방의 몽골 부족들은 틈만 나면 남하하여 베이징을 위협했다. 이에 북방의 이민족들을 방비하기 위해 명 초부터 시작된 장성 건축은 한층 박차가 가해져 륭경(隆慶, 1567~72) 연간 최고조에 달했다.

륭경 원년(1567) 황제들의 능침이 집중되어 있는 현재의 십삼릉 지역의 방비를 두텁게 하기 위해 저쟝(浙江) 일대에서 왜구 격퇴에 큰 공을 세운 바 있는 치지광이 지전총독(薊鎭總督)으로 임명되었다. 이것은 명 장성 건설의 일대 전기가 마련되는 사건이었다. 치지광은 1568년 부임하자마자 장성 일대를 시찰하고 기존의 장성이 그리 높지도 않거니와 무너지고 훼손된 곳이 많아 방어 기능을 다할 수 없다는 사실을 깨달았다. 이에 지전(薊鎭) 관할하에 있는 산하이관에서 쥐융관까지 약 600킬로미터에 달하는 장성의 증개축에 착수했다. 장성의 폭도 넓히고 높이도 올렸을 뿐 아니라 요충지에는 옹성을 만들었으며, 전구간에 1300여 개의 망루를 세워 군대가 주둔할 수 있도록 했다. 치지광이 재임한 16년간 베이징 인근 장성은 면모를 일신하게 되었고, 그의 사후에도 장성은 계속 수축(修築)되어 1600년경에는 장성 건축이 일단락되었다.

이로써 장성은 동쪽 기점인 산하이관에서 시작해 시펑커우와 황야관(黃崖關), 그리고 쓰마타이(司馬臺), 진산링(金山嶺) 일대를 거친 뒤 다시 서남쪽 무톈위(慕田峪)로 방향을 틀어 바다링까지 이르러, 수도 베이징을 지키기 위한 방어선이 견고하게 구축되었다. 명대 장성은 쉬다부터 치지광까지 약 200여년에 걸쳐 총 14차례에 이르는 대역사를 통해 완성되었다. 이것으로 사실상 장성 건축의 역사에서 가장 공을 들인 것은 명대였다는 사실을 알 수 있다.

명대에 쌓은 장성의 높이는 대략 3~8미터이다. 폭은 지형에 따라 다른데, 넓은 곳은 열 사람이 나란히 걷거나 말을 타고 달릴 수 있을 정도다. 장성은 건축재료에 따라 돌로 쌓은 석성(石城)과 벽돌로 쌓은 전성(磚城), 황토로 다져 만든⁶¹ 항토성(夯土城) 등 몇가지로 나뉜다. 항토성은 황토가 많은 산시성(山西省)이나 산시성(陝西省) 등지에서 많이 사용되었고, 베이징 인근의 장성은 주로 벽돌로 쌓은 전성인 경우가 많다.

명대 장성 축조에 가장 공이 크다고 할 수 있는 치지광은 축성의 원칙에 대해 다음과 같이 말했다. "지형에 따르며, 험한 곳을 이용하여 장성을 짓는다"(因地形 用險制塞). 그래서 장성은 주로 능선을 타고 이어져 있으며, 까마득한 절벽이나 협곡 등 천혜의 자연 지리를 최대한 이용해 건설되었다. 이에 장성은 그 자체로 아름다울 뿐 아니라 주변의 자연과 절묘하게 어우러져 장성마다 나름의 풍격(風格)을 갖추고 있다.

장성이 사라지고 있다

그런 장성이 최근 몸살을 앓고 있다. 장성은 굳이 유네스코 같은 단체가 지정을 하지 않더라도, 그것과 상관없이 소중한 인류 문화유산이다. 자칫 너무 많은 사람들이 몰려들게 되면 훼손되는 일이 발생할 수도 있으며, 이미 많은 장성들이 관광객으로 홍역을 치르고 있다. 장성은 그 지역이 너무 넓기 때문에 일일이 정부가 나서서 보호를 하기도 어렵고 자연과 어우러져 있기 때문에 해당 지역의 주민들은 장성을 문화유산으로 여기기보다는 돌이나 벽돌로 쌓은 담장처럼 대수롭지 않게 여기는 경향이 있다. 장성의 훼손은 현대에 들어서 더 급속도로 진행되었는데, 군벌들이 중국 전역에서 군웅할거 식으로 자기 나름의 영

무너진 장성의 모습(진산링 장성)

역을 갖고 있던 시절에는 군인들이 자신의 별장을 짓기 위해 장성의 벽돌을 채취해갔다고 한다. 최근에는 장성 훼손이 더 기승을 부리고 있어 대책 마련이 시급하다.

중국장성학회 비서실장을 맡고 있는 둥야오후이(董耀會)[62]는 "생태환경 악화가 심각해졌고 그동안 많은 문화유산들이 훼손됐으며, 특히 세계적으로도 유명한 국보 1호인 만리장성이 사라질 위기에 처했다"라고 진단하면서, 현재도 "곳곳에서 장성이 파손되고 있고, 주민들이 아무 생각 없이 장성을 무너뜨리고 있다"고 우려한다.

실제로 벌어지고 있는 장성 훼손의 사례를 들어보면 어안이 벙벙해질 정도다. 2001년 산시성(山西省) 인근 마을에서는 벽돌공장과 기와공장을 합병하기 위해 공장 중간을 가로지르던 60미터나 되는 장성을 없애버린 일이 있었다. 더 놀라운 사실은, 나중에 문화재보호관리국에 적발되어 문화유산 훼손 명목으로 벌금을 물었는데, 고작 2백위안(약 3만 2000원)이었다는 사실이다. 또 네이멍구 바오터우(包頭)에서는 고속도로를 넓히는 과정에서 길을 막고 있는 장성 때문에 도로를 포장할 수 없게 되자 완전히 허물어버린 일도 있었다. 이 역시 벌금 8만위안(약 1280만원)으로 마무리되었다.[63]

최근 중국장성학회 보고서에 의하면, 그나마 남아 있는 장성도 약 40퍼센트(2500킬로미터) 정도만 보존상태가 양호할 뿐 나머지 60퍼센트(3800킬로미터)는 자연적인 풍화나 무분별한 개발에 의해 손상되고 파괴돼 조금씩 사라져가고 있다고 한다. 구체적으로는 풍화에 의해 훼손된 곳은 자연붕괴 165곳, 홍수에 의한 붕괴 13곳, 모래에 매몰된 곳 16곳, 지진과 풍화 작용에 의한 붕괴 3곳 등 모두 197곳이다. 세월의 흐름 속에서 자연의 힘에 의해 사라지는 것이야 어쩔 수 없지만, 심각한 것은 사람에 의한 인위적 피해이다. 성벽의 벽돌을 빼간 곳이 140곳, 성벽을 허물고 농사를 짓는 곳이 6곳, 성벽을 주택과 축사 울타리나 무덤으로 사용한 곳이 4곳, 그밖에도 불분명한 목적으로 훼손한 곳이 3곳이다. 여기에 장성의 돌과 벽돌로 집을 지으면 복과 행운이 온다는 잘못된 믿음도 손괴를 부추기는 한 요인이 되고 있다.

문제의 심각성은 장성 보호에 앞장서야 할 정부가 오히려 훼손에 앞장서는 경우가 꽤 많다는 것이다. 주로 공공사업 때문인데, 댐 건설로 수몰된 곳이 12곳, 도로공사에 의해 훼손된 곳이 17곳, 건축시공에 의한 변형 3곳 등 모두 32곳에 이른다. 이밖에도 특정 기업에 의한 훼손이 4곳, 대약진운동·문화대혁명 당시의 파손 11곳, 중일전쟁 등 전쟁에 의한 파괴가 9곳이다. 경제개발이라는 이름으로 온 나라가 건설현장이 되고 있는 요즘의 추세라면 앞으로 또 얼마나 훼손이 이루어질지

가늠조차 할 수 없을 정도다. 현재 남아 있는 장성의 성벽이 그나마 완전하게 보전된 것은 4000리 정도로, 전체의 삼분의 일이고 나머지 삼분의 일은 심하게 훼손 또는 붕괴되어 폐허가 되었고, 삼분의 일은 이미 완전히 사라졌다고 한다. 중국인들은 '장성에 가보지 않으면 진정한 사나이가 아니다'(不到長城非好漢)라는 말을 한다. 이제는 그 말을 다음과 같이 바꿔야 하지 않을까?[64]

장성을 사랑하지 않으면 대장부가 아니다(不愛長城非好漢).

장성과 개혁개방

진시황은 진나라를 멸망시키는 것은 '오랑캐(胡)'라는 말을 믿고 만리장성을 쌓았다. 하지만 정작 패망의 원인은 북방의 오랑캐가 아니라, 그의 아들 '후하이(胡亥)'였다. 명나라는 200년 동안 장성 건설에 힘을 쏟아 끝내 완성시켰다. 하지만 정작 명이 막아내고자 했던 만주족이 장성 안으로 들어오기도 전에 내부의 손에 의해 산하이관 문이 열렸다. 아무리 견고하게 쌓은 장성도 명의 멸망을 막아내지 못했던 것이다.

초기에 활발하게 해외로 진출했던 명 왕조는 정허(鄭和, 1371~1434?)의 해상활동을 끝으로 문호를 닫고 철저하게 쇄국의 길을 걸었다. 정허의 원정은 모두 일곱차례에 걸쳐 이루어졌다. 그때마다 대규모 선단을 조직했는데, 1405년 첫번째 항해에는 64척의 큰 배와 225척의 작은 배에 2만 7800명의 인원이 동원되었다. 가장 큰 배는 길이가 134미터에 폭이 56.7미터였는데, 이것은 현재의 8000톤급의 선박에 해당한다. 정허의 1차 항해가 있은 지 90여년 후에 바스코 다 가마(Vasco da Gama)가 희망봉을 돌아 인도 항로를 발견했는데, 그때의 기함이 겨우 120톤에 불과했다는 사실을 감안한다면 정허가 거느렸던 함대가 얼마나 거대했는지 짐작해볼 수 있다.

하지만 더욱 놀라운 것은 정허 이후에는 이같이 대규모 선단을 조직해 해외로 진출한 일이 전혀 없었다는 사실이다. 정허가 죽은 뒤 선원들은 뿔뿔이 흩어졌고, 선박들은 아무렇게나 방치되어 썩어갔으며, 항해도는 병부상서 류다샤(劉大夏)에 의해 불태워졌다. 이 대목에서 오늘날 중국인들은 긴 한숨과 함께 통분의 감정을 숨기지 않는다. 그것은 당대 최강의 전력을 앞세워 세계를 제패할 수 있었던 기회를 버리고 때마침 완성된 장성 안에 스스로를 가두고는 세계사의 뒷전으로 물러나 앉았기 때문이다. 이후로 중국은 19세기까지 이렇다 할 해군력을 키운 적이 없었다. 19세기 말에 외국에서 도입한 장갑함마저 얼마 되지 않아

취안저우(泉州)에 있는 정허의 묘

장성의 끝, 쟈위관(嘉峪關)

1895년 청일전쟁에서 일본 해군에 의해 격침되거나 나포되고 말았다.

당시 정허의 원정은 세를 과시하는 측면에서는 긍정할 만한 점이 없지 않았으나, 원정의 효과가 현실적인 이익으로 이어지지 않았다는 점에서는 공허한 허장성세에 불과했다는 냉정한 평가도 있다. 별 댓가가 없었던 대원정은 국가재정에 큰 부담으로 남게 되었으며, 병부상서 류다샤가 항해도를 불태운 것도 방만한 국가재정을 긴축하기 위한 것이었다. 역사적 사실은 참 또는 거짓으로만 나뉠 수 없는 양면성을 지니고 있다는 점을 잊어서는 안될 것이다.

1980년대말 개혁과 개방이리는 회두가 초미의 관심사로 떠올랐던 중국에서「황허의 죽음(河殤)」이라는 텔레비전 프로그램이 사회적으로 큰 파장을 일으켰던 적이 있다. 중국의 근대화가 정체되고 서구 열강의 침입을 받게 된 데는 장성으로 상징되는 쇄국정책이 주요하게 작용했다는 주장을 담은 이 프로그램은 지금 중국이 경제적으로 뒤쳐진 이유가 개혁개방을 등한했던 조상들의 쇄국정책에 있으므로 이제는 과감하게 개혁개방과 민주화를 펼쳐야 한다고 주장했다. 과거 중국은 서양의 새로운 과학문명을 받아들이지 못했고, 급기야는 서구 열강의 침략을 받아 고통스러운 100여년의 시간을 보내게 되었다는 것이다. 외부의 적을 방어하기 위해 쌓아올린 장성이 갑각류의 두터운 외피처럼 중국을 감싸안고 변화를 거부하는 동안 세계사의 흐름은 걷잡을 수 없이 빠른 속도로 흘러갔다. 과연 중국인들이 장성을 쌓아서 지켜내고자 했던 것은 무엇이었을까? 오늘도 장성은 말없이 그 자리에 서 있을 따름이다.

황금 기와의 물결

징산(景山)에서 바라본 구궁(故宮)

베이징은 정중앙에 황제가 거주하는 황궁이 있으며, 모든 것은 이 황궁을 중심으로 배치된 계획도시이다. 황궁은 일반적으로 '구궁'으로 불리는데, 흔히 '쯔진청(紫禁城)'이라는 이름으로 잘 알려져 있다. 쯔진청이라는 이름에서 '자(紫)'와 '금(禁)' 두 글자에는 모두 나름의 뜻이 담겨져 있다.

'자'는 '자미원(紫微垣)'에서 나왔는데, 『송사·천문지(宋史天文志)』에는 다음과 같이 기록되어 있다. "자미원은 동쪽으로 여덟개의 별이 늘어서 있고, 서쪽으로 일곱개의 별이 늘어서 있다. 북두의 북쪽에서, 좌우로 둘러싸고 있으면서 돕고 보호하는 형상을 하고 있다. 또는 황제의 자리나 천자가 상주하는 곳을 일컫는다"(紫微垣東蕃八星 西蕃七星 在北斗北 左右環列 翊衛之象也 一日大帝之坐 天子之常居也). 곧 자미원은 하

베이하이의 백탑에서 바라본 징산

나의 별을 지칭하는 것이 아니라 북극성을 중심으로 큰곰과 작은곰, 용, 카시오페이아 등 15개의 별들로 이루어진 별자리를 말한다. 잘 알려져 있듯이, 북극성은 영원히 이동하지 않는 별로, 우주의 중심으로 여겨졌기 때문에 하늘의 아들, 곧 천자이자 인간 세계의 지존이라 할 황제를 의미했다. 이 별들의 색깔이 '미자' 곧 자색을 띠었기에, 자색은 곧 황제의 색이고 황제가 사는 곳은 '자궁(紫宮)' 또는 '자미궁(紫微宮)'으로 불렸던 것이다. 그래서 황궁의 담장 역시 붉은빛이 감도는 자색으로 칠했다.

'금'이라는 말은 황제가 거주하는 곳이기 때문에 일반 백성들의 접근이 엄격히 금지된다는 의미에서 붙은 것이다. 그러므로 쯔진청이라는 말에는 '황제가 살고 있는 성역'이라는 의미가 담겨 있다.

황제를 상징하는 또하나의 색깔은 황색(黃色)이다. 이것은 중국의 전

완춘팅에서 바라본 구궁

통적인 오행(五行)사상과 관련이 있는데, 지리의 관점에서 볼 때 천하의 중앙은 '토(土)'이며, 색은 '황색'이다. 그래서 황금색은 아무나 쓸 수 없는 색이며, 황궁이나 황실과 연관된 건물의 기와는 모두 황금색이다.

베이징은 넓은 평원에 자리잡고 있어 주변에 높은 산이 없다. 구궁의 북쪽 문을 나서면 해발 108미터의 야트막한 언덕 같은 산이 하나 있는데, 이것이 징산공원(景山公園)이다. 원래 명대에 건설된 베이징성은 원대의 다두성보다 약간 남쪽에 터를 잡았는데, 이 때문에 다두성의 후궁인 '옌춘거(延春閣)'가 쯔진청외 북쪽 성벽에 놓이게 되있다. 밍내 베이징성의 설계자는 이점을 이용해 새로운 베이징성 주변에 조성된 해자(垓子)인 '후청허(護城河)'를 팔 때 나온 진흙을 옌춘거의 옛터에 쌓아 인공산을 조성했다. 이렇게 했던 까닭은 원래 진산이 없는 베이징의 풍

황금 기와의 물결 185

수를 고려한 것이기도 하지만, 앞서도 말했듯이 전대 왕조의 기운을 누르려는 의도도 담겨 있었다.

원래 징산이라는 이름은 『시경(詩經)』「은무(殷武)」편에 나온다. "저 징산에 올라보니 소나무 잣나무 밋밋하게 자랐도다"(陟彼景山, 松栢丸丸). 여기에서 징산은 당시 은(殷)나라 수도 인근에 있던 산을 가리킨다. 이밖에도 '경(景)'에는 '황제가 즐기는 경치'(御景)라는 의미와 '황제의 덕을 사모하여 우러르다'(景仰)는 뜻이 담겨 있기도 하다. 그러다 명나라 때 베이징성이 대대적으로 건설되면서 황궁이 적에게 포위되는 등의 유사시에 대비해 이곳에 '석탄(煤)'을 쌓아두었는데, 이때부터 '메이산(煤山)'이라고도 불렸다.

청나라 건륭 연간에는 황제의 명에 따라 동쪽에서 서쪽으로 '관먀오(觀妙)' '저우상(周賞)' '완춘(萬春)' '푸란(富覽)' '지팡(輯芳)'이라는 다섯 개의 정자가 세워졌다. 이 다섯 정자 모두에는 동으로 만든 불상이 모셔져 있는데, 각각 신맛과 단맛, 쓴맛, 매운맛, 짠맛의 다섯가지 맛을 주관한다고 한다. 하지만 의화단의 난이 일어났을 때 베이징에 쳐들어온 8국 연합군이 완춘팅(萬春亭)을 제외한 네 정자를 불태우면서 불상들도 없어졌다. 현재 완춘팅을 제외한 나머지는 최근에 중수한 것이다. 다섯 개의 정자 가운데 가장 높은 위치에 있는 완춘팅에 오르면 베이징 시내를 사방으로 조망할 수 있는데, 남쪽에 있는 구궁 역시 한눈에 들어온다. 이곳에 서서 구궁을 바라보면 황금빛 기와가 파도처럼 물결치는 모습이 일대 장관을 연출한다.

구궁(故宮)의 기본 얼개

현재 베이징의 기본적인 틀은 명대에 세워졌다. 명 태조 주위안장의 지시로 원의 수도 다두를 점령한 쉬다는 다두를 평정했다는 의미로 이름을 '베이핑(北平)'이라 바꾸고, 원의 황궁을 비롯한 도시 전체를 철저하게 파괴했다. 기왕에 명나라 수도가 잉톈푸(應天府, 지금의 난징)로 정해졌기에 원의 잔존 세력이 딴마음을 품지 못하게 하려던 것이다. 그런데 오히려 이러한 철저한 파괴가 이후에 영락제가 수도를 베이징으로 옮기고 새로운 도성을 건설하는 데 도움을 주었으니 역사의 아이러니라 아니할 수 없다. 새로운 건설을 위한 창조적 파괴라고나 할까?

명대의 베이징성은 원대의 다두성에 기반을 두고 건설되었지만, 엄밀하게 말하자면 원나라 때보다 조금 남쪽으로 이동한 형국이다. 현재 베이징의 기본적인 틀이라 할 수 있는 베이징성은 삼중의 구조로 이루어졌다. 가장 바깥의 '대성(大城)'과 중간의 '황성(皇城)' 그리고 '궁성(宮城)'이 그것이다. 외성인 대성에는 대량의 민가와 상점 및 왕자들의 집인 왕부(王府), 그리고 조정의 각종 기구가 있었다. 황성에는 앞서 살펴본 대로「고공기」의 원리대로 궁궐 안에 있는 동산이나 후원을 일컫는 어원(御苑) 및 황실을 위해 복무하는 각 내부감(內府監)과 국(局), 창(廠), 방(房) 등의 기구가 있었다.

궁성은 황실의 구성원이 거주하고 황제가 사무를 보는 장소였다. 궁성은 전조후침(前朝後寢)의 6개 대전으로 이루어져 있는데, 전조는 황제가 정사를 돌보고 국가의 주요 의식을 거행하는 곳이고, 후침은 황제와 후비가 거주하는 사적인 생활공간이다.

전조인 삼대전(三大殿)은 펑톈뎬(奉天殿), 화가이뎬(華蓋殿), 진선뎬(謹身殿)인데, 명 후기에는 각각 황지뎬(皇極殿), 중지뎬(中極殿), 젠지뎬(建極殿)으로 개명했고, 청대에는 다시 타이허뎬(太和殿), 중허뎬(中和殿), 바오허뎬(保和殿)으로 이름을 바꾸었다. 명 후기의 명칭에 '극(極)' 자가 들어간 것은 이곳이 지상의 북극성에 해당한다는 것을 보여준다. 청대 이름에 '화(和)' 자가 들어간 것은 『주역(周易)』의 건괘(乾卦)에 "크게 화함을 보전하고 합해서 이에 이롭고 바르게 하니라"(保合大和乃利貞)라는 말에서 따온 것이다. 모두 오래도록 천하가 태평하고 황제의 권위가 영원하기를 기원하는 의미에서 지은 이름이다.

　　후침은 황제가 거주하는 첸칭궁(乾淸宮)과 황제와 황후가 날을 잡아 합방하는 쟈오타이뎬(交泰殿), 황후가 거주하는 쿤닝궁(坤寧宮)으로 이루어져 있다. 후침은 청대에도 명칭이 바뀌지 않았다. 또 황궁에는 동궁과 서궁이 있었는데, 동궁에는 태자가 거주하고 서궁에는 황후가 거주했다. 공식적인 업무를 집행하는 전조와 달리 후침은 황궁에 거주하는 사람들의 일상 공간으로 권력을 두고 벌어지는 암투와 골육상잔이 끊이지 않았고, 한번 궁 안에 발을 들여놓으면 좋건 싫건 평생 궁 밖으로 나갈 수 없었던 여인들의 한숨과 눈물로 점철된 곳이었다.

톈안먼(天安門)에서 우먼(午門)까지

　　구궁은 전체 면적 약 72만평방미터에 남북의 전체 길이가 960미터, 동서 길이 750미터에 이르는 장방형 건축물로 방의 개수만 해도 9999(실제로는 8886)칸에 이르는 어마어마한 규모를 자랑한다. 남쪽에서 들어와 북쪽으로 나가는 데만 해도 몇십분이 소요될 정도로 큰 규모이기 때문에, 오랜 시간을 두고 답사하는 게 아니라 어쩌다 한번 오게 되는 관광객의 입장이라면 전체 모습의 파악은 거의 불가능하다.

하지만 복잡하게 생각하면 한없이 복잡해질 수 있고, 반대로 단순하게 생각하자면 극도로 단순해질 수도 있는 게 세상사 아니겠는가? 구궁도 단순하게 보면, 크게 가운데를 가로지르는 종축선과 동, 서 노선 셋으로 구분할 수 있다. 세 노선 역시 하루에 다 돌아보기에는 무리가 있다. 물리적인 시간 외에 체력의 한계도 있기 때문에 점점 집중력이 떨어져 나중에는 건성으로 지나치게 된다. 그러므로 구궁을 구경할 때는 마음을 느긋하게 먹고 두시간 정도 볼 것을 정하고 그것만 집중적으로 보고 나오는 게 낫다. 땅덩어리가 큰 중국에서는 이같은 일을 많이 겪게 된다. 긴 이동거리와 엄청난 규모의 유적지를 돌다보면 구경은 뒷전이고, 우리네 인생의 짧음과 덧없음에 탄식하게 되는 것이다.

종축선은 구궁의 중심일 뿐만 아니라 전체 베이징성의 중심이기도 하고, 나아가 중국이라는 나라 전체의 중심이기도 할 터이다. 구궁을 공략하려면 아무래도 남문에 해당하는 톈안먼부터 시작해야 할 텐데, 톈안먼에 대해서는 앞서 간략하게 소개한바 여기서는 생략하기로 한다.

톈안먼에 들어서더라도 앞서 말한 전조의 첫번째 건물인 타이허뎬이 곧바로 나오는 것은 아니다. 톈안먼과 타이허뎬 사이에는 돤먼(端門)과 우먼(午門)이 자리잡고 있다. 우선 돤먼은 '돤리먼(端禮門)'이라고도 부르는데, 명 영락 18년(1420)에 세워졌다. 돤먼은 좀더 유명한 톈안먼과 우먼 사이에 끼어 있어 사람들이 별로 주의하지 않고 지나가곤 하는데, 나름의 역할과 의의가 있는 곳이다. 돤먼은 명청 양대의 의례를 올렸던 곳으로, 황제가 순유(巡遊)를 떠나거나 사냥, 제사 등과 같은 활동을 하기에 앞서 '좋은 시작'(開端)과 '원만한 끝'(終端)을 볼 수 있기를 기원하기 위해 올랐다 한다. 또 이곳에는 황제의 의장 용품을 보관하기도 했으며, 황궁 내의 궁전과 성문 이름이 시대에 따라 몇차례씩 바뀌었음에도 돤먼만큼은 문이 세워진 이래로 똑같은 명칭을 지켜온 것은 특기할 만하다.

돤먼을 지나면 우먼이 나온다. 우먼은 베이징성의 남문이기에 12간지로 방향을 정하는 24방위 가운데 정남방을 가리키는 '오(午)' 자를 써서 이름으로 삼은 것이다. 우먼은 앞서 말한 전조의 정문에 해당한다. 그러므로 현재 전체가 구궁박물원으로 바뀐 구궁은 엄밀하게 말하자면 톈안먼이 아니라 우먼부터 시작된다고 볼 수 있다. 실제로 구궁박물원에 들어가려면 이곳에서 입장권을 구입해야 하는데, 바꿔 말하면 톈안먼에서 우먼까지는 아직 구궁에 들어서지 않은 셈이다. 톈안먼과 돤먼은 별도의 입장권을 구입해 오를 수 있다.

> 식경이 지나니 동이 텃다고 했다. 문을 나가 두루 보니 뜰의 동서 행랑 사이는 100여보이고, 오문과 단문 사이는 200여보였다. 바닥에는 모두 벽장(벽돌)을 깔았으며, 다 옆으로 세웠는데, 이러므로 깨진 벽돌이 없고 다만 닳을 뿐이다. 가운데 어로 좌우로 군악 기구를 벌여놓았는데, 대개 그 수가 30쌍이고 그중 북이 여남은 쌍으로 다 은을 칠한 틀에 얹혀 있었다. (홍대용 『산해관 잠긴 문을 한 손으로 밀치도다』, 97면)[65]

우먼은 그 장대한 규모가 사뭇 보는 이를 압도하는 기세가 있다. 높이 38미터에 아래는 자색을 칠한 높은 성대(城臺)가 있고, 그 위로 다섯개의 누각이 있으니, 속칭 '우펑러우(五鳳樓)'라 한다. 그중에서도 가운

세월의 흔적이 느껴지는 구궁의 벽돌 바닥

데 있는 누각은 가로가 9칸(60미터), 세로가 5칸(25미터)에 이르니 그 위세가 이곳이 황제의 궁궐로 들어가는 들머리라는 것을 무언중에 말해주는 듯하다.

우펑러우는 전체적인 형상이 '요(凹)'자가 뒤집혀 있는 모습으로 그 모양이 마치 큰 기러기가 날개를 펴고 날아가는 형태라 해서, '옌츠러우(雁翅樓)'라고도 불렸다. 곧 건물이 좌우로 돤몐과 우먼 사이의 광장을 날개로 감싸안고 있는 듯한 포국이기 때문에, 그 안에 서면 마치 건물 사이에 포위되어 있는 느낌이 들게 마련이다. 그래서 어지간한 사람은 까닭 없는 위압감에 심리적으로 위축되는데, 실제로 황제가 출입할 때는 코끼리마저 좌우에 도열시켰다고 하니 황제의 위세를 드러내기에 더없이 좋은 구도였으리라.

우먼 앞 광장은 2만여명의 사람을 수용할 수 있을 정도로 넓은데, 명

우먼의 중앙 누각

절이면 이곳에 모인 백성들에게 황제가 친히 춘병(春餠)을 나눠주며 명절을 축하했다고 한다. 아울러 전쟁에 나가는 군대의 출병과 개선 의식이 치러졌으며, 황제의 뜻을 거스른 조정의 고관들이 '정장(廷杖)'이라는 벌을 받는 장소로도 쓰였다. 정장은 당나라 때 시작되어 명청대까지 이어져 온 제도로, 대신들이 황제의 뜻을 거슬렀을 때 다스리기 위한 방편이다. 황제가 화가 나서 내리는 형벌인지라, 가혹하기 이를 데 없어 정장을 받다 매에 못 이겨 죽은 이들이 열에 하나둘이었다고 한다. 고대의 소설이나 희곡을 보면 "우먼으로 쫓겨가 참수를 당한다"(推出午門斬首)는 표현이 있는데, 바로 이를 두고 한 말이다. 명청대 이후에는 도성의 성문 안에서 사형을 금했기 때문에 더이상 그런 일은 벌어지지 않았다.

전조(前朝)의 핵심, 삼대전(三大殿)

우먼을 들어서면 다시 문이 하나 나오는데, 이것이 '타이허먼(太和門)'이다. 우먼과 타이허먼 사이 벽돌이 깔려 있는 넓은 마당에는 한백옥을 정교히 다듬어 만든 다리가 있다. 그 밑으로는 작은 물길이 자연스러운 곡선을 이루며 흐르고 있으니, 이를 일러 '진수이허(金水河)'라 한다. 그 모습이 마치 옥으로 만든 허리띠를 풀어놓은 것과 같다 해서 '위다이허(玉帶河)'라고도 불리는 이 수로는 적으로부터 방어하기 위해 성의 둘레에 파놓은 후청허와 달리 큰물이 졌을 때는 배수를 위해, 궁궐 안에서 불이 났을 때는 소방용수로 쓰기 위해 인공적으로 조성한 것이다. 타이허먼을 들어서야 비로소 구궁의 핵심인 타이허뎬을 만나게 된다.

> 대청문 안은 톈안먼이요, 단문 안은 오문이요, 오문 안은 태화문이요, 태화문 안은 곧 태화전이라. 태화문으로부터 대청문까지 곧 긴 줄로 친 듯하니 큰 조회 때에 다섯 문을 다 열면 안팎이 활연하여 조금도 막힌 곳이 없는지라. (서유문 『무오연행록』 제3권)[66]

타이허뎬은 구궁의 정전(正殿)으로, 그런 의미에서 황제가 누리는 권력의 핵심이자 천자의 상징이라 할 수 있다. 이곳에서는 황제의 즉위식이나 황후의 책봉을 비롯해, 대규모 출정식이나 외국 사신 접대, 과거시험의 전시(殿試) 합격자 발표 등 황제가 주관하는 중요한 국가행사가 거행되었다. 또 매년 원단(元旦)과 동지(冬至), 황제의 생일인 만수(萬

진수이허

壽) 등 삼대 명절에는 황제가 수백명의 신하들로부터 하례를 받는 장엄한 의식이 펼쳐졌다.

타이허뎬 주변에는 금도금을 한 소방용 물동이가 놓여 있는데, 이것 역시 의화단의 난 때 8국 연합군의 손에 수난을 당했다. 멋대로 구궁에 들어온 군인들이 물동이 표면에서 금을 벗겨간 것이다. 물동이에는 지금도 그 흔적이 남아 있다.

타이허뎬을 지나면 중허뎬이 나온다. 중허뎬은 약 28미터 길이의 정사각형 건물로 규모는 작지만 간결하고 단정한 아름다움을 자랑한다. '중허(中和)'라는 말은 『주역』에서 나온 것으로, 일을 처리할 때 어느 편에도 치우치지 않고 공정하게 대한다는 뜻이다. 황제는 정무를 처리하기 전에 이곳에서 쉬면서 내각, 예부 대신 및 시위(侍衛)들의 예를 받은 뒤, 보관되어 있는 가마를 타고 타이허뎬에 이르렀다. 말하자면 황

명나라 때는 펑톈뎬이라 불렸던 타이허뎬

제가 정사를 돌보기 전에 마음을 가다듬고 중용의 도를 지킬 것을 마음속으로 다짐했던 장소이다.

중허뎬을 지나면, 삼대전 가운데 마지막인 바오허뎬이다. 바오허뎬의 건축양식은 타이허뎬과 같은 전면 9칸, 측면 5칸으로 '천자의 지위'(九五之尊)를 상징하고 있다. 규모는 타이허뎬보다 작은데, 정월 초하루와 보름에 전국 각지의 번왕(藩王)과 공신 들을 초대해 큰 잔치를 벌인 곳이다. 바오허뎬에서 유명한 것은 두가지다. 첫째는 바로 이곳에서 황제 앞에서 마지막 과거 시험을 치르는 전시가 행해졌다는 것이다. 향시(鄕試)와 부시(府試)를 통해 수재(秀才)와 거인(擧人)을 거진 이들이 황제가 직접 지켜보는 가운데 마지막 관문인 전시를 통과하면 진사(進士)가 되는데[67], 이때 1등에서 3등까지인 장원(狀元)과 방안(榜眼), 탐화(探花) 세 사람은 평소에는 황제만이 드나들 수 있는 우먼의 중앙통로를 통해

황금 기와의 물결 195

타이허뎬 주변의 물동이. 금칠이 벗겨진 자국이 완연하다.

궁 밖으로 나가게 된다. 모든 것이 황제의 권력하에 있었던 봉건시대에 글공부하는 선비에게 이보다 큰 영광은 없었을 것이다.

둘째는 바오허뎬 뒤에 있는 거대한 대리석 조각인 '다스댜오(大石雕)'이다. 소용돌이치는 구름 위를 날아다니는 아홉마리의 용을 형상화한 것인데, 하나의 대리석 석재로 이루어졌다는 점에서 놀랍다. 한겨울에 총 250톤이 넘는 돌을 50킬로미터 떨어진 곳에서 옮겨오기 위해 길가에 넓고 깊은 도랑을 파고 물을 부어 빙판을 만든 뒤 1만여명의 인부와 1000여마리의 말이 동원되어 끌고 왔다고 한다.

원위안거(文淵閣)와 『사고전서(四庫全書)』

후침으로 가기 전에 삼대전과 연관해 부기할 곳은 타이허뎬의 좌우로 마치 날개를 펼친 듯 자리잡고 있는 두 건물이다. 그것은 동쪽에 있는 '원화뎬(文華殿)'과 서쪽에 있는 '우잉뎬(武英殿)'으로, 문무가 함께 황제를 보필한다는 의미를 담고 있다. 원화뎬 옆에는 '원위안거(文淵閣)'라는 건물이 있는데, 여기에는 『사고전서(四庫全書)』가 보관되어 있었다.

『사고전서』는 청대 건륭제의 칙명에 의해 천하의 모든 책들을 경(經)·사(史)·자(子)·집(集)의 4부로 분류해 편집한 도서 총집이다. 여기에 수록된 책은 총 3458종 7만 9582권(각 벌의 서적 수는 동일하지 않음)에 이르렀는데, 1781년에 첫 한벌이 완성되었다. 그후 북방에 4벌과 남방에 3벌 등 모두 7벌이 만들어졌는데 이 모두가 정연한 붓놀림으로 필사한 것이었다.

북방에 보관한 것으로는 구궁 내의 원위안거와, 황실의 여름 행궁이었던 러허의 '원진거(文津閣)' 그리고 베이징 위안밍위안(圓明園) 내의 원위안거, 선양(沈陽) 구궁의 '원쑤거(文溯閣)'가 있었는데 일반에는 공개하지 않았다. 중국 남부 지방에 있던 것은 양저우(揚州) 다관탕(大觀堂) 행궁의 '원후이거(文匯閣)'와 전쟝(鎭江) 진산쓰(金山寺) 행궁의 '원쭝거(文宗閣)', 항저우 시후(西湖) 근치에 있는 성인쓰(聖因寺) 행궁의 '원란거(文瀾閣)'이다. 이것들은 '강절삼각(江浙三閣)'이라 불리기도 했는데, 일반에 공개해 열람할 수 있도록 했다.

『사고전서』 역시 험난했던 중국 근현대사의 동란기에 수난을 겪어 현재 남아 있는 것은 몇개 되지 않는다. 우선 중국 남방에 있던 3벌은 모두 태평천국의 난으로 훼멸되었는데, 항저우의 원란거에 보관된 것만 반 정도 남아 있다가, 이후에 보완을 거쳐 제모습을 찾은 뒤 지금은 항저우에 있는 저쟝성(浙江省)도서관에 보관되어 있다. 북방에 있던 것은 1856년 제2차 아편전쟁으로 불리는 '애로우호 사건' 때 영불 연합군에 의해 위안밍위안이 파괴되면서 원위안거 본이 불타 없어졌고, 원쑤거 본은 란저우(蘭州)의 간쑤성(甘肅省)도서관에 보관중이다. 원진거 본은 베이징도서관이 관리하는데, 가장 완전한 것으로 꼽히고 있다. 구궁의 원위안거에 보관되어 있던 것은 1949년 국민당 정부가 타이완으로 쫓겨갈 때 가지고 가 현재 타이베이(台北) 국립고궁박물원(國立故宮博物院)에 소장되어 있다. 그러므로 현재 구궁의 원위안거에는『사고전서』가 남아 있지 않다.

원래 원위안거는 저쟝성 닝보(寧波)에 있는 '톈이거(天一閣)'를 본떠 지은 것이다. 톈이거는 명 가정(嘉靖) 40년(1561)에 병부우시랑(兵部右侍郎)이었던 판친(范欽)이 천하의 선본들을 한데 모아 보관하기 위해 세운 장서각이다. '톈이(天一)'라는 말은『주역』의 "천일이 물을 만들고, 지육이 땅을 이룬다"(天一生水 地六成地)라는 대목에서 나왔다. 책을 보관하는 건물에 불이 나면, 건물보다도 그 안에 있는 소중한 문화유산의 소실이 훨씬 큰 문제이다. 따라서 불을 이기는 물을 만든다는 '톈이'야말로 장서각에 더없이 좋은 이름이 된다. 나아가 오행에서 화(火)를 이기는 수(水)에 해당되는 색이 검은색이기 때문에 톈이거의 지붕은 검은색이었고, 원위안거 역시 검정 기와로 지붕을 올렸다. 구궁 내 모든 건물의 지붕이 다 황제의 색인 황금색 일색인데 비추어 눈에 띄는 점이다. 한편 원화뎬의 정반대 편에 있는 우잉뎬은 명나라 말기 반란을 일으켜 베이징을 함락시킨 리쯔청(李自成)이 황제의 자리에 오른 곳으로 유명하다.

후침(後寢)의 삼궁(三宮)

바오허뎬을 지나면 제법 넓은 뜰이 나온다. 전조와 후침을 가르는 완충지대 역할을 하는 곳이다. 후침은 '구궁의 안뜰'이라는 뜻으로 '내정(內廷)'이라고도 불렀는데, 앞서 말한 대로 황제와 황후의 일상생활이 이루어지던 주거공간이다. 이곳 역시 세개의 주요건물로 이루어져 있다. 황제가 거주하는 첸칭궁, 황후가 거주하는 쿤닝궁, 두 사람이 만나 합방하는 쟈오타이뎬이 그것이다.

첸칭궁은 내정의 정전이라 할 만하다. 황제의 침실과 일반 집무실로 사용되었으며, 전면이 9칸 측면이 5칸으로 이루어진 건물이다. 내부 정중앙에는 황제가 앉는 보좌가 있는데, 금박을 하고 루비와 에메랄드로 상감했으며 팔걸이와 등받이는 모두 금룡으로 휘감았다. 그 뒤편으로는 순치제(順治帝, 재위 1644~61)가 쓴 '정대광명(正大光明)'이라는 편액이 걸려 있다. 옹정제 이후로는 이 편액 뒤에 황제가 내정한 계승자 이름을 써서 보관해두었다가 황제가 사망하면 꺼내 보고 황제 계승자를 선포했다. 이것을 '태자밀건법(太子密建法)'이라고 하는데, 여기에는 그럴 만한 내력이 있다.

이민족으로서 중원에 들어와 한족을 통치했던 만주족은 역대 왕조에 비해 비교적 후계자를 잘 뽑았다는 평을 들었다. 그것은 한족 왕조가 적장자 상속을 채택했던 반면에, 만주족은 태자를 미리 정하지 않고

황제가 거주했던 첸칭궁

시간을 두고 보다가 황제의 아들 가운데 능력있는 이를 선발해 황제로 옹립했기 때문이다. 그래서인지 청 왕조의 황제 열두명 가운데 장자로서 상속한 이는 한 사람도 없다. 여러 황제 가운데 문제가 있는 이가 전혀 없었던 것은 아니지만, 그럼에도 이민족 출신인 청이 정복왕조로서 나름대로 오랜 기간 지속되고 나아가 이전 왕조를 능가하는 치적을 올릴 수 있었던 것은 바로 이런 상속제도 때문이었다.

하지만 청나라 초기에 황위 계승이 순탄했던 것만은 아니었다. 청 왕조의 기반을 이루고 있던 것은 '팔기제(八旗制)'라고 하는 만주족만의 독특한 군대 및 호구 편제였다. 이것은 만주족 사회의 여덟 부족을 각각 깃발의 빛깔에 따라 정황(正黃), 정백(正白), 정홍(正紅), 정람(正藍)과 양황(鑲黃), 양백(鑲白), 양홍(鑲紅), 양람(鑲藍)의 팔기로 나눈 것이다. 청의 태조 누르하치는 각각 깃발의 기주를 자신의 아들 가운데서

임명하고 칸의 지위를 계승할 자격을 주었다. 이것은 나름대로 황태자를 미리 임명함으로써 생기는 정신적 해이를 방지하고 황자들 사이에 건강한 긴장 상태를 조성하는 데 도움이 되기도 했지만, 다른 한편으로 기주들 사이에서 끝없는 암투가 벌어지고, 기에 속한 기인들은 자신이 속한 기주에게만 충성을 하게 되는 단점도 있었다.

문제는 강희제 때 일어났다. 강희제는 중국 역사상 가장 재위기간이 길었던 황제로, 무려 61년간 옥좌에 있으면서 황후와 후비 들에게서 35명의 아들과 20명의 딸을 두었다. 이렇게 많은 아들 때문에 강희제는 재위 내내 골머리를 앓아야 했는데, 처음에는 정식 황후의 소생인 인렁(胤礽)을 황태자로 책봉했다. 하지만 1703년 황태자 인렁의 외삼촌이자 정신적 지주였던 쒀어투(素額圖)가 체포되고 그 일당이 축출되는 사건이 벌어지면서 일이 묘하게 틀어지게 되었다. 크게 의지하던 외삼촌을 잃은 황태자가 황제의 눈에 나는 행동을 연이어 하게 되자, 강희제는 1708년에 태자를 폐위하고 넷째 아들인 인전(胤禛)으로 하여금 그를 감시하고 구금하도록 했다.

이렇게 되자 잠복해 있던 황자들 사이의 갈등이 표출되기 시작해 사태는 걷잡을 수 없을 정도로 혼란에 빠졌다. 황태자의 지위를 놓고 벌어진 아들 사이의 싸움에 놀란 강희제는 자신이 인렁에게 준 벌이 죄에 비해 너무 크며, 그가 그렇게 된 것도 귀신이 씌었기 때문이라 믿고 폐위시켰던 황태자를 다시 복위시켰다. 하지만 1712년에 황태자에 대한 좋지 못한 소문이 돌자 그를 다시 유폐시켰다. 그 후 10년 남은 재위기간 동안 강희제는 누구도 후계자로 임명하지 않았고, 이를 언급하는 신료는 엄벌에 처했다. 조정에는 소문이 무성해졌고, 강희제의 다른 아들들 주변에는 파벌이 생기게 되었다.

1717년 강희제가 신하들에게 말했다. "이제 나는 병들어 신경질적이 되고 건망증이 심하다. 옳고 그름을 구분하지 못하고 나의 임무를 혼란스럽게 남겨두었다는 두려움에 빠져 있다. 나는 국가를 위해 내 정신을 소진하고, 세계를 위해 나의 신념을 산산히 부수었다." 황제가 신하에게 한 말치고는 상당히 감상적이라 할 수 있는데, 그만큼 황제는 나라 안팎의 일과 자신의 후계자를 둘러싼 상황으로 심신이 피폐해 있었던 것이다. 하지만 그뒤로도 강희제는 5년을 더 살았는데, 1722년 11월 8일 위안밍위안에 머물던 그는 찬바람을 맞고 열이 나면서 식은땀을 흘리더니, 그로부터 6일 뒤인 14일 밤에 갑자기 죽었다.

임종하기 며칠 전 강희제는 일곱 아들과 베이징성과 위안밍위안의 경비를 책임지던 보군통령(步軍統領) 룽커둬(隆科多)만 입회한 자리에서 넷째 아들인 인전을 후계자로 선포했다. 공교로운 것은 룽커둬가 인전의 손위 처남이라는 사실이다. 아무튼 룽커둬는 황제가 죽자 유해를 가마에 싣고 한밤중에 베이징으로 돌아와 쯔진청의 모든 궁문을 닫아걸고, 다른 황자들은 궁 안에 들어오지 못하게 했다. 그리고 11월 21일에 인전이 44세의 나이로 황제의 자리에 오르니, 그가 바로 옹정제다.

모든 것이 비밀에 싸인 채 다급하게 진행되다 보니, 옹정의 즉위 과정에 대해 무수한 소문이 돌았다. 원래 강희제가 지명한 것은 열넷째 황자였다고 한다. 그런데 인전이 '정대광명' 편액 뒤에서 아버지의 유언을 훔쳐 '십사(十四)'라는 글자에서 '십(十)'의 획을 교묘하게 '우(于)'로 고쳐 넷째 아들이라는 뜻으로 바꿨다는 것이다. 하지만 소문은 소문이고, 역사학자들은 황위 계승에 별 문제가 없었을 것이라 단언하고 있다. 여러 억측에도 불구하고 선왕인 강희가 옹정을 신임했다는 증거가 많은 곳에서 발견되고, 무엇보다 강희가 옹정보다는 그의 아들, 곧 강희의 손자 홍리(弘曆)의 사람됨을 보고 그에게 황제 자리를 물려주려고 옹정을 후계자로 삼았다는 것이다.

어쩌겠는가? 원래 권력, 그것도 만인지상의 황제의 자리를 놓고 벌어지는 암투야 동서고금이 매한가지였으니 중국이라고 다르지는 않았을 터이다. 아무튼 옹정은 자신의 황위 등극을 둘러싼 소문들에 대해 극도로 민감한 반응을 보였다. 그리고 죄의식에 의한 것이었든 또는 원래 그 사람됨이 그래서였든, 옹정은 자신이 수행할 조정의 업무에 대해 매우 헌신적인 태도를 보였다. 새벽 4시에 일어나 7시까지 역사서를 읽은 뒤 아침식사를 하고 오후까지 정치 고문들과 함께 회의를 갖다가 종종 자정을 넘겨서도 서류를 읽고 조언을 했다. 그의 유일한 오락은 불교 예식에 열심으로 참여하는 것과 베이징 서북부에 있는 황실 정원에서 휴식을 취하는 것이었다.

옹정제는 살아생전 황위를 놓고 형제들과 싸움을 벌였던 과거를 반

'정대광명'이라고 씌어 있는 편액

구궁 안의 높은 담장

성하고, 부왕인 강희제가 임종시까지 갈팡질팡하다 마지막 순간에야 황태자를 지명함으로써 빚어진 여러 혼란에 대해 깊이 숙고한 뒤 나름대로 대비책을 세웠다. 그것은 황제가 살아생전에는 황태자를 공표하지 않고 그 이름을 휼갑(譎匣)에 넣어 봉한 뒤 첸칭궁의 '정대광명' 편액 뒤에 보관했다 황제가 서거한 뒤 꺼내 공개하는, 이른바 '태자밀건법'이었다.

이제 황후에 대한 이야기로 구궁의 소개를 마무리하고자 한다. 전통적인 관념으로 황제가 하늘이라면 황후는 땅에 해당한다. 그래서 황제가 거주하는 곳은 하늘을 의미하는 '건(乾)' 자가 들어간 첸칭궁이고, 황후가 거주하는 곳은 땅을 의미하는 '곤(坤)' 자가 들어간 쿤닝궁이다. 그 사이에 있는 것은 두 사람이 만나는 장소인 쟈오타이뎬인데, 황제와 황후는 아무 때나 합방을 할 수 없었고, 반드시 날을 받아 길일에만 함께 이곳에서 밤을 보냈다.

　황후의 침궁인 쿤닝궁은 명대까지는 실제로 황후가 거주했으나, 청대 초에 선양에 있는 황궁을 모방해 다시 지은 뒤로는 황후의 침실이 아니라 여러 신에게 제사(조제朝祭, 석제夕祭, 춘추대제春秋大祭 등) 지내는 사당으로 쓰였다. 한편 황제의 비빈들은 이곳을 중심으로 양옆으로 분포된 둥류궁(東六宮)과 시류궁(西六宮)에 기거했는데, 이 때문에 '삼궁육원(三宮六院)'이라는 말이 나오게 되었다.

　구궁은 하늘의 뜻을 전하는 대리인인 천자가 거주하는 공간으로, 베이징뿐 아니라 전중국의 중심이 되는 곳이었다. 천자는 무소불위의 권력으로 군림했지만, 다른 한편으로는 그러한 권력을 둘러싸고 벌어지는 끝없는 암투 속에서 한순간도 마음을 놓을 수 없는 긴장 속에서 살았다. 또한 궁중 여인들은 온갖 사치를 다하면서 인간이 누릴 수 있는 부귀영화를 한손에 쥐고 살았지만, 한편으로는 황제의 환심을 사기 위한 암투를 벌여야 했고, 다른 한편으로 구궁에 한번 발을 들여놓으면 죽을 때까지 바깥 세상으로부터 절연된 상태에서 살아야 했으니, 비빈으로 간택되어 궁궐로 들어간다는 것이 과연 기뻐해야 할지 슬퍼해야 할지 판단하기 어려운 일이었는지 모른다. 그리하여 자객의 틈입을 염려하여 주변에 나무 한그루 심어놓지 않은 구궁의 가을은 깊어만 가는데, 구중심처에 살고 있는 사람들의 은원 역시 바닥을 알 길 없는 심연 속으로 침잠해 들어갔던 것이다.

겨울

북국의 풍광
천리 이내는 얼음으로 얼어붙어 있고
만리 길에는 눈발이 미친 듯 휘날린다.
장성 안팎 돌아보니
아득하기만 한데
황허의 상하류 얼어붙어
도도한 흐름 끊겼도다.

北國風光
千里氷封
萬里雪飄
望長城內外
惟余莽莽
大河上下
頓失滔滔

— 마오쩌둥의 「심원춘·눈(沁園春·雪)」에서

쿠빌라이의 도시, 칸발릭

베이징의 겨울

외지인에게 베이징의 겨울은 혹독한 시련의 계절이다. 인근에 북풍을 막아줄 진산이 없는지라, 사나운 바람은 질정 없이 불어대고, 길가에는 뿌연 먼지가 날려 제대로 눈을 뜰 수조차 없다.

베이징의 흙빛은 잿빛 같고 수레와 인마에 갈리어 길 위에 깔린 것이 다 가로(街路)의 것과 같다. 그러므로 바람이 약간 일면 먼지가 하늘을 덮고 행인이 눈을 뜨지 못했는데, 큰길 가운데로 붉은칠을 한 바자통(울타리 옆에 물은 담아두던 통)을 곳곳에 늘어놓고 물을 길에 부으며, 때때로 넓은 길에 물을 뿌려 먼지를 재웠다. 길가의 잡물을 벌인 저자에서는 다 닭의 깃을 대 끝에 묶어 둑(임금이 타고 가던 군대의 대장 앞에 세우던 기의 한 종류로, 큰 삼지창에 삭모槊毛를 많이 달았다) 모양같이 만든 비를 가지고 저물도록 먼지를

쓰니 이상한 땅이다.[68]

게다가 베이징의 겨울은 극도로 건조해서 이에 익숙하지 않은 이들은 겨울 내내 감기를 달고 살아야 한다. 도심의 대기는 매캐한 연탄 연기로 뒤덮이고, 거리에서는 군고구마 장수들이 노릇하게 익은 고구마 속살로 지나가는 행인의 입맛을 다시게 만든다. 중국은 땅덩어리가 워낙 넓기 때문에, 옛날부터 남과 북의 차이에 대해 여러가지 측면에서 비교하는 말들이 많았다. 겨울만 놓고보자면, 북방은 전형적인 대륙성 기후로 살을 에는 바람과 건조한 공기 탓에 밖을 나서면 정신이 바짝 차려지고 쨍하는 느낌이 드는 데 반해, 남방은 기온은 그렇게 낮지 않지만 습도가 높아 시간이 지날수록 으슬으슬 뼈마디가 시려오는 것이 때로 참을 수 없는 고통을 준다.

그야말로 혹한이었다. 공중에는 잿빛 흙먼지가 뿌옇게 떠 있고, 바람은 그 먼지 위로 질주하는 듯, 먼지를 쓸어버리지 않아 별들이 층층이 보이지 않고 큰 별만 희미하게 떨고 있었다. 땅 위에는 바람이 없었으나 사방에서 냉기를 뿜어내고 있었고, 차바퀴 자국에는 벌써 얼어서 갈라진 틈이 길게 여러갈래 나 있었다. 흙은 회백색으로 얼음과 같이 차가웠고 단단하게 굳어 있었다.[69]

중국의 북방은 워낙 추운 날씨 탓에 거의 모든 건물이 난방시설을 갖추고 있지만, 남방은 온도가 그다지 낮지 않으므로 일반 주택의 경우 난방이 되는 건물이 드물다. 그렇기 때문에 외부 온도 자체는 낮지만 사람이 살기에는 북방이 훨씬 더 쾌적하게 느껴진다. 남방의 경우 낮에는 해가 들지 않는 실내보다 바깥이 오히려 따뜻하게 느껴질 때도 있는데, 그래서 남방사람들은 집 안에서도 두터운 스웨터에 장갑까지 끼고 있기도 한다.

이러한 기후 차이는 음주문화에도 영향을 주어 북방사람들은 독한 백주(白酒)를 마시고, 남방사람들은 낮은 도수의 황주(黃酒)를 따끈하게 데워 마신다.

> 루전(魯鎭)의 술집 구조는 다른 고장과 다르다. 'ㄱ'자 모양의 큰 술청이 길을 향해 열려 있고, 술청 안쪽에는 언제든지 술을 데울 수 있도록 더운물이 준비되어 있다. 낮이나 저녁 무렵 일을 마친 노동자들이 언제나 동전 네닢을 내고—이것은 이십몇년 전의 일이고, 지금은 한잔에 열닢 가까이로 올랐을 게다—대포 한잔을 청하여 술청 밖에 기대선 채 따끈히 데운 술을 들이켜며 쉬곤 했다. 한닢 정도를 더 쓰면 소금물로 삶은 죽순이나 회향두 한접시 정도를 주문하여 안주로 할 수도 있다. 열닢이 넘는 돈이라면 고기 요리까지 한접시 살 수 있었지만, 이곳에 오는 손님들은 대부분 짧은 옷을 입은 막벌이꾼이라 그런 호사스러운 짓은 누릴 수가 없었다. (루쉰 「쿵이지」에서)[70]

한편 베이징의 겨울은 훠궈(火鍋)의 계절이다. 제철을 만난 훠궈 가게 안은 북적이는 사람들이 뿜어내는 열기와 펄펄 끓는 훠궈에서 피어오르는 더운 김으로 아연 활기를 띠고, 독한 백주 힌잔은 열이 있는 몸을 안온하게 감싸주며, 은근하게 오르는 취기는 사람들 마음을 달뜨게 한다.

또 추운 겨울 베이징 거리에 나서면, '탕후루(糖葫蘆)'를 파는 사람들이 여기저기 눈에 띈다. 탕후루는 베이징사람들이 즐기는 겨울 간식의 하나로, 산사나무 열매에 물엿을 묻힌 뒤 굳혀(겨울에는 오히려 얼린다는 표현이 더 맞을 것이고, 최근에는 물엿 대신 설탕 시럽을 사용한다) 만든다. 하지만 최근에는 꼭 산사나무 열매뿐 아니라 딸기나 바나나, 파인애플, 참다래와 같은 과일을 사용해 만들기도 한다. 탕후루의 역사는 꽤 오래되었으니, 전하는 말로는 남송시대 광종(光宗, 재위기간 1190~94)의 애첩 황귀비(黃貴妃)가 병에 걸려 음식을 먹지 못하자 산사나무 열매와 설탕을 함께 달여 식전에 5~10개씩 먹게 했는데, 이것이 민간으로 전해지면서 널리 퍼지게 되었다고 한다.

그런데 원조 탕후루라 할 수 있는 산사사무 열매는 사실 별로 맛이 없다. 수분이 많지 않은 과육은 약간 텁텁한 맛이 나기 때문에 처음 먹는 사람은 이게 무슨 맛인가 싶기도 하다. 겨울에 먹는 탕후루의 백미는 딸기 탕후루가 아닐까. 추운 날씨로 꽁꽁 얼어붙은 설탕 시럽을 한 입 깨물면 시원한 딸기 과육이 입 안 가득 들어온다. 달콤한 설탕 시럽

다양한 재료로 만든 탕후루

과 함께 딸기를 와사삭 깨물어 먹는 청량감은 무엇과도 바꿀 수 없는 즐거움이다.

대륙의 삭풍은 스차하이와 베이하이 같은 베이징 도심의 호수들을 꽁꽁 얼게 하는데, 얼음을 지치는 이들에게 겨울은 오히려 반가운 계절이다. 추운 날씨에도 아랑곳하지 않고 호수에 나와 썰매나 스케이트를 타는 사람들의 얼굴을 보면 차가운 공기로 발갛게 얼어 있지만 입가에는 함박웃음이 떠나지 않는다.

스차하이는 인근 주민들에게 또다른 즐거움을 안겨준다. 바로 흔히 '북극곰 헤엄'이라고 부르는 '얼음물 수영'(凍泳)이다. 사람들은 아무리 추운 날이라도 스차하이 일정 구역의 얼음을 제거해 만든 '수영장'에서 수영을 즐긴다. 여기에는 남녀노소가 없으니, 변변한 탈의실도 없지만 절묘하게 타월 한장으로 몸을 가려가며 수영복으로 갈아입은 '북극곰'들이 유유히 헤엄을 치는데, 어찌 보면 연신 탄성을 쏟아내는 구

입식문화로 인해 중국인은 의자처럼 생긴 썰매를 탄다.

스차하이의 겨울. '북극곰 수영'을 즐기고 있는 사람

경꾼들의 시선을 은근히 즐기는 것은 아닌가 하는 생각도 든다. 그러고 보면 베이징의 겨울이 아무리 춥다 해도 이곳 사람들에게는 그저 일상의 반복일 뿐이다.

겨울이 깊어감에 따라 베이징을 향해 떠난 우리의 여정도 그리 남지 않았음을 직감하게 된다. 다시 시간을 거꾸로 돌려 베이징의 먼 옛날로 돌아가보도록 하자.

저우커우뎬(周口店)의 베이징원인

베이징의 역사는 아득한 옛날로 거슬러 올라간다. 20세기 초엽인 1929년 12월의 어느날, 베이징 서남쪽에 있는 인구 4만의 작은 마을인

저우커우뎬(周口店)에서는 일군의 고고학자들이 침식(寢食)을 잊은 채 발굴에 몰두하고 있었다. 그들이 찾고 있던 것은 고대 인류의 화석이었다. 12월의 혹한을 무릅쓰고 거의 산 하나를 허물다시피 해가며 발굴에 몰두하던 중, 중국의 젊은 학자 페이원중(裴文中, 1904~82)은 동굴의 끝에서 작은 구멍 2개를 발견했다. 희미한 불빛에 의지한 채 구멍을 끝까지 파들어가다 그는 일순 숨을 멈췄다. 거의 완전한 모습의 두개골이 모습을 드러낸 것이다. 그는 대나무 주걱으로 두개골을 조심스럽게 파냈다.

고대 인류의 역사를 새롭게 쓴 역사적인 발견은 이렇게 시작됐다. 이후로 진행된 발굴작업으로 이곳에서는 두개골 6개와 두개골편 8개, 안면골 6개, 하악골 15개, 치아 153개, 불완전한 대퇴골 7개, 잔여경골 1개, 상완골 3개, 쇄골 1개, 완골 1개가 발견되었는데, 모두 40여명의 다양한 연령층의 남녀로 구성된 골각들로 추정되었으며, 이런 발견은 동시대 인류화석으로는 전례가 없는 것이었다. 당시 베이징의 셰허의

저우커우뎬 베이징원인 옛터에 있는 베이징원인 모형

학원(協和醫學院)의 해부학 교수로 있던 블랙(D. Black, 1884~1934)은 이 유골이 약 50만년 전인 구석기 전기에 활동했던 인류의 유골임을 확인했는데, 그가 두개골을 손상시키지 않고 단단히 부착된 흙을 제거하는 데만 해도 약 4개월이 걸렸다고 한다. 그는 이 유골을 베이징원인(北京猿人, Sinanthropus Pekinensis)이라 명명했으며, 이 오래된 인류의 화석은 자바원인(Pithecanthropus Erectus)과 함께 원시인류의 대표적인 표본이 되었다.

한편 석회암 산지였던 이곳에서는 오래전부터 수많은 동물의 뼈들이 화석으로 발견되었는데, 현지인들은 이것을 '용골(龍骨)'이라 하여 한약재로 쓰고 있었다. 당시 위안스카이 정권이 광맥을 찾기 위해 서방에서 초빙했던 스웨덴 출신의 지질학자 안데르쏜(J. G. Andersson, 1874~1960)은 광맥을 찾는 일보다는 인류의 화석이나 고대유물을 발굴

당시 발굴에 참여한 학자들.
맨 왼쪽이 페이원중이고 가운데 파이프를 물고 있는 이가 블랙이다.

하는 데 힘을 쏟았다. 그는 바로 이 용골에 주목하여 미국의 록펠러재단의 도움을 받아 발굴단을 조직하고 본격적으로 조사를 시작해 일단의 성과를 올리게 되었다.

용골의 의학적인 효능에 대해서 5세기경 중국의 의학자인 레이샤오(雷斅, 420~77)는 다음과 같이 기술한 바 있다.

> 용골은 단저우, 창저우, 타이위안에서 나는 것이 가장 좋다. 뼈가 가늘고 무늬가 넓은 것은 암컷의 뼈고, 뼈가 거칠고 무늬가 좁은 것은 수컷의 뼈다. 다섯 빛깔이 있는 것이 가장 좋은 것이고, 백색·황색이 중간치이며, 흑색이 가장 못한 것이다. 대체로 더러운 것에 떨어진 용골이나, 부인들이 채집한 용골은 약으로 쓰지 않는다. (淡州, 滄州, 太原者爲上, 其骨細文廣者是雌, 骨粗文狹者是雄, 五色具者上, 白色, 黃色者中, 黑色者下. 凡經落不淨及婦人探者, 不用) (『본초강목』 43권에서)

베이징에 있는 셰허의원

거의 만병통치약으로까지 인식되어 민간에서 광범위하게 쓰였던 용골의 정체는, 독일의 박물학자인 하베레르(K. A. Haberer)가 중국 내륙 지역에서 수집한 것을 뮌헨대학의 슐로써(M. Schlosser) 교수가 연구한 결과, 파충류 계통의 뼈가 아니라 초원이나 시냇가에 거주하던 포유동물의 뼈로 밝혀졌다.

재미있는 것은 베이징원인보다 조금 앞선 시기에 발견된 갑골문 역시 용골에 주목했던 일군의 학자들에 의해 본격적인 발굴과 연구가 시작되었다는 점이다. 용골은 이래저래 지난 세기 중국학을 연구하는 학자들에게는 많은 계시와 뜻밖의 발견을 안겨준 보물이었던 셈이다.

안타까운 사실은 20세기 초엽 세계를 흥분시켰던 베이징원인의 두개골을 포함한 발굴물들이 감쪽같이 사라져 지금은 남아 있지 않다는 것이다. 1929년 최초의 발굴 이후 계속 진행된 조사작업은 1937년 7월 7일 저우커우뎬 인근의 루거우챠오에서 발발한 중일전쟁(중국인들은 '7·7사변'이라 부른다)으로 중단됐다. 그뒤 1941년 12월 8일 일본이 진주만을 공습하고 미국에 선전포고를 함으로써 태평양전쟁이 발발했다. 파죽지세로 베이징을 점령한 일본군은 베이징원인의 두개골이 보관되어 있던 셰허의원의 금고를 득의양양하게 열었다. 하지만 베이징원인의 유골은 이미 흔적도 없이 사라지고 없었다. 당시 금고를 열 때 참관했던 두개골의 최초 발견자 페이원중은 일주일 전까지만 해도 유골이 있었다고 증언했다.

그렇다면 유골은 언제 어떤 경로로 사라진 것일까? 현재까지 여러 설들이 분분하고 많은 사람들이 추적에 나섰지만, 아직 그 행방이 묘연하다. 현재로서는 발굴작업을 지원했던 록펠러재단 측이 태평양전쟁

발발 직후 유골을 안전한 곳으로 운반하다가 도중에 분실한 것이 아닌가 추정할 뿐이다. 이 사건은 지금도 미스테리로 남아 있으며, 현재 저우커우뎬의 베이징원인 유지(遺址)박물관에 전시된 것은 모조품이다. 아무튼 베이징원인의 발견으로 베이징에 사람이 살았던 때는 적어도 구석기 시대로까지 거슬러 올라간다는 것이 입증된 셈이다.

원나라 이전의 베이징

각 시대별 베이징 명칭의 변천

10세기 이전: 옌징(燕京), 지청(薊城), 유저우(幽州).

요: 옌징(燕京), 뒤에 난징(南京)으로 개칭.

금: 중두(中都).

원: 다두(大都), 또는 칸발릭(Khanbaliq).

명 초기: 베이핑(北平).

명 영락 1년(1403) 이후 현재까지: 베이징(北京).

지금으로부터 약 50만년 전에서 30만년 전 사이에 살았던 베이징원인은 약 20만년 전에 무슨 이유에선지 자취를 감추고 말았다. 그리고 오랫동안 베이징은 역사의 무대에서 잊혀진 채 많은 시간이 흘러갔다.

이후로 진과 한, 위진남북조를 거쳐 북쪽에서 5호 16국이 일어나자 진나라는 남하하여 동진(東晋)을 세우게 되는데, 동진 말 북방에는 선연(前燕)이 일어나 무룽췬(慕容儁)이 도읍을 세웠다. 하지만 전연은 단지 수십년간 존속하다가 멸망했기에 이 시절의 유물은 남아 있는 것이 없다.

베이징 파위안쓰

    수나라, 당나라 때는 융딩허 인근에 유저우(幽州)를 두어 많은 군사를 주둔시켰는데, 이곳의 지리적 중요성 때문이었다. 당나라 때는 태종이 고구려 정벌에 실패하고 돌아가다가 '민중쓰(愍忠寺)'라는 사원을 세워 정벌에서 죽은 이들을 기렸다. 이것이 현재의 파위안쓰(法源寺)[71]로, 베이징에서 가장 오래된 불교사원으로 알려져 있다.

    당이 멸망하자 중국은 다시 5대 10국의 혼란기에 접어들게 되었는데, 후진(後晉)의 스징탕(石敬瑭)은 옌(燕, 지금의 허베이河北)과 윈(雲, 지금의 산시山西) 16주를 거란에 할양했다. 이로 인해 거란은 강대국이 될 수 있었는데, 거란은 국호를 '요'라 하고 상징(上京, 지금의 랴오닝성遼寧省 바린쭤치巴林左旗에 있음)을 주도(主都)로 삼고, 베이징 지역을 부도(副都)로 삼아 '난징(南京)'이라 불렀다. 지금 중산공원(中山公園)에 있는 천년 묵은 측백나무는 바로 이때 심은 것이라 한다. 요나라 때의 베이징성, 곧 난징성은 정방형으로 융딩허 쪽에 치우쳐 있었다.

이후 금나라가 일어나자 요를 대신해 유저우성을 점령한 뒤, 자신들의 근거지인 하얼빈(哈爾濱) 남동쪽의 안추후수이(按出虎水) 부근 아청(阿城)은 '상징(上京)'으로 삼고, 수도를 이곳으로 옮겨 이름을 '중두(中都)'라 고쳤다. 금이 베이징을 중두로 삼았던 것은 나중에 강역이 팽창해 중원에서 송을 몰아내고 차지한 본래 송의 수도였던 볜징(汴京, 지금의 허난성河南省 카이펑시開封市)을 '난징(南京)'으로 삼았기 때문이었다. 베이징이 전국적인 통일 정권에 의해 수도로 건설된 것은 이때가 최초였다. 요의 '난징'과 금의 '중두'는 모두 이전의 지청 옛터인 융딩허 부근에 있었는데, 대체로 명·청대의 베이징성 서남부 지역에 해당한다.

베이징성의 아키타입(Archetype), 다두

13세기 초 몽골 초원에는 칭기즈 칸(1162~1227)이라는 희대의 영웅이 등장해 몽골의 여러 부족을 통합하고 그 여세를 몰아 중원을 침략했다. 칭기즈 칸과 그 후손들은 파죽지세로 금과 송을 멸망시킨 뒤 일찍이 세계 역사에 없었던 최대의 강역을 자랑하는 원나라를 세우게 된다. 1215년 중원으로 진출해 금나라를 멸망시킨 몽골의 기병들은 금의 수도인 '중두'를 다닝궁(大寧宮)만 남기고 모두 파괴했다. 이로부터 한동안 베이징성은 방치된 채 폐허로 남아 있었다.

칭기즈 칸은 몽골제국을 통일하고 제국의 기초를 닦았다. 하지만 뒤를 이어 세계대제국을 확립한 이는 그의 손자인 쿠빌라이였다. 쿠빌라이는 1215년에 태어나 유년시절부터 거란 출신의 유명한 재상인 예뤼

원나라때 세워진 먀오잉쓰(妙應寺) 백탑

추차이(耶律楚材) 등과 교유하면서 무력에만 의지해서는 한 나라를 온전히 통치할 수 없다는 생각을 갖게 되었다. 이에 당 태종을 모범으로 삼고 유생(儒生)들을 초빙해 정사를 자문토록 했다. 이것이 쿠빌라이가 이전의 몽골 통치자와 다른 점이었다.

쿠빌라이 이전의 몽골 통치자들은 무력으로 정복을 일삼고, 공포정치를 폄으로써 정복지의 민심을 얻는 데는 실패했다. 칭기즈 칸에서부터 쿠빌라이 바로 전 몽케 시기까지만 해도 몽골족 선조의 성법을 존중할 것을 강조했을 뿐 다른 나라의 제도를 받아들이려 하지 않았다. 그들은 날랜 군사력을 바탕으로 중원을 점령했지만, 정치·경제 방면에서는 낙후한 유목민족의 노예제를 유지하고 있었다. 그렇기에 선진적인 농업 생산력에 바탕한 한족들의 사회·문화 제도와는 첨예한 모순을 드러냈던 것이다. 이로 인해 사회적인 동요와 민심의 괴리가 심각해짐에 따라 대비책이 시급하게 요구되었다. 몽골 지배층은 유목부족의 전통을 고수하려는 수구파와 급변한 현실에 대응해 개혁을 추진하려는 개혁파로 나뉘었는데, 쿠빌라이는 개혁파의 중심인물이었다.

원래 몽골 전통에 의하면 칸이 죽으면 그 후계자를 '쿠릴타이'라고 하는 황실회의에서 결정하게 된다. 칭기즈 칸이 대칸으로 즉위한 것도 이 쿠릴타이의 결정에 의한 것이었고, 그의 후계자인 외괴데이와 그 아들 구육 또한 그러했으며, 구육이 3년이라는 짧은 시간 동안 재위한 뒤 다시 쿠빌라이의 큰 형이었던 몽케가 계위한 것 역시 쿠릴타이의 결정에 의한 것이었다. 몽케가 중국 남부 원정에서 전염병으로 급서하자 몽골의 수도 카라코룸(Karakorum)에서 열린 쿠릴타이 결과 몽케의 막내동생인 아릭-부카가 옹립되었다. 이것은 몽골 선조의 옛법을 고수하려는 수구파들이 그에 동조하는 아릭-부카를 내세워 개혁을 거스르려는 의도에서 빚어진 결과였다. 그러자 쿠빌라이는 쿠릴타이의 결정을 거부하고 1260년 자신의 근거지인 카이펑에서 스스로 칸의 자리에 오른다.

사실 그 전부터 쿠빌라이는 자신의 봉지에서 독자적인 한화(漢化)정책을 펴 이미 전통적인 몽골의 통치제도와는 많이 다른 독자적인 독립왕국을 세우고 있었다. 다만 큰 형 몽케가 칸의 지위에 있을 때는 묵묵히 자신에게 부여된 임무만을 수행하고 있었으나, 내부적으로는 한 나라의 통치를 감당할 만한 제도 정비와 정치철학을 수립해놓고 있었던 것이다. 쿠빌라이가 칸에 오르자 당연하게도 아릭-부카와 그를 추종하는 세력들이 병사를 일으켜 형세들 사이에 내분이 일어나게 되었다. 하지만 이 싸움도 그리 오래가지 않아 얼마 뒤 아릭-부카가 복속해옴으로써 쿠빌라이는 명실상부한 칸이 되었다.

내분이 끝난 뒤, 1263년 쿠빌라이는 옛 금의 수도였던 '중두'의 명칭을 회복하고, 1265년에는 카이펑을 '상두(上都)'로 바꿨다. 이후 쿠빌라이는 1267년까지 중두에 궁성과 해자를 건설하여 웅장한 수도를 완성했다. 1271년 드디어 국호를 '원'으로 바꾸고, 1273년에는 '중두'를 '다두(大都)'로 개명했다. '다두'는 몽고말로 '칸발릭(Khanbaliq, 汗八里)'이라고 하는데, '대칸의 성'이라는 뜻이다. 당시 중국을 방문했던 마르꼬 뽈로는 자신의 책에서 다두를 '캄발룩(Cambaluc)'이라 불렀다. 하지만 정작 쿠빌라이는 새로운 수도에 적응할 수가 없었다. 만년에 통풍으로 고생한 데다 몽골의 초원에서 자란 그로서는 남쪽 지방의 혹독한 더위를 견뎌낼 재간이 없었기에 매년 늦은봄부터 초가을까지는 상두로 가서 더위를 피하고 가을과 겨울에만 다두에서 지냈다. 이후 원 왕조의 황제들은 모두 쿠빌라이의 관행을 따랐다.

다두를 수도로 결정한 것은 쿠빌라이지만, 천도를 건의하고 도성을 건축한 사람은 류빙중(劉秉忠)이라는 한족 출신의 막료였다. 류빙중이 쿠빌라이를 만난 것은 그가 아직 칸의 지위에 오르기 전이었다. 류빙중은 관적이 루이저우(瑞州, 지금의 랴오닝성 쑤이중현綏中縣 북쪽)로 대대로 벼슬을 지내던 집안 출신이었다. 하지만 몽골이 일어나 중원을 차지하자 한족 출신인 그는 뜻을 펴지 못하고 은거하다 우연히 쿠빌라이에게 천거되어 중용되었다. 그는 학식도 뛰어났지만 요와 금 같은 이민족 정권이 한족을 통치하는 제도와 방식에 대해서도 깊이 이해하고 있었기에 향후 30여년 동안 쿠빌라이를 보좌하며 당시 한족으로서는 최고의 지위에까지 올랐다.

그를 중용했던 쿠빌라이는 우선 그에게 카이펑성(開平城, 지금의 내몽골 정란치正藍旗 스베이쑤무石別蘇木)의 건설을 맡겼다. 류빙중은 일에 착수한 지 삼년 만에 일을 끝내고, 이번에는 수도를 다두로 옮길 것을 건의했다. 하지만 중두는 오랫동안 방치되어 원래의 면목을 잃고 있었을 뿐 아니라, 여름이면 인근의 웅덩허가 범람해 물에 잠겼고, 무엇보다 용수 문제를 해결할 수 없었다. 아울러 성 안의 사람들이 먹고살 양식을 운반하는 조운에도 불리했다. 이러한 문제를 해결하기 위해 류빙중은 수리(水利)에 밝은 사람을 발탁해 그에게 다두의 치수를 책임지게 했다. 그가 바로 원의 수도 다두뿐 아니라 이후 베이징성의 치수에까지 심대한 영향을 주었던 궈서우징이다. 궈서우징(郭守敬, 1231~1316)은 순더(順德, 지금의 싱타이邢台) 사람으로, 할아버지 궈룽(郭榮)이 당시 다두성 건설을 책임지고 있던 태보(太保) 류빙중과 친했던 인연으로 그 문하에 들어갔다.

궈서우징은 처음에는 금나라 때 중두의 물길을 그대로 답습해 위취안산의 물을 끌어들여 웡산보(瓮山泊, 지금의 쿤밍호昆明湖)와 가오량허(高粱河)를 거쳐 다닝궁(大寧宮)으로 흘러들게 하려고 했다. 하지만 이 물길은 이미 황실 전용수로 쓰이고 있었기에 궈서우징은 조운에 필요한 다른 물길을 찾아야 했다. 궈서우징은 다두성의 서북쪽으로 60리 정도 떨어진 선산(神山, 지금의 펑황산鳳凰山) 아래의 바이푸취안(白浮泉)이 수량이 많고 지세가 다두보다 높다는 사실을 알고 이 물을 사허(沙河)와 칭허(淸河)를 에둘러 웡산보(瓮山泊)까지 끌어온 뒤 다두성 안의 지수이탄(積水潭)으로 끌어들였다. 지수이탄의 물은 다시 황성의 동쪽 성벽을 따라 흐르다 리정먼(麗正門) 동쪽에서 다시 원밍먼(文明門) 밖으로 흘러 퉁저우 갑문으로 흘러 들이갔다.

이렇게 하여 궈서우징은 도성의 용수 문제를 해결했을 뿐 아니라, 남방에서 운하를 통해 올라온 조운선들이 직접 스차하이까지 이르게 했다. 스차하이에는 '녹미창(祿米倉)'이나 '해운창(海運倉)' 같은 많은 창

현재 스차하이에 세워져 있는 귀서우징의 입상

고가 있어 조운선에 싣고 온 식량을 부릴 수 있었다. 이로써 귀서우징은 다두, 나아가 후대의 베이징성의 수리사업에 큰 족적을 남긴 이로 후대에 추앙받았다. 현재 스차하이에는 그의 입상과 함께 기념관이 세워져 있다.

류빙중이 주도하여 새롭게 지은 다두성은 1267년에 기공되어 1276년에 완성되었는데, 총면적이 약 50평방킬로미터에 이르렀다. 다두를 건설할 당시 요와 금의 수도였던 곳은 이미 황폐해진 데다 앞서 말한 대로 주로 수리 문제 때문에 아예 북쪽으로 옮겨 새로 터를 잡았다. 이렇게 북쪽으로 옮겨진 베이징 도성의 신축은 이후 명과 청에 이르기까지 큰 틀의 변화가 없었다는 점에서 베이징성 역사에 있어 '제일대사건'이라 할 만하다. 곧 명과 청, 두 왕조 시기의 베이징은 원나라 때 세워진 도성을 기초로 궁성을 확장한 것에 지나지 않는다고 해도 과언이 아니다.

다두성은 삼중의 성곽으로 둘러싸여 있었다. 외성은 '대성(大城)'이라고도 불렀는데, 북쪽에만 두개의 성문이 있었고, 동·서·남쪽에는 각각 세개씩의 성문을 두었다. 북쪽 성문은 동쪽의 안전먼(安貞門)과 서쪽의 젠더먼(建德門)이고, 동쪽의 세 문은 북에서 남쪽으로 내려오면서 광시먼(光熙門), 충런먼(崇仁門, 지금의 둥즈먼에 해당), 치화먼(齊化門, 지금의 차오양먼朝陽門에 해당)이며, 서쪽의 세 문은 역시 북에서 남쪽으로 쑤칭먼(肅淸門), 허이먼(和義門, 지금의 시즈먼에 해당), 핑쩌먼(平則門, 지금의 푸청먼阜成門에 해당)이고, 남쪽의 세 문은 정중앙이 리정먼(麗正門)이고 동쪽은 원밍먼(文明門), 서쪽은 순청먼(順承門)이었다. 각각의 성문은 밖으로 옹성을 두르고, 성의 네 모퉁이에는 거대한 각루(角樓)를 세웠으며, 성 밖에는 넓고 깊은 해자를 둘러 후청허(護城河)라 불렀다.

외성의 안쪽은 다시 황성(皇城)과 궁성(宮城)으로 나뉘는데, 궁성은 가장 중심부에 있는 황제와 그 가족들이 사는 공간이었다. 이 궁성과 외성 사이에 있는 것이 황성인데, 여기에는 폭이 5리 정도 되는 호수인 타이예츠가 있었고, 그 서쪽에는 츙화다오(瓊華島)가 있었다. 쿠빌라이는 이곳에 광한뎬(廣寒殿)이라는 궁전을 지어놓고 궁성보다는 이곳에 머무는 것을 더 좋아했다. 또 황성 안에는 따로 룽푸궁(隆福宮)과 싱성궁(興聖宮)이라는 별궁을 지어 황자(皇子)와 태후(太后), 후비(后妃)와 기타 다른 황실 사람들이 살게 했다. 하지만 이곳에서 몽골족이 누린 영하는 그리 길지 않았다. 1368년 정월에 주위안장의 명을 받은 쉬다(徐達)가 기병과 보병을 이끌고 운하를 따라 북상하여 퉁저우를 거쳐 치화먼(齊化門)에 도착했다. 흥미로운 것은 원의 마지막 황제인 순제(順帝)가 보인 태도였다. 대개 망국의 군주는 그 한을 안고 자결을 하거나 포로로 잡혀 비참한 최후를 맞는 게 보통이다. 하지만 순제는 맞서 싸워 볼 생각도 하지 않고 야음을 틈타 도성의 북쪽에 나 있는 젠더먼을 통해 몽골족의 원래 근거지인 상두로 도망쳤다. 그해 8월에 쉬다가 다두성을 점령함으로써 원나라는 그 명맥을 다했다.

모자帽子의 성

연왕(燕王) 주디(朱棣)와 베이징

주위안장은 황제에 오르자 가장 먼저 자신과 함께 전쟁터에서 고락을 같이했던 공신들을 하나씩 숙청해갔다. '교활한 토끼를 잡으면 사냥개를 삶아 먹는다'(狡兎死 走狗烹)고 했던가? 흔히 '토사구팽'으로 줄여 부르는 이 말은 사냥이 끝나면 더이상 사냥개는 필요 없다는 말인데, 멀리는 한나라 때 류방(劉邦)과 한신(韓信)의 고사로부터 금군(禁軍) 출신으로 황제의 자리에 올랐던 송 태조 자오쾅인(趙匡胤)이 가장 먼저 금군을 없앤 일까지, 개국공신이 하루아침에 찬밥 신세가 된 것은 이러한 역사의 아이러니가 끊임없이 반복된다는 것을 보여준다. 명 대조 역시 자신을 포함해 자식들에게 부담을 주지 않기 위해 공신들을 모조리 제거해버렸다. 게다가 자신의 황위를 이을 황태자가 일찍 죽자 고심 끝에 손자를 황태손으로 지정했다. 하지만 그는 아직 어리고 여러모로 미덥지 않았기에 주위안장은 주씨 황실의 유지에 불안감을 갖게 되어 더욱 가혹한 숙청을 행했다.

주위안장은 황실이 고립되는 것을 면하고 유사시를 대비하여 즉위 3년 후인 홍무(洪武) 3년(1370) 황태자를 제외한 자신의 아들들을 왕으로 분봉했다. 이때 비교적 나이가 많은 아들들은 북쪽에 배치하여 아직 남아 있는 북원(北元)의 세력에 대비하도록 했다. 그리고 이들에게는 방위의 필요성 때문에 상당한 무력의 소유도 인정했는데, 실제로 북방의 제왕들은 북원과 충돌했을 때 몽골을 토벌하여 혁혁한 무공을 세우기도 했다. 이들 가운데 베이핑에 분봉된 연왕 주디는 가장 걸출한 인물로 야심만만한 전략가였으며, 10만의 강병을 소유하고 수차례 원정에서 승리를 거둬 그 위세가 자못 볼 만했다.

주위안장은 황태자가 죽자 넷째 아들인 주디에게 황제 자리를 물려줄 생각을 품고 있었다고 한다. 하지만 신하들의 반대로 뜻을 이루지 못하자 이를 못내 아쉬워했다고 한다. 주위안장이 재위 31년(1398) 만에 71세의 나이로 세상을 뜨자, 황태손인 혜제(惠帝)가 등극했다. 당시 스물두살이던 혜제는 착하고 어진 성품을 지녔지만 지도자로서 결단력이 부족했다. 게다가 그를 보좌하던 치타이(齊泰)나 황쯔청(黃子澄), 팡샤오루(方孝孺) 같은 신하들은 논설만 즐길 뿐 실제 경륜은 부족했다. 이들은 북방에 있는 여러 왕들의 세력이 커가는 것을 불안하게 여기다 혜제에게 그들의 병력을 삭감하라고 건의했는데, 그중에서도 베이핑에 있는 연왕이 주된 표적이었다.

혜제는 우선 비교적 힘이 약한 주왕(周王)과 제왕(齊王), 대왕(代王) 등의 왕위를 박탈하고 서민으로 강등했다. 이같은 기습조치로 왕들은 동요하게 되었다. 연왕은 다음 표적이 자신임을 간파하고 건문(建文)

원년(1399) '간신을 제거하고 명 황실을 구한다'(靖難)는 명분으로 반란을 일으켰다. 이를 '정난의 변'이라 하는데, 개국 초기 삼촌이 어린 조카에게 반기를 들어 황제 자리를 빼앗은 것은 우리 역사의 '단종애사(端宗哀史)'와 흡사한 면이 있다.

이 싸움은 4년 정도를 끌었는데, 병력 면에서는 황제의 군대가 훨씬 우세하여 한번의 작전에 50만 대군이 동원되기도 했다. 하지만 수만 많았을 뿐, 제대로 통솔할 장수가 없었다. 역전의 명장들을 태조 주위안장이 거의 다 숙청해버렸기 때문이었다. 이에 비해 연왕의 군대는 북방 외적들과의 실전을 통해 단련된 강병들이었기에 결국 파죽지세로 밀고 내려가 건문 4년 5월에 수도인 진링(金陵)을 함락했다. 난리중에 혜제는 행방불명이 되었는데, 일설에는 스님 복장을 하고 성을 탈출해 잠적했다고 한다.

이렇게 무력으로 제위를 찬탈한 연왕은 1402년 영락(永樂)이라 연호를 바꾸고 스스로 황제의 자리에 올랐다. 그가 가장 먼저 취한 조처는 자신과 같이 반란을 일으킬 소지가 많은 제왕들의 병권을 박탈하고 서민으로 폐출한 것이다. 이에 따라 황권에 도전할 세력은 없어졌으나 오히려 북방의 수비를 약화하는 결과를 낳았다. 이에 영락제는 막북(漠北)에서 호시탐탐 기회를 노리는 북원의 위협에 대비하고자 즉위 다음해에 수도를 다시 베이핑으로 옮기고 이름을 '베이징'으로 바꾸었다. 오늘날 베이징이라는 명칭은 이때 처음 생긴 것이다. 하지만 나라의 수도로서 황제가 거처할 궁궐이나 성, 해자 등 새로 건축해야 할 것들이 많았으므로, 실제로는 영락 4년(1406)부터 10여년에 걸친 대공사를 끝내고 영락 19년(1421) 3월에 정식으로 베이징으로 천도하고 명 초기 수도였던 '진링(金陵)'을 '난징' 또는 '유도(留都)'라 하였다. 영락제의 베이징 천도는 이후 청을 거쳐 현재까지 이어지는 베이징의 기본적인 틀을 만든 일대 사건이었다.

베이징성의 건설

　명나라 군사가 원나라를 멸망시키고 다두에 도착했을 때는 이미 거주민도 없고 성을 지키는 군사도 없이 황량한 땅일 따름이었다. 명나라 군사는 다두를 점령한 뒤 성곽을 북에서 남쪽으로 5리 정도 옮겼다. 병력을 집중시켜 방어에 유리하도록 한 조처였다. 1371년 대장군 쉬다는 다두의 성곽을 수복하고 평정했다는 의미로, '베이핑부(北平府)'로 고쳐 불렀다. 하지만 아직 전쟁이 완전히 끝난 게 아니었기 때문에, 성곽을 복원하는 공사는 충분한 시간을 두고 상세히 검토하고 설계할 겨를이 없이 급하게 이루어졌다. 작업하는 데 장애를 최소화하고 시공에 용이한 것만을 따졌기 때문에 어설픈 곳이 많았다.

　연왕 주디가 홍무 3년(1370) 연왕에 분봉되었을 때만 해도 베이징으로 옮겨와 살고 있지는 않았다. 연왕이 베이징으로 거처를 옮긴 것은 홍무 13년(1380)이니 그때까지 연왕은 수도 난징에 머무르고 있었다. 그가 처음 베이징에 왔을 때는 다두성 내에 있는 호수 타이예츠 서쪽 싱성궁에 거주했다. 그러다 앞서 이야기한 대로 건문 4년(1402) 연왕 주디가 난징에서 칭제하고 황제에 즉위한 뒤인 영락 4년(1406)에 비로소 베이징성의 건설에 착수할 수 있었다. 이때는 연왕이 베이징에 거주한 지 어언 20여년이 된 시점이었다.

　초기에는 공사를 크게 벌일 수 없었는데, 그것은 개국 직후인 데다 연왕 스스로 반란을 일으켜 4년 남짓 전쟁을 치르느라 백성들의 부담이 적지 않았기 때문이었다. 그래서 당장 필요한 베이징성의 궁전부터 축조해갔는데, 이때 처음 지은 것이 펑톈뎬(奉天殿)이다. 영락 13년(1415)에 성벽이 완성됐고, 다음해에는 서궁(西宮)이 완성되었다. 영락 15년(1417), 황제는 신하들에게 베이징성의 건설에 대해 설문을 하게 되는데, 뉘라서 황제의 의중을 헤아리지 못하고 반대의견을 내놓을 수 있었겠는가? 신료 대부분이 황제의 뜻을 찬양하는 가운데 본격적으로 베이징성 건설에 착수해 이때부터 대규모 공사를 벌였다. 당시 공사에 쓰인 자재들은 전국 각지에서 조달했다. 이를테면 유리 기와는 후난에서, 화강암은 안후이(安徽)에서 가져오고, 궁실의 땅을 포장하는 벽돌은 쑤저우(蘇州)에서 구운 것이고, 성벽을 쌓는 데 필요한 벽돌은 주로 산둥(山東)의 린칭(臨淸)과 그 인근 현에서 보내오는데, 그 수량이 3~4000만 개 정도였다고 한다. 건물을 짓는 데 필요한 목재는 윈난(雲南)이나 구이저우(貴州), 쓰촨 등지의 심산유곡에서 베어낸 것이었다. 당시의 열악한 교통을 생각하면 이런 건축자재를 보내는 데 얼마나 많은 시간과 비용이 들었을지 가히 상상이 간다.

1419년 베이징성의 남성(南城)이 확장되어 완성되자, 1420년 베이징성 신축공사는 거의 마무리된다. 이듬해 정월 초하루에 영락제는 펑톈뎬에서 문무 백관의 축하를 받으며 베이징성 준공을 선포하고, 새로 지은 도성을 '경사(京師)'라 불렀다. 하지만 사람들은 '베이징'이라는 이름을 더 좋아해 지금껏 내려오고 있다. 그런데 앞서도 살펴본바 베이징성은 약간 기묘한 모양을 하고 있는데, 하나는 베이징성 서북쪽 귀퉁이가 약간 이지러져 있기 때문이고, 다른 하나는 구궁을 둘러싼 성곽 모양이 특이하기 때문이다.

베이징성은 다두성을 근간으로 하고 있는데, 원래 다두성 위치보다 약간 남쪽으로 이동한 형태를 띤다. 앞서는 류보원과 야오광샤오가 베이징성 설계도를 그리던 중 바람이 불어 그림 한쪽 귀퉁이가 찌그러진 것이라고 했지만 어디까지나 전설에 그치는 이야기이고, 실제로는 서북쪽 모퉁이에 하천이 있고 그 일대에 원대의 한림원과 민가가 밀집한 탓에 에둘러 성을 쌓다보니 약 30도의 경사로 기울게 된 것이다. 구궁을 둘러싼 내성이 완성된 뒤 남쪽의 정양먼 밖으로 인구가 늘고 번화하게 되자, 명 가정(嘉靖) 32년(1553)에 외성을 쌓는 공사가 시작되었다. 하지만 당시 국가재정이 이를 감당하기 어려워 남쪽에서부터 쌓아가던 외성은 내성과 만나는 지점에서 공사가 중단되어 나중에 재정이 확충되면 공사를 재개하기로 했다. 그래서 본래는 외성이 내성을 둘러싼 이중의 모양이 되어야 했던 것이 남쪽이 넓고 북쪽은 좁은 형태가 되었는데, 사람들은 이 모양이 마치 모자와 같다 하여 베이징성을 '모자의 성'이라 부르게 되었다.

명 마지막 황제의 최후

명 왕조는 중기 이후 쇠퇴의 길에 접어든다. 외환(外患)과 내우(內憂)가 끊임없이 일어났기 때문이다. 외환으로는 다시 힘을 기르고 일떠선 몽골과 동남 해안지역의 왜구 및 만주지역의 여진족이 계속 명나라를 위협했다는 점을 들 수 있다. 여기에 1592년 임진왜란이 일어나자 힘에 부친 조선의 원병 요청에 응하여 참전하는 통에 명 역시 국가재정에 심각한 타격을 입었다. 게다가 후기로 가면 몽골이나 왜구의 세력은 줄어든 대신, 새롭게 일어난 만주족 누르하치의 후금이 조정을 압박했다. 이에 명 조정은 주력 부대를 베이징 북방에 있는 장성에 집결시켜 만주족의 침입에 대비했다. 하지만 문제는 내부에도 있었으니, 황제의 무능과 환관의 전횡, 관료들 사이의 당쟁 등으로 각지에서 크고 작은 반란이 끊이지 않고 일어났다.

명나라 말기 반란을 일으켰던 리쯔청은 산시(陝西) 미즈현(米脂縣)에서 부농의 아들로 태어났다. 하지만 관리들의 가렴주구로 집안이 몰락한 뒤에 역졸(驛卒)로 생활했는데 농민 반란이 일어나자 탈영해 반란에 가담했다. 이후 가오잉샹(高迎祥)이 이끄는 반군 무리에서 두각을 나타내다 가오잉샹이 명나라 군에 체포되자 여러 부하들의 추대를 받아 최고지휘자로 올라섰다. 이후 민심을 얻어가는 한편 세력을 규합해 숭정(崇禎) 16년(1643) 후베이(湖北)의 샹양(襄陽)을 함락하고 그곳에서 정권을 수립해 자칭 신순왕(新順王)이라 칭했다. 나중에 시안(西安)을 점령한 뒤에는 국호를 '대순(大順)'이라 붙이고 연호를 '영창(永昌)'이라 하였다.

드디어 리쯔청의 군대는 40만 대군을 몰아 베이징을 공격했는데, 당시 명의 주력 부대는 만주족의 침입을 막기 위해 산하이관을 중심으로 동북방에 집결해 있었으므로 베이징은 사실상 비어 있었다. 1644년 리쯔청의 군대는 산시(陝西)를 출발해 동진하여 산시(山西)의 타이위안(太原)을 공략하고, 기세가 오른 리쯔청 군대는 계속 진격하여 베이징에 이르렀다 예기치 못한 리쯔청의 급습을 받은 명 조정은 황급히 동북변에서 청나라 군사와 대치하고 있던 우싼구이(吳三桂)를 소환해 리쯔청의 군대를 막게 했다. 이에 우싼구이는 비밀리에 병력을 이끌고 베이징으로 향했다. 하지만 리쯔청이 한발 빨랐다. 리쯔청의 군대는 베이징

모자의 성 235

징산공원 내 숭정제가 목을 맨 곳에 세워진 비석

서북쪽 창핑을 거쳐 베이징으로 진입했다. 드디어 3월 17일 리쯔청의 군대는 베이징성을 공격하기 시작했다. 포위 공격이 시작되자 베이징성을 지키던 환관들이 투항하기 시작했다.

적군이 성 안으로 들어오자 명의 마지막 황제인 숭정제 주유젠(朱由檢)은 친히 종을 울려 백관을 소집했으나 아무도 조정에 나타나지 않았다. 할 수 없이 그는 환관 왕청언(王承恩)을 데리고 궁을 빠져나와 북쪽에 있는 메이산에 올랐다. 궁성에서 치솟은 불길은 하늘을 찌를 듯 타오르고 있었다. 황제는 다시 궁으로 돌아와 열다섯살이 된 장락공주를 불러 옷소매로 자신의 얼굴을 가리고, 오른손으로 칼을 뽑아 딸을 내리쳤다. 공주는 손으로 칼을 막았으나 오른팔이 잘리고 말았다. 오른팔이 잘린 공주는 쓰러져 고통에 몸부림쳤고 땅은 순식간에 선혈이 낭자했다. 숭정은 고통스러워하는 딸을 차마 죽일 수 없었다.

산시성(陝西省) 미즈현에 있는 리쯔청의 행궁 터

    황제는 다시 황후와 석별의 정을 나누는 술을 마신 뒤 자결을 권유하고는 어린 딸 소인공주와 비빈들을 죽였다. 그후 어두운 밤을 틈타 바로 앞에 있는 메이산에 올라 처연한 듯 성 안을 바라보다 자신의 긴 소맷자락에 유지를 남겼다. "짐은 나약하고 덕망이 부족해 하늘의 노여움을 샀도다. 도적떼가 짐의 수도를 점령했건만 신하들은 모두 짐을 저버렸다. 죽어서도 조상들을 뵐 낯이 없어 스스로 면류관을 벗고 머리카락을 풀어헤쳐 얼굴을 가리노라. 도적들이 짐의 시신을 능욕할지언정, 백성은 한사람도 다치지 않게 하라." 그러고는 맨발에 산발한 상태로 얼굴을 가리고 목을 매 자살했다.

    황제가 목을 맨 메이산은 현재 징산공원으로 바뀌어 베이징시민의 휴식처가 되고 있다. 전하는 말로는 숭정이 목을 맨 나무에는 '(황제의 목숨을 앗아간) 죄지은 회나무(罪槐)'라는 글자가 새겨진 철판이 걸려 있었는데, 의화단의 난 때 8국 연합군이 훔쳐갔다고 한다. 나무 역시 문화대혁명 때 타파되어야 할 네가지 봉건 구습으로 지목되어 절단된 수난을 겪었는데, 지금 그 자리에 서 있는 나무는 그때 절단된 나뭇가지를 수습해 다시 심은 것이라 한다. 나무는 무심히 서 있을 뿐이지만 감당하기 어려운 역사의 수난을 겪은 셈이다.

한편 성에 들어온 리쯔청은 은 만냥의 현상금을 걸고 숭정제를 찾았다. 이틀 후 사람들은 이미 시체가 된 숭정제를 끌고왔다. 다음날 리쯔청의 농민군은 숭정제와 황후 주씨의 관을 궁 밖으로 보내 둥화먼(東華門) 밖에서 군중에게 보였다. 4월 초가 되자 리쯔청은 두사람의 시신을 창핑현에 있는 톈귀비(田貴妃)의 무덤에 대충 장사지냈다. 숭정제는 난리통에 미처 자신의 능을 준비하지 못했기에 후궁의 유택을 빌려 잠들 수밖에 없었던 것이다.

청병(淸兵)의 입성

베이징으로 향하던 우싼구이의 군대가 펑위안(豊潤, 지금의 허베이성 펑위안현)에 이르렀을 때, 우싼구이는 베이징이 함락되고 숭정제가 스스로 목숨을 끊었다는 소식을 접했다. 우싼구이는 어쩔 수 없이 군사를 돌려 다시 산하이관으로 돌아가 사태를 관망했다. 진퇴양난이었다. 명을 멸망시킨 리쯔청에게 돌아가 그와 함께 북방의 만주족에 맞서 싸울 것인가, 그렇지 않으면 청에 투항할 것인가? 그는 두 세력 사이에서 결단을 내리지 못하고 망설이고 있었다.

이윽고 우싼구이는 산하이관의 문을 열고 청나라 병사를 끌어들였다. 명의 원수를 갚는다는 명목으로 청에 원조를 구하고 항복한 것이다. 산하이관 밖에서 청나라 병사를 통솔하고 있던 예친왕(睿親王) 도르곤(多爾袞)은 즉각 우싼구이의 청을 받아들여 후한 보답을 약속한 뒤 그의 안내를 받아 산하이관을 아무 장애 없이 통과해 베이징으로 진격했다.

일설에 의하면, 원래 우싼구이는 리쯔청에게 투항할 마음이 있었는데, 갑자기 마음을 바꾼 것은 한 여인 때문이었다고 한다. 베이징에 두고 온 애첩 천위안위안(陳圓圓)을 리쯔청의 부하가 빼앗았다는 말을 듣고 당초의 계획을 바꾸어 청에 투항했다는 것이다. 이 이야기는 당시 유명한 시인이었던 우웨이예(吳偉業)의 '원원곡(圓圓曲)'이라는 시에 실려 세간에 알려졌다.

<blockquote>
황제가 세상을 등지던 날
적을 무찌르고 서울을 수복하러 위관까지 내려가니
통곡하는 육군은 모두 흰 상복을 입었고
머리카락이 관을 찌를 듯 화를 낸 것은 홍안의 미인 때문이었다.

鼎湖當日棄人間 破敵收京下玉關
慟哭六軍俱縞素 冲冠一怒爲紅顔
</blockquote>

순정제가 자진하니 '여섯 방면의 군사들'(六軍)이 모두 상복을 입고, 머리카락이 관을 뚫고 나올듯 화가 치밀어오른 것은 홍안의 미인, 곧 위안위안 때문이었다는 것이다.

조선시대에 연행 길에 올랐던 조선의 사신들은 산하이관을 지날 때마다 이 사건에 통분을 금치 못했다고 한다. 우싼구이가 관문을 열어 청병을 맞이하지 않고 명이 망하지 않았더라면 나중에 조선에 쳐들어온 청에게 굴욕을 당하지 않았을 거라는 생각에서였는데, 박지원은 『열하일기』에서 그 심경을 다음과 같이 토로한 바 있다.

> 흥! 몽염은 장성을 쌓아서 오랑캐를 막고저 했는데, 진나라를 망친 오랑캐는 필경 집안에서 기르게 되었고, 서중산(곧 쉬다)이 이 관을 지어 오랑캐를 막고저 했더니, 오삼계가 관문을 열어 적군을 맞아들이기에 여가가 없었구나. 천하가 무사태평한 이때야말로 공연히 장사치 길손 나부랭이나 붙들고 이러쿵저러쿵 힐난을 한대서야 난들 이 관에 대하여 무어라 말해서 좋을지 모르겠구나.[72]

리쯔청은 우싼구이와 청나라 병사의 연합군에 맞서 싸웠으나 패했

'천하제일관' 산하이관

고, 베이징으로 돌아온 뒤 쯔진청 서쪽 우잉거(武英閣) 뒤의 징쓰뎬(敬思殿)에서 황제의 자리에 올랐다. 하지만 이내 청나라 병사가 들어올 것을 염려해 베이징을 버리고 서쪽으로 피신했다. 그러자 청병들은 아무런 저항도 받지 않고 베이징성에 입성할 수 있었다. 얼마 안 있어 리쯔청을 비롯한 유적(流賊) 세력이 모두 토벌되고 청은 전중국을 손에 넣게 된다.

청대의 베이징은 사실상 큰 변화가 없었다. 청이 무혈입성 했기에 도시가 파괴된 것도 없었고, 백성들도 크게 동요하지 않았다. 아울러 청 왕조는 기왕의 한족 문화를 그대로 보존하고 존중하는 정책을 폈기 때문에 전대의 문화유산 역시 그대로 살아남았다. 따라서 베이징성의 역사를 이야기할 때 청대는 별로 이야깃거리가 없다. 기본적인 아키타입(archetype)은 원대에 이미 정해졌고, 현재까지 내려오는 베이징성의 기본 틀은 명대에 확정되어 청대에는 그대로 이어받아 약간의 보수만 했기 때문이다. 청대의 베이징이 이전과 확연하게 달랐던 점은 청이 이민족 왕조였기 때문에 만주족과 한족의 거주지를 구별했다는 것이다. 곧 한족은 외성, 만주족은 내성으로 나누어 서로 섞여 사는 것을 막았다.

베이징성은 이후로 약 300년간 큰 변화 없이 이어져 내려왔다. 하지만 20세기에 접어들자 제국주의의 침략과 혼란을 거듭한 국내 정세로 말미암아 전통적인 면모는 여러모로 심각한 타격을 입게 된다. 다시 오랜 내전을 거치고 나서 20세기 중빈 문화대혁명의 폭풍우가 몰아진 뒤에는 개혁개방의 기치 아래 또 한번 천지개벽을 겪게 된다.

모자의 성 241

제국의 영화와 몰락

위안밍위안(圓明園)에 가보았는가?

오랜 세월 부침을 겪어왔던 베이징의 역사를 온몸으로 증언해주는 곳이 바로 위안밍위안(圓明園)이다. 위안밍위안은 이허위안과 함께 역대 왕조의 정원 가운데 하나로, 베이징에서는 나름대로 잘 알려진 명소 가운데 하나다. 베이징 서쪽 지역은 풍광이 아름다운 곳이 많은데, 이에 역대 황제들은 이곳에 행궁을 만들고 정원을 조성하는 경우가 많았다. 이것을 통칭해 '삼산오원(三山五園)'이라 불렀는데, 여기에서 삼산은 샹산(香山), 위취안산(玉泉山), 완서우산(萬壽山)이고, 오원은 창춘위안(暢春園), 위안밍위안, 징밍위안(靜明園), 징이위안(靜宜園)과 칭이위안(淸漪園)이다.

오원 가운데 가장 먼저 세워진 것은 창춘위안으로 위안밍위안의 남쪽, 현재의 베이징대학과 칭화대학 일대에 걸쳐 있었다. 이것은 명 신종(神宗)의 외조부인 리웨이(李偉)가 세운 것을 강희 29년(1691)에 중수해, 강희제는 대부분의 시간을 이곳에서 보냈다. 또 현재 우리에게 잘 알려져 있는 이허위안의 전신이 바로 칭이위안인데 오원 가운데 가장 늦게 건설되었다.

오원 가운데 으뜸으로 손꼽히는 위안밍위안은 본래 '창춘위안(長春園)' '치춘위안(綺春園)' 위안밍위안의 세개의 정원으로 이루어졌지만 일반적으로는 위안밍위안으로 통칭된다. 위안밍위안은 1709년에 건설되었는데, 원래는 강희제가 넷째 아들인 인전, 곧 옹정제에게 하사한 '사원(賜園)'이었다. 1722년 옹정이 즉위한 후 구궁의 틀을 본떠 위안밍위안의 대대적인 중수작업이 진행되었다. 위안밍위안이 그 위용을 갖춘 것은 청대의 최극성기라 할 건륭 시기였다. 그는 특유의 자신감으로 엄청난 경비와 공력을 들여 위안밍위안을 대규모로 확장했다.

건륭제는 당시 중국에 와 있던 이딸리아인 가스띨리온(중국명은 랑스닝郎世寧)과 프랑스인 브노와(중국명은 쟝여우런蔣友人) 등에게 명하여 프랑스의 베르사유 궁전 양식을 모방한 서양식 누각 3개와 분수를 삼대정원 가운데 하나인 창춘위안의 최북단에 세우게 했다. 1757년에 최초의 인공 분수인 '다수이파(大水法)'가 완공되었는데, 이것이 곧 '셰치취(諧奇趣)'라는 일군의 건축물 가운데 하나다.

그 뒤로 '양췌롱(養雀籠)' '팡와이관(方外觀)' '위안잉관(遠瀛觀)' '하이옌탕(海晏堂)' '추수이러우(蓄水樓)' '완화전(萬花陣)' 같은 건물들이 속속 들어섰다. 이렇게 세워긴 건물들을 통칭해 '시양리우(西洋樓)'라고 한다. 당시 아티레 신부(중국명은 왕즈청王致誠)는 중국의 전통적인 멋과 당시 유럽에서 유행했던 바로크 양식이 절묘하게 어울어진 위안밍위안의 아름다움을 '모든 원림 가운데 최고의 원림'(萬園之園)이라며 찬

위안밍위안 '다수이파'

탄했다.[73]

    시양러우는 중국 최초의 서양식 건축물로 그 아름다움은 무엇과도 비길 수 없을 정도였다. 이렇게 뛰어난 문화유산이 제2차 아편전쟁을 거치며 영국·프랑스 연합군에 의해 모두 파괴됐다는 것은 비극이다. 거칠 것이 없었던 연합군은 위안밍위안에 있는 보물을 닥치는 대로 약탈했을 뿐 아니라 아름다운 건물마저 모두 부수고 불을 놓아 그야말로 초토화시켰다.

    불행 중 다행인 것은 세계여론의 지탄이 두려웠는지 쯔진청은 그대로 두었다는 것이다. 만약 이때 연합군이 쯔진청마저 파괴했더라면 또 다른 위대한 문화유산이 사라졌을 것이다.

    위안밍위안 구역 내에 있는 전시실에는 1861년 프랑스의 문호 빅토르 위고(Victor Hugo)가 친구에게 보낸 편지 하나가 보관되어 있는데,

파괴된 채로 방치되어 있는 위안밍위안에서 바라본 해넘이

당시 프랑스군의 만행에 대한 그의 분노를 잘 보여준다.

세계의 모든 예술가와 시인, 철학자 들은 모두 위안밍위안의 존재를 알고 있습니다. 볼떼르도 현재 이 문제를 제기하고 있지요. 사람들은 말합니다. 그리스에는 파르테논 신전이, 이집트에는 피라미드가, 로마에는 콜로세움이, 파리에는 노트르담 성당이 있고, 동방에는 위안밍위안이 있노라고 (…) 그런데 이 기적이 현재는 이미 더이상 존재하지 않습니다. 하루아침에 두명의 강도가 위안밍위안에 들어가 하나는 약탈을 하고, 다른 하나는 방화를 하였습니다. 그들이 얻은 승리는 강도의 도둑놈의 승리요, 두명의 승리자는 함께 위안밍위안을 철저하게 파괴해버렸습니다. (…) 우리 유럽인들은 스스로 문명인이고, 우리의 안목으로는 중국인들은 야만인이라 생각했습니다. 하지만 이것이 문명인이 야만인에게 행한 행동이란 말입니까?

제국의 영화와 몰락 245

이후 위안밍위안은 예전의 명성을 잃어버리고 한참 동안 사람들로부터 잊혀진 존재가 되었다가 신중국 수립 이후 차츰 정비의 손길을 거쳐 그나마 현재의 모습을 되찾게 되었다. 하지만 시양러우의 아름다운 건물들은 본모습을 되찾지 못하고 넘어진 기둥을 바로 세우는 정도의 복원만 거쳐 현재에 이르고 있다. 위안밍위안에 가보았는가? 중국이라는 거대한 제국의 영화와 몰락을 이처럼 극적인 대비를 통해 확인할 수 있는 곳은 어디에도 없다. 위안밍위안, 이곳에서는 제국주의의 잔혹함과 오래된 왕조의 퇴락한 모습을 동시에 느낄 수 있다.

시타이허우(西太后)와 이허위안(頤和園)

린위탕은 자신의 책에서 서양의 역사에는 오스트리아의 마리아 테레지아나 영국의 엘리자베스 1세와 같은 위대한 여왕이 많이 있었지만, 중국에는 그런 뛰어난 여왕이 나타나지 않았는데, "아마도 뛰어난 황후들은 지혜와 조언으로 황제를 돕는 것을 더 좋아했기 때문"일 것이라고 말했다.[74] 하지만 아무리 생각해도 이 말에는 동의할 수가 없다. 근대 이전 중국 여인들의 삶은 스스로 선택한 것이었다기보다는 어쩔 수 없이 받아들여야 했던 질곡이라고 말하는 편이 맞기 때문이다.

그 와중에 중국 역사에서 이름을 떨친 두 여걸이 있으니, 한사람은 당나라 때 스스로 황제의 자리에 올랐던 우쩌텐(武則天, 또는 쩌텐우허우 則天武后, 624?~705)이고, 다른 사람은 청말에 무소불위의 권력을 휘둘렀던 시타이허우다. 우쩌텐에 대한 평가는 극과 극이다. 우쩌텐은 자신의 야망을 위해 친자식까지도 아무렇지 않게 죽일 정도로 비정한 측면이 있었지만 그녀가 권력을 잡았을 당시의 당나라는 극성기로 치달아 국력이 비약적으로 신장되어 태평성대를 구현한 것으로 보기 때문이다. 그럼에도 당나라 역사기록은 우쩌톈이 정식 황제였다는 사실을 애써 외면하고 그의 치세조차 인정하지 않으려 한다.

중국 역사에 있어 큰 자취를 남긴 또 한명의 여인인 시타이허우는 본래 만주 팔기의 하나인 양황기인(鑲黃旗人)으로, 성은 '예허나라(葉赫那拉)'이다. 함풍제의 수녀(秀女, 명청시대에 궁중에 뽑혀들어간 여관女官)로 선발되어 입궁했다. 오래지 않아 함풍제의 사랑을 받아 황제의 외아들 자이춘(載淳)을 낳고 의비(懿妃)로 승격했다. 즉위한 지 11년 만에 사망한 함풍의 뒤를 이어 자이춘이 6살의 나이로 동치제(同治帝, 1856~74)로 즉위하자, 시타이허우는 쿠데타를 일으켜 함풍제의 황후 뉴후루(紐祜祿)를 '츠안황태후(慈安皇太后)'로 모시고, 자신은 황제의 모후(母后)로서 '츠시황태후(慈禧皇太后)'가 되었다. 거주하는 곳에 따라 편의상 '츠안(慈安)'은 '둥타이허우(東太后)'라 부르고, '츠시(慈禧)'는 시타이허우라 불렀는데, 나이 어린 황제의 섭정이 되었다.

1874년 동치제가 18살에 천연두에 걸려 죽자 다음 황제를 옹립하는 문제를 놓고 일대 변란이 일어나게 된다. 동치제의 황후가 임신중이니 황태자의 탄생을 기다리자는 의견이 우세했으나, 황제의 자리를 잠시라도 비워둘 수 없다는 시타이허우의 주장에 밀려 그녀가 추천한 자이녠(載湉)이 광서제(光緖帝, 1871~1908)로 즉위했다. 광서제는 도광제(道光帝)의 제7자인 순현친왕(醇賢親王) 이쉬안(奕譞)의 아들인데, 어머니가 시타이허우의 동생이었다. 곧 시타이허우가 광서제의 이모이다. 자기 아들의 아들이 태어나기를 기다렸다가 황제의 자리를 물려주는 것이 인지상정이겠지만, 시타이허우가 그렇게 하지 않고 조카를 황제로 옹립한 것은 순전히 권력욕 때문이었다. 손자가 황제가 되면 자신은 태황태후로서 권력의 핵심에서 밀려나는 것이 시간문제일 테지만, 조카가 황제가 되면 그대로 태후로서 실권을 유지할 수 있었던 것이다. 며느리인 동치제의 황후는 이 일로 자살을 했으니, 권력에 대한 인간의 욕심은 천륜도 어찌하지 못하는 것인가 싶다.

마지막 남은 장애물인 둥타이허우 역시 광서 7년(1881) 시타이허우를 문병 갔다가 맛있게 먹은 떡을 칭찬한 뒤 자신의 거처로 돌아와서 시타이허우가 답례로 보내온 떡을 먹고 급사했다. 이제 아무것도 거리낄 게 없게 된 시타이허우는 권세를 한손에 틀어쥐고 황제의 존재마저 무시하게 되었다. 천성적으로 유약한 성격의 광서제는 무서운 이모 밑에서 이러지도 저러지도 못하고 괴로운 나날을 보내다 변법을 꿈꾸는 유신개혁파의 인물들과 모반을 시도하지만, 위안스카이의 배신으로 실패하고 죽을 때까지 시타이허우에 의해 연금을 당했다.

권력에 대한 맹목적인 집착을 보이던 시타이허우도 역사의 흐름을 읽는 데는 아주 젬병이라 할 만큼 문제가 있었다. 잘 알려진 대로 당시 중국은 내우외환에 시달리고 있었다. 18세기 말 건륭제 이후로 쇠퇴기에 접어든 봉건왕조는 태평천국의 난과 같은 거듭되는 내부의 반란에 시달리고 있었고, 아편전쟁 이후로 끝없이 이어지는 제국주의 열강의 침략에 온 나라가 전쟁터로 변해 있었다. 광서제가 유신 변법파와 함께 개혁을 시도했던 것이 어찌 자신을 옥죄고 있는 시타이허우의 그늘에서 벗어나고자 하는데 그쳤겠는가. 광서제는 캉유웨이 등과 함께 개혁을 통해 숨이 넘어가고 있던 제국의 부활을 꿈꾸었던 것이다. 하지만 그 시도는 시타이허우의 반동으로 마지막 남은 기회마저 수포로 돌아가고 청이라는 마지막 봉건제국은 역사에서 사라지게 된다.

혹자는 중국의 역대 왕조가 남긴 문화유산이 극히 일부 상류층의 유희를 위해 만들어졌을 뿐이라고 비판하기도 했다. 중국도 한때 과학기술의 발달했로 근대산업사회로 나아갈 수 있는 가능성이 있었는데, 그러한 과학기술이 단지 몇사람이 즐기고 마는 유희호기에 그친 데서 비극의 시작이 되었다는 것이다.

1894년 청일전쟁에서 충격적인 참패를 당한 중국은 이것을 교훈 삼아 군비를 확장하고 구미로 유학생을 보내 선진문물을 배워오게 하는 등 나름대로 개혁에 착수하게 된다. 하지만 그런 노력들은 이미 쇠락의 길로 접어드는 왕조의 몰락을 막아내기에는 족탈불급이었다. 한편 청일전쟁의 참패는 시타이허우의 또다른 허물을 들춰내는 데 곧잘 인용되기도 한다. 제2차 아편전쟁으로 함풍제가 러허로 도망쳤을 때 시타이허우도 그와 함께했었다. 당시의 기억은 젊은 시타이허우에게 큰 충격을 주었으며, 위안밍위안의 파괴 또한 씻을 수 없는 고통이었다. 그 때문이었을까? 권력을 잡은 뒤 시타이허우는 연합군에 의해 파괴된 칭이위안을 재건하기로 결심한다. 문제는 비용이었는데, 광서 14년(1888) 근대적인 해군을 창설하기 위해 마련된 예산에서 은 2400만냥, 미화로 5000만달러를 전용해 거대한 토목공사를 벌였다. 해군 군비를 유용한 것은 시타이허우의 수석 대신이었던 리훙장(李鴻章)의 동의하에, 당시 해군을 총괄하던 광서제의 아버지 순친왕 이쉬안이 시타이허우의 비위를 맞추기 위해 수도한 것이나. 역사가들은 이 때문에 중국 해군이 청일전쟁 때 일본군에 처참하게 패배했다고 말한다.

역사에는 가정법이 없다고 한다. 그럼에도 우리는 역사를 돌이켜 보면서 항상 깊은 아쉬움 속에서 만약 그때 이랬더라면 하는 탄식을 내뱉

이허위안공원의 현재 모습. 이곳은 시타이허우의 여름별장으로 알려져 있다.

곤 한다. 당시에 예산을 제대로 집행해 근대적인 해군을 창설했더라면 중국이 청일전쟁에서 지지 않을 수 있었을까? 하지만 이점에 대해서도 많은 사람들은 회의적이다. 결국 역사의 흐름은 도도한 강물과 같아 어느 누구의 힘이나 어느 한 계기에 의해 뒤바뀌지 않기 때문이다.

 이허위안은 1900년 의화단 사건 때 8개국 연합군에 의해 다시 파괴되지만, 1902년 피난에서 돌아온 시타이허우에 의해 재건되어 오늘에 이르고 있다. 그녀는 이곳을 좋아해 매년 2월 찾아와 이곳에 와서 봄과 여름, 가을을 보내고 11월이 되어 찬바람이 불면 궁으로 돌아갔다고 한다. 그래서 이허위안은 시타이허우의 여름별장으로 알려져 있다.

홍루(紅樓)의 꿈

중국 역사를 시대별로 나눈 뒤 각각의 시대를 대표하는 문학장르를 꼽으면 당시(唐詩), 송사(宋詞), 원곡(元曲)을 들 수 있다. 세 장르는 시라고 하는 하나의 뿌리에서 나온 것으로, 중국식 표현으로 '동공이곡(同工異曲)'이라 할 수 있다. 서구의 문학이론가 루카치(G. Lukács)가 근대 사회의 가장 대표적인 장르로 장편소설을 꼽은 바 있듯이, 중국의 경우에도 명청시대에 접어들면 장편뿐만 아니라 단편소설이 대표적인 문학장르로 대두된다. 바야흐로 소설이 중국에서 일찍이 없었던 성황을 누리게 된 것이다.

명청 양대에 나온 소설의 양은 그야말로 한우충동(汗牛充棟)이라 할 만큼 많은데, 그 가운데서도 유명한 것으로 흔히 '사대기서(四大奇書)'라 부르는 『삼국지연의(三國志演義)』와 『수호전(水滸傳)』 『서유기(西遊記)』 『금병매(金甁梅)』가 있다. 하지만 이것들은 모두 명대에 나온 것이고, 청대에 나온 소설 중에서는 『유림외사(儒林外史)』와 『홍루몽(紅樓夢)』을 꼽는다. 혹자는 여섯 작품을 아울러서 '육대소설(六大小說)'이라고 부르는데, 이 가운데서도 가장 유명한 것은 역시 『홍루몽』이다. 예전에 영국인들이 셰익스피어를 식민지 인도와도 바꿀 수 없다고 했다지만, 현대 중국인들에게 『홍루몽』은 만리장성과도 바꿀 수 없는 소중한 문화유산이다.

평생 권력을 추구했던 시타이허우도 『홍루몽』의 애독자였으며, 평소 등장인물 가운데 하나인 쟈무(賈母)를 자처했다고 한다. 『홍루몽』은 초기에는 필사본으로 떠돌다 1791년 목판본이 나오자마자 큰 화제를 불러일으키며 일시에 유행하게 되었다. 하지만 작자에 대해서는 초기 필사본이나 뒤에 나온 인쇄본 모두 명확하게 밝혀진 게 없었는데, 제1회 본문 속에 이 책의 형성과정이 서술되는 가운데 "차오쉐친(曹雪芹)이 댜오훙쉬안(悼紅軒)에서 10년간을 열람하고 모두 다섯차례에 걸쳐 첨삭을 가하고 목록을 작성하고 장회를 나누었다"는 기록이 있어 '차오쉐친'을 작자로 여기게 되었다.

차오쉐친(曹雪芹, 약 1715~63)은 이름이 잔(霑)이고, 자가 쉐친(雪芹)이다. 이밖에도 '친푸(芹圃)' '친시쥐스(芹溪居士)' 등의 자나 호를 사용했고, '멍롼(夢阮)'이라는 자를 쓰기도 했다고 한다. 그는 본래 청나라 명문거족의 후손으로 난징에서 태어나 어려서는 온갖 부귀영화를 맛보고 살았다. 하지만 13살에 가세가 기울어 가족과 함께 베이징으로 이주했는데, 이후의 생활에 대해서는 자세한 기록이 없고 다만 만년에 접어들어서는 매우 궁핍해져 베이징 서쪽 교외 샹산 근처에서 힘들게 살았다고 한다. 당시만 해도 샹산 근처는 쑥대풀 우거진 황량한 교외에 지나지 않았다. 차오쉐친은 이곳에서 날마다 죽으로 겨우 끼니를 때우고 외상술을 마시며 곤궁하게 지냈다. 나이가 들어 후처를 맞아 낳은 아들이 1762년 가을에 갑자기 병을 얻어 추석날 죽어버리자 실의에 빠진 그는 슬픔을 이기지 못하고 술로 날을 지새우다 자신도 병을 얻어 같은해 섣달그믐(양력 1763년 2월 12일) 세상을 뜨고 말았다.

차오쉐친은 명문가의 귀공자로 태어나 고금에 정통한 학식과 교양을 쌓고 남부럽지 않은 호사를 누렸지만, 말년에는 가문이 몰락해 빈곤과 천대 속에 살았다. 나무에 상채기가 나면 옹이가 되듯이, 사람은 곤경에 처하면 내면에 잠재해 있는 천재성이 발휘되는 것인가? 집안이 망한 이후 차오쉐친은 염량세태(炎凉世態)의 냉혹함과 비정함을 동시에 맛보게 되었으니, 이를 통해 세상사의 허망함을 느끼게 된 것은 망외의 소득이라고 해야 할지. 아무튼 차오쉐친은 실제 삶이 영락한 뒤로『홍루몽』창작에 몰두해, 자신의 체험을 통해 터득한 "모든 것은 무상하고, 온갖 것들이 다 허망하다"(一切無常 萬境皆空)는 이치를 작품 속에 담아내게 된다.

소설은 준수한 용모와 총명함을 갖춘 주인공 쟈바오위(賈寶玉)가 명문대가에 태어나 그를 둘러싼 아름다운 소녀들과 꿈같은 어린 시절을 보내지만, 차츰 가세가 기울어감에 따라 주위의 여러 자매들도 하나둘 곁을 떠나 각각 비극적 최후를 맞게 되고, 결정적으로 원치 않는 결혼에 이은 사랑하는 여인의 죽음에 인간사의 비정함을 깨닫고 번뇌하다 끝내 홍루의 대저택을 떠나 눈 덮인 황야로 떠난다는 줄거리를 담고 있다. 전체가 120회로 이루어진 이 소설은 첫 회에서 주인공의 내력을 밝히는데, 처음에 등장하는 인물은 전스인(甄士隱)과 쟈위춘(賈雨村)이다. 여기서 두 인물의 이름은 중국어로는 '전스인(眞士隱)'과 '쟈위춘(假語存)'으로도 읽을 수 있으니, 말인즉 '진정한 선비는 사라지고, 거짓말은 남는다'는 뜻이다. 곧『홍루몽』에 등장하는 인물과 사건은 그 안에 담겨 있는 우의(寓意)를 다양하게 해석할 수 있는 여지가 있다. 그 가운데 하나가 역시 첫 회에 나오는 '태허환경(太虛幻境)'에 나타난 우의다. 태허환경이라는 환상적인 공간은 사실은 현실세계에 대한 우의를 나타내기 위해 제시된 것인데, 그리로 들어가는 일주문에는 다음과 같은 대련이 쓰여서 있다.

> 가짜가 진짜가 될 때, 진짜 또한 가짜이고,
> 무가 유가 되는 곳에서 유 또한 무가 된다.

베이징 다관위안(大觀園)에 있는 차오쉐친 조각상

假作眞時眞亦假 無爲有處有還無

거짓과 진실이 혼돈처럼 얽혀 있다는 것은 '색즉지공 공즉시색'의 경지가 현실 속에 실현되고 있다는 것을 말함이니, 지은이는 그러한 경지를 다음과 같이 설파하고 있다.

이야기는 모두 허튼 소리 같지만,
실로 피눈물로 씌어진 것이어늘
모두들 지은이를 어리석다 하지만
이 속의 진미를 아는 이 그 누구더뇨?

滿紙荒唐言 一把辛酸淚
都云作者痴 誰解其中味

제5회에서 쟈바오위가 낮잠을 자다 꿈을 꾸는데, 이때 만난 징환셴구(經幻仙姑)는 그에게 인간의 정이란 한낱 물거품 같은 것이라서 영원하지 않다는 사실을 일러준다.

봄꿈은 구름 따라 흩어지고,
바람에 날리는 꽃은 물 좇아 흘러가네.
모든 남녀에게 말하노니,
하필이면 부질없는 수심을 찾으러 드는고.

春夢隨雲散 飛花逐水流
寄言衆兒女 何必覓閒愁

하지만 어쩌랴. 인간의 고통과 환락 또한 정에서 나오는 것을. 다만 그 당시에는 자신의 업에서 나온 것임을 까맣게 잊고 살다 뒤늦은 깨달음으로 회한에 빠지는 게 속인들의 상사러니.

하늘과 땅에 사무치는 고금의 정은 다할 날이 없고,
어리석은 정에 빠진 남녀의 안타까운 회포 풀 길이 없도다.

厚地高天歎古今情不盡
痴男怨女可憐風月債難酬

쟈바오위는 소설의 여주인공이라 할 린다이위(林黛玉)를 만나는 순간 "어디선가 본 듯한 낯익은 얼굴"이라는 느낌을 받지만, 전생의 인연을 알 길 없는 두 사람은 이생에서의 사랑을 이루고자 애를 쓴다. 린다이위는 누구인가? 서발 막대 사지로 휘둘러야 아무것도 걸리는 게 없는 천애고아로 다수다감(多愁多感)한 천성은 오히려 인생의 걸림돌이 될 뿐, 독서와 시작(詩作)이 유일한 출구요, 눈물은 삶의 반려였다. 그러한 그의 성격은 어느 봄날 땅에 떨어진 꽃을 모아 장사지내며 눈물짓는 광경에서 극명히 드러난다.

아아, 하늘 끝 어디에 꽃무덤 있으리오?
차라리 꽃잎을 비단주머니에 담아
한무더기 정한 흙에 풍류자질 묻어주지.
깨끗이 피었다 깨끗이 가야 할 너를
내 어찌 더러운 시궁창에 썩혀버리랴.
네가 지금 죽어서 내가 묻어두지만 이 몸은 과연 어느날 묻힐까 보냐?
꽃 장례 지내는 나를 어리석다 웃지만
다음날 내가 죽으면 그 누가 묻어줄까?

天盡頭 何處有香丘
未若錦囊收艷骨 一淨土掩風流
質本潔來還潔去 强於汚陷渠溝
爾今死去收葬 未卜身何日喪
今葬花人笑痴 他年葬知是誰

사실상 쟈바오위와 린다이위는 전생에 '목석(木石)'의 인연이었으니,

그런 사실을 모르는 채로 서로의 진심을 확인하는 데만 해도 수많은 우여곡절과 갈등을 겪다 끝없는 사랑의 미로 속에서 애를 태우며 눈물만 흘린다. 결국 쟈바오위는 린다이위와 현실 속에서 맺어지지 못하고 '금석(金石)'의 연인인 또다른 여주인공 쉐바오차이(薛寶釵)와 원치 않는 결혼을 하게 되는데, 혼례가 있던 날 밤 다이위는 그들의 결혼소식을 듣고 피눈물을 쏟고는 그동안 써두었던 바오위에게 바치는 시고(詩稿)를 불태우며 절명하고 만다. 린다이위가 가버린 뒤, 쟈바오위는 꿈속에라도 그녀를 보기 원하지만, 그마저도 뜻대로 되지 않는다. 그는 또다시 태허환경을 몽유하는데, 이때 자신의 비극적인 사랑이 인간으로서는 어쩔 수 없는 운명이라는 사실과 함께 홍진세계(紅塵世界)의 모든 현상이 결국 허무한 꿈에 불과하다는 것을 깨닫게 된다.

소설 속에서 쟈(賈)씨 집안이 가장 흥성했을 때는 바오위의 누나인 위안춘(元春)이 귀비에 책봉되어 입궁할 때라 할 수 있다. 위안춘이 궁에 들어갔다 친정 나들이를 나올 때 쟈씨 집안에서는 귀비가 머물 새 집을 짓게 되는데, 이것이 다관위안(大觀園)이다. 위안춘이 다녀간 뒤로 쟈바오위를 비롯한 가문의 여러 자매들의 거처로 사용되는 이곳은 후대 중국인들에게 이상향처럼 남아 있다. 소설 속의 다관위안은 실제의 베이징에 새롭게 건설되어 있는데, 1984년에 시작되어 1988년까지 무려 4년여의 공사기간을 거친 총 면적 12만 5000제곱미터의 땅에 건물 면적만 8000여평에 이르는 거대한 규모의 저택이다.

이곳에는 등장인물들이 거처하던 공간이 그대로 재현되어 있으며, 곳곳에 실물 크기의 인형이 배치되어 소설 속 분위기를 한껏 드러내고 있다. 청대 귀족의 일상적인 삶은 우리가 생각하는 이상으로 화려하고 사치스러웠는데, 다관위안에 오면 그러한 생활상을 여실하게 느낄 수 있다. 다관위안의 중심건물은 역시 이 공간의 주인 격인 귀비 위안춘이 친정 나들이할 때 행궁으로 썼던 다관러우(大觀樓)다.

이밖에도 봄맞이를 위해 세워진 주이진러우(綴錦樓)와 가을을 완상하는 곳인 츄솽자이(秋爽齋)에서는 아름다운 자연경치를 감상할 수 있다. 그리고 주인공인 쟈바오위와 쉐바오차이의 거처인 이홍위안(怡紅園)과 헝우위안(蘅蕪園)은 청대 귀족의 우아함과 화려함을 당당하게 표출하고 있다.

그리고 차오쉐친이 말년을 보냈던 베이징 서쪽 교외에는 고증을 통해 그가 살았을 거라 추정되는 '황예춘(黃葉村)'에 그의 문학혼을 기리는 기념관이 세워져 있다.

버스를 타고 샹산 종점 바로 전에 내리면, 인근에 베이징식물원과 유명한 '워포쓰(臥佛寺)'가 있고, 바로 뒷산 언덕에는 근현대 중국의 유명한 학자인 량치차오(梁啓超)의 무덤이 있다.

황예춘 차오쉐친기념관 입구

이곳은 야트막한 산으로 둘러싸이고 앞으로는 실개천이 흐르며, 주변에 수목과 화초가 잘 가꾸어져 있어 아늑하고 고적한 정원과 같은 느낌을 준다. 하지만 차오쉐친이 살았을 당시는 그저 베이징 교외의 한적한 시골 마을에 불과했을 터이니 오가는 사람 역시 많지 않았을 것이다. 이곳에서 차오쉐친은 세계문학사에 빛나는 명작을 쓰기 위해 말 그대로 자신의 뼈를 깎아 붓을 삼고, 피를 찍어 글을 쓰는 심정으로『홍루몽』을 창작했을 것이다. 그 역시 자신이『홍루몽』을 창작하며 느꼈던 고통을 다음과 같이 토로한 바 있다. "글자 하나하나를 보매 모두 나의 피로 씌어졌으니, 십년 동안의 고생스러움이 심상한 것이 아니었다." (字字看來皆是血 十年辛苦不尋常)

차오쉐친 개인의 삶과『홍루몽』쟈씨 가문의 영욕은 어느 한 개인이나 집안의 일에 그치지 않고 어찌 보면 중국의 역사와 닮은 것은 아닌가 하는 생각을 지울 수 없다. 한때 그럴 수 없을 정도로 영화를 누리다 몰락의 길을 걸어간 것이 중국의 굴곡진 근현대사의 모습과 많이 닮아 있기 때문이다.

베이징사람들

베이징의 성문들

오랜 역사의 도시 베이징은 격변의 세기라 할 20세기를 거치면서 큰 변화를 겪었다. 특히 1949년 신중국 수립 후에는 새로운 도시계획하에 대부분의 성곽과 성문 들이 철거되면서 본래의 면목을 잃었다. 성벽을 허물면서 나온 벽돌은 후퉁의 공중변소를 짓는 데 쓰였고, 많은 사람들이 오가던 성문들은 도시교통의 흐름에 방해가 된다는 이유로 이름만 남기고 역사 속으로 사라졌다. 그렇다면 원래 베이징에는 성문이 몇개나 있었을까? 그에 앞서 베이징 도성의 구조를 돌아볼 필요가 있다. 앞서도 살펴본 바와 같이 베이징의 중심부에는 구궁이 있고, 그 바깥에는 내성이 있으며, 남쪽으로는 외성이 미완성인 채로 남아 있다. 구궁 곧 황궁을 둘러싼 문들, 이를테면 톈안먼이라든가 선우먼(神武門) 같은 것들은 일단 논외로 친다. 여기서 말하고자 하는 것은 구궁을 둘러싼 내성, 외성과 관련된 문들이다.

우선 내성에 포함되는 성문들을 나열하면 다음과 같다. 정양먼(쳰먼), 시계방향으로 돌아서 쉬안우먼, 충원먼(崇文門), 푸청먼(阜成門), 시즈먼(西直門), 더성먼(德勝門), 안딩먼(安定門), 둥즈먼(東直門), 차오양먼(朝陽門) 이렇게 아홉개로 구성되어 있다. 외성은 융딩먼(永定門), 여우안먼(右安門), 광취먼(廣渠門), 쬐안먼(左安門), 광안먼(廣安門), 둥볜먼(東便門), 시볜먼(西便門)으로 구성되어 있다. 이들 성문들은 현재는 내성의 정양먼과 더성먼, 그리고 외성의 융딩먼을 제외하고는 모두 없어지고 그 이름만 지명으로 남아 있을 따름이다. 베이징의 지하철 2호선은 바로 내성과 일치하기 때문에 내성의 성문들은 지하철역 이름으로 남아 있어 이채롭다.

정양먼은 내성의 남쪽에 있는 문으로 각 성으로부터 온 대신이나 관료 들이 황제를 알현하기 위해 드나들던 문이었다. 베이징에 당도한 이

정양먼 옆에 있는 기차역

들은 누구나 이곳을 지나 톈안먼을 거쳐 구궁으로 들어갔다. 정양먼은 베이징의 성문 가운데 가장 유명한데, 위치나 쓰임새에서 우리의 남대문과 아주 흡사하다.

한가지 부기할 것은 정양먼 남쪽에는 정양먼에 속한 졘러우(箭樓)가 있는데, 많은 사람들이 이것을 정양먼으로 알고 있지만 실은 정양먼의 부속건물에 지나지 않는다. 또 정양먼은 예전에 '징펑철로(京奉鐵路)', 곧 베이징과 펑톈(奉天, 현재의 선양)을 잇는 철도의 종점이었다. 그래서 정양먼 바로 옆에는 당시 역사로 쓰이던 하얀색 건물이 단아한 모습으로 현재까지 남아 있다.

더성먼은 베이징성의 북쪽에 위치해 있어 중요한 방어 성문으로 기능했다. '쥔먼(軍門)'으로서 성루에는 수비용 병장기들이 즐비하게 늘어서 있었고, 무기상의 발걸음 또한 끊임없이 이어지던 곳이었다. 또한 장병들이 외적의 침입을 막기 위해 출정하고, 또 전쟁을 마치고 개선하는 문으로도 쓰였기에 '더성'이라는 이름은 승리를 얻는다는 동음의 '더성(得勝)'으로도 해음(諧音)이 가능하다. 더성먼은 현재 졘러우만이 남아 있다.

충원먼은 원대에는 '하다먼(哈達門)' 또는 '하더먼(哈德門)'이라 불렸으며, '징먼(景門)'이라고도 했는데, '광명'과 '창성'의 의미를 갖고 있다. 예전 베이징사람들은 '충원먼'보다는 '하더먼'이라는 명칭에 더 익숙했던 듯하다. 20세기 초엽의 베이징을 묘사한 소설 등에는 곧잘 '하더먼'이 등장하기 때문이다. 이 문은 모든 사람들이 드나들 수 있었는데, 예전에는 북운하의 종점이었기에 온갖 물산이 모이는 곳으로 세관이 설치되어 있었고, 상인들이 주로 많이 오갔다. 지역에서 거두는 세금이 가혹한 편이었는지 많은 사람들이 이곳을 두려워했다고 한다.

정양면

쉬안우먼은 '쓰먼(死門)'으로도 불리는데, 일상적인 장례행렬뿐 아니라, 매년 가을이면 처형을 앞둔 죄수들도 이 문을 통해 남쪽의 차이스커우(菜市口)에 가서 처형당했다. 쉬안우먼의 전신은 원대의 '순청먼(順承門)'으로 원래는 지금의 시단(西單) 교차로 남쪽에 있었는데, 명대에 베이징성을 중건하면서 남쪽으로 옮겨 지금의 위치에 자리하게 되었다.

한가지 재미있는 사실은 충원먼(崇文門)에서의 '숭(崇)'자는 명나라 마지막 황제 숭정제(崇禎帝)의 '숭'과 같고, 쉬안우먼(宣武門)의 '선(宣)'자는 청나라 마지막 황제 선통제(宣統帝)의 '선'과 같다는 것이다. 민간에서는 이것이 하늘의 뜻을 반영한 것이라 하여, "정양먼은 동서로 이어져 있는데, 왼쪽으로는 명을 멸망시켰고, 오른쪽으로는 청을 멸망시켰다"(正陽門 連西東 左亡明 右亡淸)는 말이 나왔다.

시즈먼은 베이징성의 서북쪽에 있으며, 이 문을 나서면 곧바로 황궁의 용수를 공급하는 수원지인 위취안산으로 갈 수 있다. 그래서 매일 물수레가 드나들었으므로, 일명 '수이먼(水門)'이라고도 부른다. 이 문은 신중국 이후 도시계획이 수립될 때에도 유명한 건축가 량쓰청(梁思成)이 강력하게 주장해 살아남았으나, 문화대혁명 때 지하철로를 놓는다는 이유로 철거되었다.

푸청먼 역시 베이징성 서쪽에 있는 문인데, 원대에는 '핑쩌먼(平則門)'이라 불렀다. 베이징성에서 쓰이는 석탄은 주로 베이징 서남쪽에 있는 '먼터우거우(門頭溝)' 지역에서 들여왔으므로 겨울이면 석탄을 실은 수레가 꼬리에 꼬리를 물고 이 문을 드나들었다. 그런데 중국어로 석탄을 가리키는 '매(煤)'라는 글자는 매화 '매(梅)'자와 발음이 같기에, 석탄을 매매하는 상인들이 돈을 내 푸청먼 옹성 벽 위에 매화 가지 하나를 새겨넣었다 한다.

더성먼 젠러우

안딩먼으로는 도성에 거주하는 시민들의 분변(糞便)을 내갔다. 안딩먼 밖에 분뇨처리장이 있었기 때문이었다. 예전에는 인분으로 퇴비를 만들어 썼기 때문에 안딩먼은 풍요를 가져다주는 문이라 하여 '성먼(生門)'이라 불렸다. 마침 토지신에게 제사드리는 '디탄(地壇)'도 바로 옆에 있었기에 그 뜻이 더욱 살았는데, 베이징성 북쪽에 위치해 있다는 이유로 외부의 침입이 있을 때마다 수난을 당하기도 했다.

베이징성 동쪽은 남쪽에서 물산을 싣고 올라오는 운하인 퉁후이허(通惠河)와 근접해 있었기 때문에, 이쪽에 있는 차오양먼과 둥즈먼은 각지에서 올라온 화물이 드나드는 통로 역할을 했다.

차오양먼으로는 남쪽에서 생산된 양곡이 주로 들어왔다. 지금도 남아 있는 '관둥뎬(關東店)'이라는 지명은 남쪽에서 수운을 통해 올라온 미곡에 징세하는 곳을 가리킨다. 또 이곳에는 성문을 여닫는 시간에 맞추지 못한 사람들이 묵어가던 여관들이 즐비하게 늘어서 있었다. 원대에는 이 문을 '치화먼(齊化門)'이라 불렀고, 구어로는 '마이훠먼(賣貨門)' 곧 화물을 팔아치우는 문이라고도 했다.

둥즈먼으로는 주로 목재가 들어왔기 때문에 인근에는 목재가공 공장이 많이 있었다고 한다. 평민들이 장사를 하는 곳이라는 의미로 '상먼(商門)'이라고도 불렀으며, 인근에 운하가 있어 경치가 다른 곳보다 뛰어났다.

이렇듯 베이징성의 각각의 성문들은 나름의 용도가 정해져 있었다. 아쉬운 것은 앞서도 이야기했듯이 신중국 수립 이후 새로운 도시계획안에 따라 대부분이 철거되어 옛 모습을 잃었다는 사실이다.

다스라(大柵欄)에 가다

베이징을 찾는 외국인들에게 가장 유명한 성문은 아마도 톈안먼일 것이다. 하지만 베이징 토박이라 할 수 있는 '라오베이징(老北京)'들에게 가장 친근하게 다가오는 것은 쳰먼이다. 쳰먼의 정식 이름은 정양먼이지만, 우리가 숭례문을 남대문이라 부르듯 베이징사람들은 정양먼을 쳰먼이라 한다.

쳰먼을 중심으로 남쪽으로 똑바로 난 길이 쳰먼다졔(前門大街)다. 그리고 쳰먼을 등지고 쳰먼다졔 오른쪽으로 '다스라'가 있다. 다스라는 한자로 대책란(大柵欄)이라고 쓰고, 표준말로는 '다자란'이라고 읽는데, 베이징 방언으로 '얼화(兒化)'를 해서 읽으면 '다자랄'로 읽을 수 있다. 하지만 베이징 토박이들은 '다자란'이라 부르지 않고 다스라 또는 다스랄이라고 부른다. '자(柵)'를 '스(市)'로 읽고 어미를 베이징 말의 특징 가운데 하나인 '얼화'시킨 것이다. 잘 알려져 있다시피 중국에는 수많은 소수민족이 있으며 지방마다 말이 달라 거의 외국어를 방불케 한다. 그래서 중국에도 표준어가 제정되어 있고, 정치 문화의 중심지 베이징의 언어가 그 역할을 담당하고 있다. 이를 일러 '푸퉁화(普通話)'라고 하는데 베이징 말이 곧 푸퉁화인 것이다. 하지만 베이징 말이 표준어로 제정되었다고 해도, 베이징 토박이말 역시 살아 있으며, 표준말로 귀속되지 않고 베이징사람들 사이에서만 통용되는 말 역시 적지 않다. 따라서 범박하게 말하자면 베이징 말이 곧 푸퉁화라고 말할 수 있지만, 엄밀하게 보자면 양자는 차이점이 많다. 다스라 역시 베이징 토박이말 정도로 이해하면 될 것이다.

다스라는 첸먼다졔 바로 옆에 있는 주바오시장(珠寶市場)과 수많은 호텔, 여관 등이 밀집해 있는 상업지구로 우리의 남대문시장 정도에 해당한다. 다스라에는 역사와 유래가 오래된 점포들, 이른바 '라오쯔하오(老字號)'가 밀집해 있다. 다스라 옆의 첸먼다졔 쪽에는 유명한 오리구이집 '취안쥐더(全聚德)'와 건륭제가 직접 가게 이름을 하사했다는 음식점 '두이추(都一處)'가 있고, 다스라 안에는 '퉁런탕(同仁堂)' 약국과 차엽(茶葉)을 파는 '장이위엔(張一元)' 비단가게인 '뤠이푸샹(瑞蚨祥)' 같은 오래된 가게들이 즐비하게 늘어서 있다.

이 가운데 퉁런탕 약국이 1702년에 가장 먼저 개업을 했다니 이들 가게들의 역사를 헤아려볼 만하다. 이는 곧 다스라라고 하는 골목의 역사이자 베이징 '무지렁이 백성들'(一般老百姓)의 터전이자 삶 그 자체라고도 할 수 있다.

지하철 첸먼역에서 내려 유유히 큰길을 가로질러 첸먼다졔 오른쪽 주바오시장의 좁은 골목으로 들어서면 제일 먼저 비단상점 첸샹이(謙祥益)를 마주하게 된다. 이 건물을 지나 별별 잡동사니를 잔뜩 벌여놓은 작은 가게 골목을 여유로운 마음으로 지나치면 다스라가 시작되는 조금 더 큰 골목 어귀에 들어선다. 좌우에 즐비한 '라오쯔하오'들을 지나쳐 곧장 길을 따라가면 유명한 '류리창(琉璃廠)'까지 도달한다. 연도에 늘어선 이런저런 가게들을 구경하다 보면 그야말로 시간 가는 줄 모르고 하루를 보내는데 그 와중에 가게 점원과 실랑이 끝에 허접한 물건이라도 몇개 사게 되면 하루의 전리품을 삼을 수 있으니, 이것이 거리 구경의 덤이라고 할 수 있을지. 다스라에 가면, 진짜 베이징사람을 만날 수 있다.

하지만 다스라는 베이징 올림픽을 앞두고 대대적인 정비에 들어가

번화한 다스라 상업지구

현재는 대부분 철거되었다. 첸먼다제 좌우의 후통은 모두 사라지고 왕푸징과 같이 넓은 도로에 차량 통행이 금지된 광장으로 뚫릴 것이며, 첸먼다제 양옆으로 상하행 일방통행 도로가 새롭게 개설될 것이다. 이 모든 것은 현재 중국정부가 가장 공을 들이고 있는 2008년 베이징 올림픽에 맞추어 이루어지고 있다. 올림픽이 단순히 운동경기만을 의미하지 않는다는 의미에서 보자면, 20세기 들어 격변의 시간을 보냈던 베이징은 또 한번 일대 변신을 꾀하고 있다. 문제는 이 모든 변화를 추동하는 힘이 아래로부터의 자발적인 참여가 아닌 강력한 국가권력에 의해 추진되고 있다는 것이다. 과연 21세기의 중국은 과거의 구태를 벗고 새로운 시대를 열어갈 수 있을 것인가?

베이징의 명동, 왕푸징(王府井)

왕푸징은 우리로 말하자면 명동과 같은 곳이다. 왁자지껄한 먹자골목이 있는가 하면, 세련된 백화점들이 들어서 있고, 너른 보도 위에서 청춘들이 객기를 부리며 부유하고, 깃발 든 가이드 따라나선 한 무리의 여행객들이 주위를 두리번거리고, 명동성당처럼 단아한 성당 건물이 자리하고 있다. 사시사철 언제나 사람들로 넘쳐나는 곳이 바로 왕푸징이다.

왕푸징의 역사는 원나라 때까지 거슬러 올라간다. 당시는 황제의 아들인 왕들이 모여 살던 곳이라 '왕부(王府)'라 불렸는데, 명대에 이미 상업이 번성했고, 청나라 광서 연간에 물맛이 좋은 우물이 있다 하여 '왕푸징'이라는 이름이 붙여졌다 한다. 한편 중국인들은 이곳을 미국의 맨해튼이나 토오꾜오의 긴자(銀座)에 견주고 있다.

세계 어느 곳을 가든 마찬가지겠지만, 모든 도시는 나름의 특색을 만들기 위해 명소에 의미를 부여한다. 예전에는 이곳에 그저 왕부가 위치하고 물맛 좋은 우물이 있어 '왕푸징'이라는 지명이 생겨났을 것이다. 왕푸징이 도심에 위치한 명소가 되자 왕푸징이라는 기표는 단순히 하나의 지명에 그치지 않고 베이징의 명소를 대표하는 하나의 기호가 되어버린다. 어렵사리 베이징에 걸음한 여행객들은 베이징을 찾았다는 표지를 남기기 위한 증서물이 필요하며, 각 지역의 명소는 그들이 집을 떠나 모처에 있었다는 것을 입증하는 부재증명, 곧 알리바이를 위한 수단이 된다.

롤랑 바르트가 설명한 대로 기호란 단순히 지시적이거나 기술적인 메씨지가 아니라 언어·사진·경관 등과 같은 커뮤니케이션 체계의 일부이다. 기호는 기표와 기의로 구성되는데, 기표와 기의가 완벽하게 결합하여 제3의 것, 즉 기호가 생겨난다. (…) 실외장식 자체는 글자의 크기나, 색상, 외설스러운 그림으로 인해 '에로틱화'되며, 사실 엄밀히 말하면, 우리의 경험에는 에로틱화한 파사드(=기호)만 남게 된다. 그러나 이 파사드는 또다른 기호 체계에서 보면 기표가 된다. 이러한 파사드가 런던 중심가에 현존함으로써, 그 현존은 묵인, 즉 우리가 관용적이고 자유주의적인 사회에 살고 있음을 기호화한다.[75]

왕푸징에 다녀왔다는 것은 그가 현재 살고 있는 한 지점을 벗어나 베이징이라고 하는 새로운 장소에 가본 적이 있다는 것을 확증해준다. 단순히 베이징에 갔다온 적이 있다는 언명은 듣는 이에게 별다른 감흥을 주지 않는다. 하지만 '왕푸징'이라는 소리의 울림은 중국이라는 외국의 수도인 베이징의 어느 지역이라는 의미를 넘어서, 그것으로 촉발되는 수많은 이미지들을 이끌어낸다. 약간은 들뜬 기분으로 넓은 대로를 활보하는 여행객과 화려한 쇼핑몰, 관광객을 싣고 끊임없이 오가는 무궤전차, 해가 지면 불야성처럼 불을 밝힌 야시장과 갖가지 음식재료들을 굽는 매캐한 연기가 가득 찬 좁은 골목들. 그곳을 다녀온 여행객이 전하는 왕푸징은 듣는 이에게 더이상 실재하는 공간이 아니라 '릴리퍼트(『걸리버 여행기』에 나오는 소인국)'나 '라퓨타(마찬가지로 『걸리버 여행기』에 나오는 하늘을 나는 섬나라)'인 것이다.

근대 이전에는 동서양을 막론하고 여행이 보편적이지 않았다. 교통이 불편했던 탓도 있지만, 그보다는 신변의 안전이 보장되지 않는다는 게 더 큰 문제였다. 근대적인 의미의 치안 개념이 부재했던 시대에 여행을 떠난다는 것은 곧 목숨을 걸고 생의 마지막 길을 가는 것인지도 몰랐기에, 아무나 할 수 없었다. 연도에는 여행객의 짐 보따리를 노리는 흑주점(黑酒店)들이 늘어서 있어 정체불명의 약을 먹이고 금품을 털거나 목숨까지 빼앗는 일이 비일비재했다. 호젓한 산길에는 으레 산중호걸이 길을 막고 있다 통행료를 요구하던 시절이었다. 근대 이전뿐 아니라 근대 초기에도 상황은 크게 다르지 않았다. 사람들은 씰크로드 여행을 낭만적으로 생각할지 모르지만, 근대 초기 제국주의의 각축장으로 변해 각국의 탐험가들이 기득권을 얻기 위해 앞다퉈 중앙아시아로 진출했을 때, 그들은 여행 경비를 노리고 호시탐탐 기회를 엿보는 비적떼로부터 자신을 지키기 위해 항상 총을 들고 마차 위에 앉아 사주 경계를 했다. 그 와중에 사람들의 발길이 닿지 않는 곳에서 불귀의 객이 된 탐험가의 이야기는 여행이 더이상 낭만일 수 없다는 사실을 일깨워준다.

　한편 여행을 따분한 일상으로부터의 탈출이라는 말로 은유하거니와 이 말을 뒤집으면 집을 떠나는 그 순간부터 우리는 비상상태에 놓이게 된다는 것을 의미한다. 일단 집을 떠나면 우리 몸은 항상적인 긴장상태에 놓여 아무것도 하지 않은 것 같은 데도 심한 피로감을 느낀다. 그런 육신의 피로를 흔히 '여독(旅毒)'이라는 말로 표현하는데, 얼마나 힘이 들면 '독'으로까지 비유되겠는가? 실제로 여행을 자주 다녀본 사람들은 여행이 길면 긴 대로 짧으면 짧은 대로 그 나름의 회복기간이 필요하다는 것을 알고 있다. 그래서 집을 떠나면 금방 느끼게 된다. 평소 따분하게 느꼈던 일상이 사실은 우리가 편안한 마음으로 쉴 수 있는 안식처라는 것을. 그리하여 길을 나선 뒤 하루 또 하루가 가면 그렇게 떠나

왕푸징의 상징물인 옛 우물

고 싶었던 집으로 돌아가고 싶어진다. 앞서 설명한 바 있는 '장소'와 '공간'의 개념으로 말하자면, 집으로 대표되는 "장소는 안전을 의미하며, 공간은 자유를 의미한다. 즉 우리는 장소에 고착되어 있으면서 공간을 열망"[76]하게 되는 것이다.

그러한 열망은 우리를 평소와 다른 존재로 호명한다. 곧 "이동할 때마다 우리는 다른 이름을 얻게" 되는데, 그것은 "신입자, 낯선 사람, 이민자, 관광객, 통근자" 등과 같이 다양한 페르쏘나다. 여행길에 오른 나는 다른 무엇이 되기 위해 미련 없이 평소의 자아를 벗어버리고, 다른 사람으로 변해 일탈행위를 하기도 한다.[77]

관광객들은 낮에는 베이징 시내의 다른 볼거리를 둘러보고, 밤이 되면 밤거리의 정취를 느끼기 위해 이곳 왕푸징을 찾는다. 하지만 이미 낮 동안 수월찮은 일정을 소화해낸 터라 곤고한 육신은 인간의 가장 기본적인 욕구에 대한 충족을 갈망하게 마련이니, 그들을 위해 왕푸징의 밤거리는 푸짐한 성찬을 준비하고 그들을 맞이한다.

왕푸징의 '먹자골목'은 두군데로 나뉘어 있다. 그중 하나는 유명한 훈둔(餛飩) 체인점인 '훈둔허우(餛飩侯)'가 있는 둥안먼다졔(東安門大街)이고, 다른 하나는 맥도널드 건물 건너편에 있는 왕푸징샤오츠졔(王府井小吃街)이다. 먼저 둥안먼다졔에 있는 먹자골목은 거리 전체가 음식물을 벌여놓은 포장마차들로 즐비하다. 각각의 포장마차에는 중국 각 지역의 대표적인 먹을거리들이 제각기 손님을 기다리고 있다. 일상적인 음식들뿐 아니라 번데기(중국 번데기는 크기가 우리 것의 두배쯤 된다)나 전갈, 심지어는 뱀까지 이색적인 먹을거리들이 포함된다.

중국을 처음 방문하는 사람, 특히 중국에 대해 이상한 환상을 가진 사람이라면, 우선 죽 늘어서 있는 포장마차의 수와 몬도가네를 연상케 하는 갖가지 식재료들에 기가 죽게 마련이다. 이은 왕푸징샤오츠졔에서도 마찬가지다. 전자와 다른 점이 있다면 길거리가 아니라 한 구역 전체를 식당가로 꾸며놓았다는 것일 따름이다. 이곳에서는 상인들이 각자의 점포를 따로 내고 손님이 앉을 수 있는 의자 정도는 구비하고 있다.

하지만 두곳 모두 음식의 맛은 최악이다. 어차피 이곳의 음식이 미각을 위해서라기보다는 관광객에게 이국적인 취향을 보여주는 데 의의가 있는 것이라면, 애당초 음식맛은 기대할 게 없을지도 모른다. 게다가 이곳은 베이징의 심장부, 관광객으로 북석대는 낳고 닳은 장사치들의 사바세계인 바에야 가격 또한 녹록치 않을 터. 원래 토박이들은 이런 곳에 밥 먹으러 가지 않는다. 하지만 여행객으로서도 그리 섭섭할 건 없다. 이 모두가 인간의 기본 욕구를 해결하기 위한 것이 아니라 그

왕푸징의 밤거리

저 관광객을 위한 하나의 이벤트에 지나지 않기 때문이다. 여행객들은 집에 돌아가면 자신이 보고들은 바를 주위 사람들에게 풀어낼 것인즉, 포장마차 위의 모든 것들은 그런 무용담을 빛나게 하는 소품에 지나지 않는다.

판쟈위안(潘家園)은 없다

댓돌 위에 놓인 요강.
뚫어진 창호지에 박혀 있는 때에 전 버선짝.
회전목마, 분수대, 브론즈……
20세기가 가져다 준 이미지 속에
나의 19세기가 잠겨 있는

이것이 역사라고.

판쟈위안(潘家園)은 베이징 동남쪽에 자리잡은 골동품시장으로, 정식 명칭은 '판쟈위안골동품시장(潘家園舊貨市場)'이다. 유명한 류리창이 문방사우(文房四友) 위주의 비교적 정제된 물품을 판매하는 곳으로 우리의 인사동에 비한다면, 판쟈위안은 주로 생활용품을 위주로 하기 때문에 황학동 정도에 해당한다고 보면 된다.

결론부터 말하자면, 베이징을 찾는 일반 여행객이 판쟈위안을 찾아 나선다는 것은 만만찮은 일이다. 베이징에는 이곳 말고도 가봐야 할 곳이 워낙 많은 데다가 여행코스에 없는 곳을 굳이 찾아나설 시간적 여유도 없기 때문이다. 하지만 시간이 넉넉하다면, 무엇보다 오래되고 손때 묻은 골동품을 좋아한다면 일부러라도 한번 찾아볼 만하다.

판쟈위안을 찾기 전에 명심할 것이 몇가지 있다. 첫째, 시간을 넉넉하게 확보하고 가야 한다는 것과 둘째, 흥정은 필수라는 사실이다. 시간을 넉넉하게 잡고 가야 하는 이유는 우선 볼거리가 많기 때문이기도 하고, 무엇보다 흥정 때문이다. 볼거리가 많다는 점에 대해서는 길게 할 말이 없고, 흥정에 대해서는 좀더 자세하게 알아볼 필요가 있다. 흥정이 필요한 이유는 그곳에 나와 있는 골동품들이 대부분 가짜일 뿐 아니라 장사꾼들이 부르는 가격이 터무니없기 때문이다.

판쟈위안 상인들은 오래된 물건으로 속이기 위해 생각해낼 수 있는 모든 수단과 방법을 총동원한다. 실싸 그들이 말하는 칭나라, 심지어 멍나라 때 물건이라면 이런 데 나올 리 없다. 아울러 장사꾼들은 한눈에 손님이 외국인이라는 것을 알아보며, 외국인이라는 확신이 드는 순간, 가격은 터무니없이 올라간다. 하지만 좌판에 널려 있는 여러가지 기물

판쟈위안의 골동품 시장

들을 꼼꼼하게 뒤지다보면 망외의 소득을 올릴 수도 있으니 그 과정에서 벌어지는 소동쯤이야 허물 삼을 일은 아니다. 오래된 타자기도 눈에 띄고, 삐그덕거리며 늘어진 소리를 내고 있는 유성기도 있다.

최근 몇년 사이 판쟈위안은 예전의 모습을 버리고 새롭게 단장하여 사람들을 맞이하고 있다. 과거에는 넓은 공터에 담장을 둘러 가운데는 지붕을 씌운 매대를 설치하고, 담장 밑을 따라서는 좌판을 벌이고 각자 가지고 온 골동품들을 진열했었다.

하지만 요즘에는 지붕을 씌운 매대 주변에 정식 건물들을 지어놓고 조그만 가게들을 만들어 상인들에게 분양을 한다. 예전에 담장을 따라 좌판을 벌였던 영세한 상인들은 한쪽 귀퉁이로 밀려나 있다.

처음에는 완전 철거까지 고려했던 골동품시장이 외국인들에게 의외로 호응이 좋은 데 고무된 베이징 시당국이 판쟈위안골동품시장을 현행대로 유지하기로 한 것까지는 좋았으나, 건물을 짓고 상인들의 입주를 받아들이자 과거 수많은 좌판들로 만들어진 나름대로의 정취가 사라져버리게 된 것이다.

정식 가게에 입주한 상인들은 이윤을 늘리기 위해 가격을 엄청나게 올렸을 뿐 아니라, 예전에는 주말에만 문을 열었으나 현재는 상설시장이 되어버렸다. 그뿐이겠는가? 골동품뿐 아니라 돈 되는 것이라면 무엇이라도 내다팔게 될 것이다. 판쟈위안은 이미 예전의 판쟈위안이 아니다. 모든 사라져가는 것들은 말이 없다. 그것은 우리 기억 속에 하나의 흔적으로 남아 있을 뿐……

때로 그 기억들이 우리를 서글프게 한다.

에필로그

베이징 북역에서

10여년 전 베이징의 관문이라 할 서우두(首都) 국제공항을 나서서 시내로 들어설 때 제일 먼저 나를 자극한 것은 야릇한 냄새였다. 그때 눈에 들어왔던 장면들은 아스라하지만, 그 냄새만은 쉽게 잊혀지지 않는다. 무릇 첫 만남이란 오감을 통해 옴살스런 기억으로 뇌리에 각인되는 것일까? 그뒤로 뻔질나게 베이징을 드나들면서 이제는 베이징이 제2의 고향같이 느껴질 정도로 친숙해졌지만, 지금도 공항 문을 나설 때면 그 냄새를 떠올리곤 한다.

지금은 베이징을 비롯해 중국대륙을 아무렇지도 않게 왕래하고 있지만, 한중수교가 이루어진 1992년 이전에는 그렇지 못했다. 그 당시 중국은 북한이나 꾸바를 비롯한 적성국가 가운데 하나였기에 사사로운 일로 드나든다는 것은 생각할 수도 없었다. 학술도서에 대해서도 검열이 극심해서 중국에서 출판된 책들은 국제우체국에 가서 그곳 직원들의 검열을 통과해야 받아볼 수 있었다. 한번은 중국의 유명한 고전

가운데 하나인 『시경(詩經)』의 대표적인 판본인 『모시(毛詩)』에 대한 책을 두고 우체국 직원과 이게 마오쩌둥의 시냐 아니냐 설전을 벌인 적도 있었는데, 막무가내로 마오쩌둥의 시집이라고 우기는 직원에게 두손 두발 다 들고 항복했던 적도 있었다.

1992년에 맺어진 한중수교는 당시로서는 파천황의 경천동지할 사건이었다. 그리하여 오랫동안 금단의 땅으로 우리에게 남아 있던 중국으로의 여행은 그 자체로 일찍이 경험해보지 못했던 미지의 세계에 대한 탐험이나 마찬가지였다. 하지만 냉전시대를 거치며 공산당이라면 머리에 뿔이 달리고 입에서는 피를 뚝뚝 흘리는 괴물을 연상하도록 교육받아온 많은 사람들이 직접 가서 경험해본 중국은 우리와 별로 다를 게 없이 살고 있는 인간들 세상이었다. 중국 역시도 우리와 마찬가지로 심상한 일상이 이어지는 세계였다는 사실이 오히려 충격인 정도였던 것이다.

그런 베이징의 보통 사람들을 만난 것은 명승지가 아닌 보잘것없는 작은 역에서였다. 그리고 그 역을 발견한 것은 순전히 우연이었다. 누군가 말했다. "뜻없는 우연을 만드는 건 쉽지만, 의미있는 우연을 만드는 건 어렵다." 사람들은 살면서 이런저런 일을 겪고, 많은 사람을 만난다. 하지만 그 모든 일과 사람 들에게 의미를 부여하며 살 수는 없는 노릇이다. 그럼에도 지나고 보면 그때는 몰랐던 것을 뒤늦게 깨닫게 된다. 돌아보면 그때 그 일이 내 인생에 큰 전환점이 될 수도 있었는데, 그 사람과의 만남이 내 삶의 한 계기가 될 수도 있었는데 하는 만시지탄(晩時之歎)을 자주 겪게 되는 것이다. 그래서 또 누군가는 말했다. "지금 알고 있는 것을 그때도 알았더라면……"

그곳에 역이 있었다. 버스 종점이 있고, 지하철 2호선과 도시철도(城

베이징 북역에서.

鐵) 13호선이 만나는 시즈먼 지하철역 바로 옆.

베이징 북역은 시즈먼역 북쪽의 대형주차장과 대형입간판 뒤에 수줍은 듯 숨어 있었다. 베이징의 서북부 지역과 시내 중심가를 연결하는 버스 종점과 지하철 환승역이 있어 항상 많은 사람들이 오가는 그곳에, 북역은 행여 그 존재를 들킬새라 그렇게 다소곳이 자리하고 있었다.

시즈먼에서 북역으로 가는 길은 사람들 왕래도 그리 많지 않고 행여 길손이라도 지나갈 양이면 길 양쪽 편에 늘어선 허름한 식당에서 사람들이 나와 호객을 할 뿐이었다. 북역은 인적도 드물고 덩달아 시간의 흐름마저 유장하게 느껴지는 도심 속의 공동이라고나 할까.

시즈먼에서 북역 쪽으로 조금 발을 옮기면 북역 매표소가 우선 눈에 띈다.

정작 기차를 탈 수 있는 대합실(候車室)은 거기서 좀더 들어가야 나

베이징 북역 매표소

온다. 그 길가에는 정신을 차릴 수 없을 정도로 급변하는 베이징의 모습과는 상관없다는 듯이 보이는 허름한 건물들이 무심하게 들어섰고 녹슨 철길이 뻗어 있다.

대합실 건물 앞에는 작은 공터가 있고 그 공터에 마련된 옥외대합실에는 허름한 행색의 사람들이 삼삼오오 짐보따리를 하나씩 끼고 앉아 있다. 중국을 돌아다니며 느끼는 것 가운데 하나는 중국사람들이 언제나 감당하기 어려워 보이는 큰 짐을 들고 다닌다는 것이다. 중국의 기차역은 어딜 가나 사람으로 넘쳐나고 그들이 저마다 끼고 있는 짐보따리와 함께 역 광장을 메우고 있다. 중국의 기차역을 처음 본 사람은 짐과 인간을 구별할 수 없을 정도로 남루한 차림의 사람들이 그 넓은 광장을 메우고 있는 광경에 질리게 마련이다. 이들이 중국경제를 끌어가는 엔진의 한축인 이른바 민공(民工, 농민노동자)들이다.

베이징 북역에서 만난 사람들

우리 역시 산업화를 추진했던 1960~70년대에 도시에 와서 값싼 노동력을 제공했던 가난한 농촌 출신 도시빈민들이 저임금과 살인적인 노동환경하에서도 묵묵히 자기 역할을 수행했던 것을 기억한다. 현재 중국에는 건설현장이나 공장, 거리의 상인, 파출부, 경비원 등 사람들이 기피하는 업종에서 일하는 민공들이 수없이 많다. 이들이 없다면 중국경제의 비약적인 발전 역시 가능하지 않을 터이다. 하지만 이들이 받는 대우는 인간 이하라 할 수 있다. 도시에 살면서도 정식 호구가 없어 의료나 교육 등 국민으로서 마땅히 누려야 할 혜택을 받지 못하고 오히려 도시의 원주민들로부터 천대받고 있다. 하지만 이들이 없다면 상하이나 베이징과 같은 대도시는 제대로 기능할 수 없을 것이다. 기차역에서 만난 이들이 남부여대로 지고 가는 짐은 고생을 해가며 한푼 두푼 모은 돈으로 사모은 고향 농촌에 부족한 생필품이었다.

잠시 내가 중국의 기차역을 처음 봤을 때를 떠올려본다. 1996년이었던가? 양저우(揚州)에서 열린 학회에 참석하기 위해 비행기로 상하이에 도착한 뒤 하룻밤 자고 다시 난징으로 가기 위해 들른 상하이역. 그때 나는 역사를 나오다 넓은 광장을 메우고 있는 사람의 바다에 압도되어

할 말을 잊었다. 나는 문득 피난민 대열이 이렇지 않았을까 하는 생각을 떠올렸다.

그때 중국에 처음 가는 나를 앉혀놓고 눈 감으면 코 베어가는 중국의 기차역에 대해 근엄한 얼굴로 여러 주의사항을 일러주던 모 선생의 말이 생각난다. 말 그대로 이고 지고 역 광장에 서 있는데, 어떤 놈이 하나 다가오더니 다짜고짜 노트북이 들어 있는 배낭을 채가더라나. 하지만 들고 있는 또다른 짐 보따리 때문에 쫓아갈 수 없어 눈 뻔히 뜨고 노트북과 함께 배낭을 도둑맞았다는 이야기였다.

하지만 베이징 북역에서는 그런 전형적인 중국의 기차역 풍경을 찾아볼 수 없다. 북역에서 출발하는 기차들은 대개 베이징 근교의 작은 마을들을 종착역으로 하기에 관광객이나 외지사람이 올 이유가 애당초 없기 때문이다. 그렇기에 자리를 차지하고 있는 사람들 역시 평범한 중국의 인민들일 뿐이다. 오히려 나라는 존재 자체가 그 공간과 어울리지 못하고 생뚱맞게도 그들의 시선을 끌고 있음을 감지하게 된다. 나를 힐끔거리는 눈길들 너머로 은근한 적의마저 느껴지는데, 내 지인 가운데 한 사람은 그 적의를 "그들 자신이 내세우는 유일한 자존심"이라고도 했다.

나는 그 북역에 서 있었다. 스산한 베이징의 겨울바람을 맞으며 일부러 찾아간 북역의 한 귀퉁이에서 나는 그들을 바라보고 있었다. 결국 그들에게 나는 이방인일 뿐. 내가 베이징에 얼마를 머물든 나는 영원히 이방인일 수밖에 없는 것. 내가 베이징에 대해 감성적으로 느끼고 또 다양한 방식으로 설명하려 한들, 나는 그저 스쳐 지나가는 외지인 (alien)일 뿐.

나는 그들의 삶을 이해할 수 있을까? 그들의 고통을, 기쁨을 같이할 수 있을까? 짧은 상념 속에 어느새 해가 뉘엿이 기울었다. 그리고 쓸쓸한 가운데 휘몰아온 바람은 모든 것을 쓸어가버렸다.

| 주 |

1 조너선 D. 스펜서 지음, 김희교 옮김 『현대중국을 찾아서 1』, 이산 2001, 158면.
2 "민중이 즉자적 존재에서 대자적 존재로 변화해가는 것, 그 성장과정이야말로 전 근대와 근대를 가늠하는 중요한 분기점인 것이다." 라오서 지음, 최영애 옮김 『루어투어시앙쯔』 윗대목, 통나무 1997, 87면.
3 린위탕 지음, 김정희 옮김 『베이징 이야기』, 이산 2001, 28~29면.
4 위엔훙다오 지음, 심경호 외 역주 『역주 원중랑집』 5, 소명출판 2004, 268~69면.
5 린위탕, 앞의 책, 28~29면.
6 서유문 지음, 조규익 외 주해 『무오연행록』, 박이정 2002, 246면.
7 린위탕, 앞의 책 119면.
8 마르꼬 뽈로 지음, 김호동 옮김 『동방견문록』, 사계절 2000, 295~96면.
9 완핑성은 루거우챠오의 동쪽에 있으며, 명나라 숭정 13년(1640)에 세워졌다. 중국 최고의 성루형 교두보이며 총면적은 0.2제곱킬로미터로 그리 크지는 않지만 성의 형태는 물론 내부구성까지 일반적인 성과 다른 면을 지녔다. 이 성에는 상점 등과 같은 편의시설은 전무하고 오로지 두터운 옹성과 적루(敵樓)가 곳곳에 설치되어 이곳이 전문적인 군사요새였다는 사실을 말해주고 있다.
10 가오웨이(高巍) 외 『만화 베이징성(漫畵北京城)』, 學苑出版社 2003, 41면.
11 손세관 『북경의 주택』, 열화당 1995, 34~35면.
12 Marcel Granet, "Right and Left in China," in R. Needham, ed., *Right & Left: Essays on Dual Symbolic Classification*, Univ. of Chicago Press 1973, 49면. 이-푸 투안 지음, 구동회·심승희 옮김 『공간과 장소』, 도서출판 대윤 2005, 72면에서 재인용.

13 이와 관련해서 푸꼬는 문제는 "어떻게 한 사회가 자기 공간을 정리하고 그곳에 힘의 관계를 써넣었는가"라는 데 있다고 지적한 바 있다. 와까바야시 미끼오 지음, 정선태 옮김 『지도의 상상력』, 산처럼 2006, 37면.

14 에드워드 렐프 지음, 김덕현 외 옮김 『장소와 장소상실』, 논형 2005, 90면. "기념물을 세울 경우에도 이것은 변함없는 사실이다. 즉 높은 피라미드나 승전기념탑은 낮은 것보다 큰 존경심을 불러일으킨다." 이-푸 투안, 앞의 책, 68면에서 재인용.

15 이 사건이 보도된 것은 2006년 3월 25일이었다. 이어지는 속보는 이 소녀가 실제로 톈안먼광장을 방문하는 것으로 마무리된다.

16 사(詞)는 시처럼 글자 수와 격식이 정형화되어 있지 않은 자유로운 형식을 가진 시의 일종이다.

17 자는 중푸(仲甫)이고, 호 스옌(實庵)으로, 안후이성(安徽省) 화이닝(懷寧)에서 태어났다. 1916년 상하이에서 잡지 『신청년』을 발간, 문학혁명을 주창하여 '5·4운동'의 사상적 근거를 마련했다.

18 장수성(江蘇省) 화이인(淮陰) 출생으로, 『신청년』이 베이징에서 발간되자 편집자로 활동했고, 1917년부터 베이징대학 교수로 있으면서 중국어법 연구를 시작했다. 백화시(白話詩) 작가인 동시에 백화시 형식 확립의 선구자 중 한 사람이다.

19 루쉰의 동생이다. 1906년 일본의 릿꼬오(立敎)대학에서 영문학·그리스어 등을 배웠으며, 루쉰과 공동으로 유럽 근대문학을 번역·출판했다. 1917년에 베이징대학 문과대학 교수가 되었으며, 중국문학의 비인간성을 배격하고 휴머니즘 문학을 주장했다.

20 허베이성(河北省) 출신으로, 톈진의 베이양학당(北洋學堂)과 일본의 와세다대학을 졸업했다. 귀국 후 『신종보(晨鐘報)』의 편집자로 활동했으며, 위안스카이의 반동성을 비판했다. 1918년 베이징대학 문과대학 교수 겸 도서관 주임이 되어 '사회운동사'를 강의하는 한편, 중국공산당 창당의 사상적 기반에 크게 기여했다.

21 1906년 일본 와세다대학에 유학하고 귀국한 뒤, 1914년부터 베이징대학과 베이징사범대학 교수로서 언어학과 역사학을 강의했다. 잡지 『신청년』의 편집에 참가하여 신문학운동에 공헌했다.

22 1914년 미국 코넬대학교를 졸업하고, 컬럼비아대학교에서 듀이(J. Dewey)에게 교육학을 배웠다. 1917년 귀국하여 베이징대학 교수로 취임, 문학이론·국어운동·민속연구·철학사 등 광범위한 분야의 연구에 착수하고 5·4문화혁명의 중심인물로 활약했다.

23 1875년 저장(浙江)에서 태어났다. 청나라 말기의 봉건질서에 대항하며 중국 봉건제도를 혁신하는 데 앞장선 선구적인 여성운동가로, 무장봉기를 일으켜 혁명을 도모했으나 계획이 노출되어 스물아홉의 젊은 나이로 참수형을 당한 비극적인 인물이다.

24 푸젠성 출생으로, 서양 근대문학을 중국에 소개하는 데 주력했다. 1910년대부터 1920년대 초에 걸친 문학혁명 당시 구어사용 반대세력의 대표적 문학자였다.

25 푸젠성 후관(侯官) 출신이다. 양무운동의 일환으로 세워진 푸저우선정학당(福州船政學堂)에서 공부하고 영국에서 유학했다. 청일전쟁 이후 서유럽의 학술·사상을 소개하는 한편 청말의 개혁운동에 많은 영향을 끼쳤으나, 나중에 위안스카이를 지지하여 특히 젊은층에게 반감을 샀다.
26 김시준 『중국현대문학사』, 지식산업사 1992, 90면.
27 주정 지음, 홍윤기 옮김 『루쉰 평전』, 북폴리오 2006, 141면.
28 루쉰 지음, 조관희 옮김 『중국소설사』, 소명출판 2004 참조.
29 이 쿠데타는 국민당과 공산당의 제1차 국공합작과 밀접한 연관이 있다. 1921년 중국공산당은 그해 제1기 전국대표대회 직후 제국주의와 군벌을 타도하고 '민족혁명'을 성취할 목적으로 국민당과의 합작을 결정했다. 국민당도 이에 긍정적인 반응을 보여 공산당과 국민당 사이의 공식적인 연합전선이 형성되었다. 이때 노동운동과 농민운동이 급속히 발전했는데, 공산당의 영향력 확대를 두려워한 장제스가 1927년 4월 12일 상하이에서 쿠데타를 감행했고 이에 따라 국공합작은 결렬되었다.
30 김진송 『기억을 읽어버린 도시』, 세미콜론 2006, 207~208면.
31 이-푸 투안, 앞의 책 8면.
32 같은 책 17면.
33 앤서니 기든스 지음, 이윤희·이현희 옮김 『포스트 모더니티』, 민영사 1991, 33면.
34 "대표적인 이가 루쉰문학원 왕빈(王彬) 교수다. 1980년대 말부터 베이징을 연구하고 특히 후퉁의 보호에 심혈을 기울여온 그는 특히 2004년 여름, 올림픽 경기장으로 인해 없어지는 베이딩춘(北頂村)의 다먀오(大廟)나 마을의 보호를 주장해 주목을 끌었다."
조창완 「500년 골목길, 올림픽 전에 다 쓸어버려」, 『오마이뉴스』, 2006년 2월 5일.
35 "개발업자가 아무리 더 나은 물리적 시설을 갖춘 다른 곳을 제공한다 할지라도, 주민들과 주택 소유자들이 개발에 저항하는 극적 시도가 적지 않다는 사실은 장소와의 깊은 유대를 보여주는 것이다." 에드워드 렐프, 앞의 책 150면에서 재인용.
36 김왕배 『도시, 공간, 생활세계: 계급과 국가권력의 텍스트 해석』, 한울 2000, 134면.
37 "텍스트의 의미는 정태적으로 이미 '주어져 있다' 기보다는 끊임없이 재생되고, 누적되는 것이다. 그렇기 때문에 해석학적 텍스트 분석은 끊임없이 상호 의사소통을 통해 쌓이고, 변형되는 의미의 구조화과정을 연구하는 것이다." 같은 책 140면.
38 린위탕, 앞의 책 166면 참고.
39 홍대용 지음, 김태준·박성순 옮김 『산해관 잠긴 문을 한손으로 밀치도다』, 돌베개 2001, 3면.
40 같은 책 4면.
41 같은 책 70면.
42 서유문, 앞의 책 113~14면.
43 박지원 지음, 리상호 옮김 『열하일기』 상, 보리 2004, 395면.
44 자세한 것은 박한제 『강남의 낭만과 비극』, 사계절 2003, 156~68면 참고.

45 중국명은 탕뤄망(湯若望)이다. 독일 쾰른 출생으로, 1611년 예수회에 들어가 사제 서품을 받고, 선교사가 되어 1622년에 중국으로 건너가 전도에 종사했다. 청나라 순치제의 도움으로 포교에 종사하며 베이징에 중국 최초의 서양식 건물, 곧 남당을 지었으나, 1664년 궁정대신들의 모함으로 반역죄로 체포되어 사형을 언도받았다.

46 삼국시대부터 고려시대까지는 중국과 우리나라 사이에 사신뿐만 아니라 상인·학자·승려 들이 자유롭게 오가며 교류했지만, 조선 초부터는 국경을 폐쇄하고 사신만 오가게 했다. 따라서 합법적으로 중국에 가볼 기회는 사신, 또는 사신의 수행원이 되는 길밖에 없었다. 그러자 사신들은 자신의 자제(아들이나 제자)를 개인 수행원으로 데리고가서 견문을 넓혀주었는데, 이들을 편의상 군인 신분의 수행원으로 분류하여 자제군관이라 불렀다.

47 홍대용, 앞의 책 138면.

48 중국에서 활동하던 독일 출신의 예수회 선교사다. 독일 지겐부르크에서 태어나 1720년 예수회에 들어갔다. 사제로 서품된 것과 동시에 선교사로 임명되어 마카오를 거쳐 1738년 베이징에 도착했으며, 건륭 연간 1745년 흠천감(欽天監) 부정(副正)으로 임명되어 죽을 때까지 봉직했다.

49 홍대용, 앞의 책 162면.

50 박지원, 앞의 책 309면.

51 같은 책 308면.

52 같은 책 309~10면.

53 린위탕, 앞의 책 223면.

54 박상표「'로컬푸드' 운동에 대한 의문」,『녹색평론』2007년 1~2호, 85면.

55 와까바야시 미끼오, 앞의 책 126면.

56 같은 책 126~27면.

57 같은 책 129면.

58 황런위 지음, 홍광훈·홍순도 옮김『거시중국사』, 까치 1997, 52~53면 참고.

59 같은 책 53면에서 재인용.

60 같은 곳.

61 이것은 일명 판축(板築)이라고도 하는데, 판자와 판자 사이에 흙을 넣고 공이로 다지는 것을 말한다. 한편 고대 중국의 은나라와 전국시대에 성행한 건축물의 기단과 토벽 등을 쌓는 방법을 가리키기도 한다.

62 중국에서 장성 전문가로 유명한 둥야오후이는 특이한 이력을 갖고 있다. 그는 1984년 5월 4일부터 1985년 9월 24일까지 508일 동안 우더위(吳德玉), 장위안화(張元華)와 함께, 장성의 기점인 산하이관에서 출발해, 종점 쥐융관까지 답파했다. 이것은 장성의 전구간을 도보로 완주한 중국 최초의 기록인데, 이후로 둥야오후이는 장성 연구와 집필을 필생의 업으로 삼아 오늘날까지 수많은 글과 논문을 쏟아내고 있다.

63 박정호「만리장성이 무너지고 있다」,『오마이뉴스』, 2002년 7월 29일자 참고.

64 김대오「만리장성이 사라지고 있다」, 『오마이뉴스』, 2007년 2월 8일자 참고.
65 홍대용, 앞의 책 97면.
66 서유문, 앞의 책 152면.
67 과거제는 수나라 때부터 청나라 말까지 약 1300여년 동안 시행되었다. 과거제는 소수정예 인재를 선발했기 때문에 합격자는 전원 관리로 채용되었고, 따라서 모든 사람의 선망의 대상이었다.
68 홍대용, 앞의 책 133면.
69 라오서, 앞의 책 383~84면.
70 루쉰 지음, 김시준 옮김 『루쉰소설전집』, 서울대학교출판부 1996, 28면.
71 파위안쓰는 645년 당나라 태종 때 만들어진 사찰로 고구려 정벌전쟁에서 죽은 장군들과 병사들을 기념하기 위해 세워졌다. 처음 만들어질 당시 이름은 민중쓰(憫忠寺)였고, 과거시험이 이곳에서 열렸다. 요나라 침입 때 사찰이 파괴된 후 전쟁과 자연재해, 반란으로 몇차례 더 파괴된 역사를 가지고 있다. 현재의 사찰은 1734년 청나라 때 재건축한 것이다. 베이징에 있는 사찰 중 두번째로 큰 사찰이다.
72 박지원, 앞의 책 316면.
73 금장태 『산해관에서 중국역사와 사상을 보다』, 효형출판 1999, 211면.
74 린위탕, 앞의 책 82면.
75 에드워드 렐프, 앞의 책 278면.
76 이-푸 투안, 앞의 책 15면.
77 에드워드 렐프, 앞의 책 272~73면.

세계의 수도 베이징

초판 1쇄 발행 • 2008년 7월 10일

지은이 • 조관희
펴낸이 • 고세현
책임편집 • 박영신
펴낸곳 • (주)창비
등록 • 1986년 8월 5일 제85호
주소 • 413-756 경기도 파주시 교하읍 문발리 513-11
전화 • 031-955-3333
팩시밀리 • 영업 031-955-3399 편집 031-955-3400
홈페이지 • www.changbi.com
전자우편 • human@changbi.com
인쇄 • 한교원색
ⓒ 조관희 2008
ISBN 978-89-364-7147-7 03810

* 이 책 내용의 전부 또는 일부를 재사용하려면
  반드시 저작권자와 창비 양측의 동의를 받아야 합니다.
* 책값은 뒤표지에 표시되어 있습니다.